公证的力量

GONGZHENG DE LILIANG

GONGZHENG WENHUA TANSHE DE LITUN YU SHIJIAN ZHILU

道德观念、价值准则、职业情操和精神气质成为公

公证人实现自我

发展的内动力,是公证行业崛起的基石

公证的力量

——公证文化建设的理论与实践之路

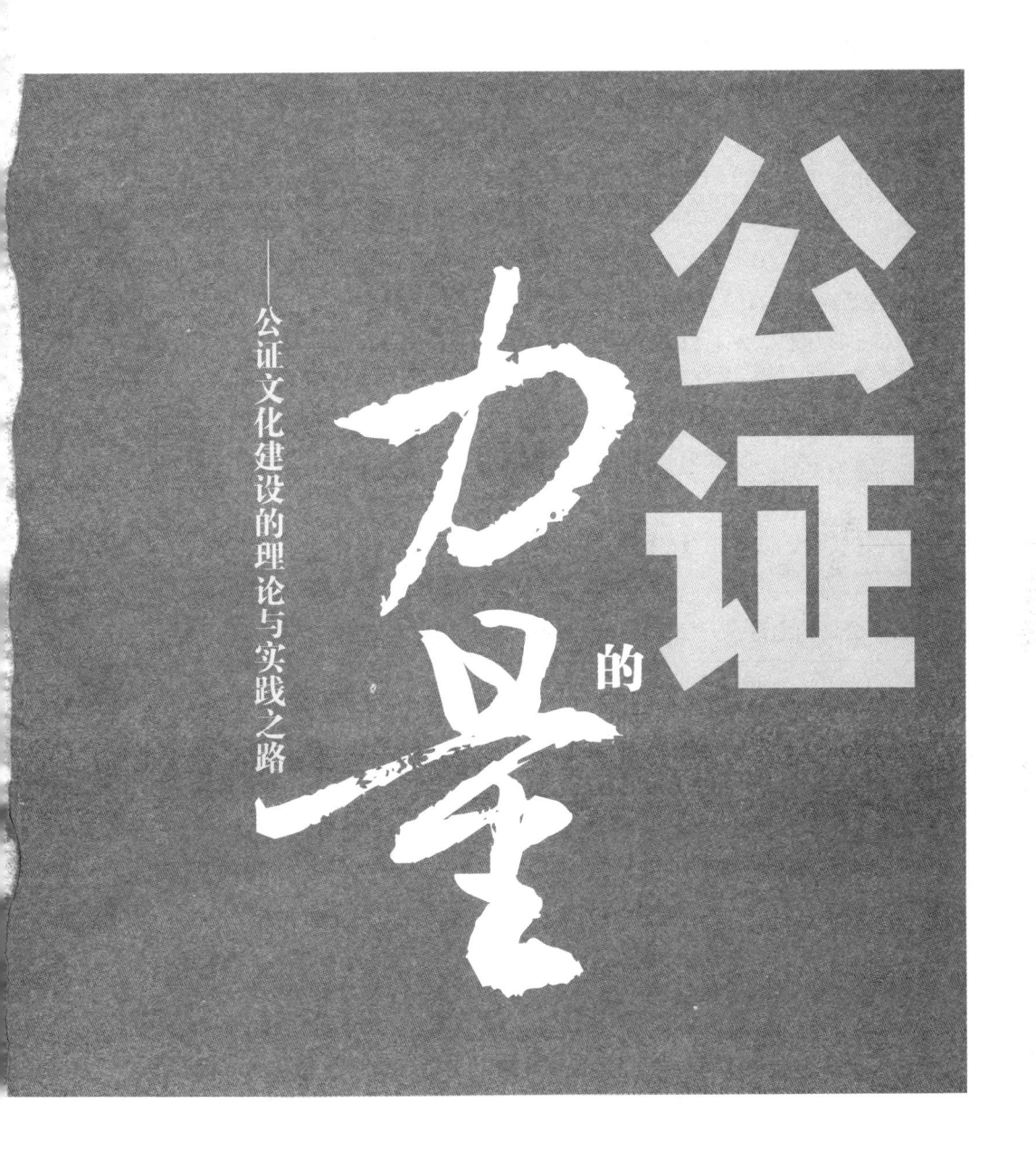

向海平 主编

四川大学出版社

项目策划：段悟吾　蒋姗姗
责任编辑：蒋姗姗
责任校对：谢　鋆
封面设计：墨创文化
责任印制：王　炜

图书在版编目（CIP）数据

公证的力量：公证文化建设的理论与实践之路 / 向海平主编. — 成都：四川大学出版社，2020.3
ISBN 978-7-5690-3700-5

Ⅰ.①公… Ⅱ.①向… Ⅲ.①公证制度－文化事业－建设－研究－中国 Ⅳ.①D926.64

中国版本图书馆CIP数据核字（2020）第030797号

书名	公证的力量——公证文化建设的理论与实践之路
主　　编	向海平
出　　版	四川大学出版社
地　　址	成都市一环路南一段24号（610065）
发　　行	四川大学出版社
书　　号	ISBN 978-7-5690-3700-5
印前制作	四川胜翔数码印务设计有限公司
印　　刷	郫县犀浦印刷厂
成品尺寸	170mm×240mm
印　　张	13
字　　数	247千字
版　　次	2020年5月第1版
印　　次	2020年5月第1次印刷
定　　价	60.00元

版权所有　◆　侵权必究

◆ 读者邮购本书，请与本社发行科联系。
　电话：(028)85408408/(028)85401670/
　(028)86408023　邮政编码：610065
◆ 本社图书如有印装质量问题，请寄回出版社调换。
◆ 网址：http://press.scu.edu.cn

扫码加入读者圈

四川大学出版社
微信公众号

序　言

党的十九大报告明确指出"文化是一个国家、一个民族的灵魂"。党的十九届四中全会进一步指出"发展社会主义先进文化、广泛凝聚人民精神力量，是国家治理体系和治理能力现代化的深厚支撑"。可见，文化之于国家、之于社会、之于人类都是极其重要的，更遑论于公证这个服务经济社会发展，见证历史、现在和未来的行业。谈公证文化，必须结合全面依法治国的大背景，从公证本身的职能定位、公证行业的发展历史出发，进而深入探索其蕴含的内容、规律，深刻分析其在法治文化中的独特优势、在构建法律职业共同体中的积极作用，在推动实现国家治理体系和治理能力现代化中促进行业发展的重要意义，并有所作为。

刚刚过去的这个岁末年初，中国赢得了一场艰难的战斗。举国上下，众志成城，每个人都尽己所能为抗击新冠肺炎疫情贡献力量，让肆虐的病毒在14亿人口的泱泱大国奇迹般地快速退却。疫情严峻的时候，公证人或走出家门在社区、街道提供志愿服务，或慷慨解囊为疫情严重地区同行业采购捐助物资提供帮助，或伸出手臂为抗"疫"一线捐献热血；复工复产后，立即响应服务需求，为土地使用权拍卖、企业捐赠物资、口罩生产企业贷款、药企新药研发项目等提供高效服务，全力襄助抗击疫情和生产发展相关工作。这个全国从业总人数仅3万余人的"小众"行业，不仅是在新冠肺炎疫情期间，还在无数次重大事件、重要项目，以及每个企事业单位、普通人的日常生产生活中，在关键时刻总是不负使命、不忘职责。这是公证精神使然，也是公证文化的必然。近年来，在广大公证同行的努力下，公证文化的内涵日益丰富，外延更加拓展。公证文化既是智慧和经验的灿烂结晶，也是促进行业规范和发展的内生动力。随着社会的进步、经济的发展，公证被越来越多的社会大众所熟知。特别是随着传媒方式的多样化，自媒体的大量涌现，公证有了更多的文化传播渠道，公证文化对内、对外展示的机会越来越多，展示的内容越来越立体，展示方式更加多样，公证文化价值不断突显。这也为公证文化相关理论研究提供了实践基础和现实可能。

在探讨公证文化的同时，我们试着从文化的角度去思考行业发展中遇到的一些非技术性的问题。例如，重业务、轻管理，重经济效益、轻公证质量，以及服务不到位、创新能力不够、自我完善动能不足等问题，我们可以发现其产生的根源在于公证文化建设的缺位、失位、不到位。因此，我们希望能够唤起更多公证同仁对公证文化建设的重视，发挥公证文化的基石作用，本书也就应运而生。

本书从公证文化本身出发，围绕形象文化、宣传文化、品牌文化、管理文化、价值文化和理论文化六个方面探讨如何构建起兼具广度和深度的机构文化建设体系，将公证文化置于文化发展的大环境中，结合公证文化特点，启示我们做什么以及怎么做。公证文化建设虽历经坎坷与挫折，但定能重振声威、不辱使命，各公证机构也定能克服改革阵痛，厚积而薄发，顺时代而为，共同通过公证文化的建设推动公证事业创新发展。

没有一个春天不会到来。公证文化，方兴未艾！

向海平

2020年春于成都

目 录

第一编 公证文化概论

第一章 公证文化的概述 ………………………………………………（ 3 ）
  第一节 文化 …………………………………………………………（ 3 ）
  第二节 公证文化 ……………………………………………………（ 12 ）
第二章 公证文化的发展概况 …………………………………………（ 23 ）
  第一节 我国公证文化发展概况 ……………………………………（ 23 ）
  第二节 域外公证文化概览 …………………………………………（ 29 ）
第三章 公证文化建设 …………………………………………………（ 41 ）
  第一节 公证文化建设的内涵 ………………………………………（ 41 ）
  第二节 公证文化建设的必要性 ……………………………………（ 45 ）
  第三节 公证文化建设的意义 ………………………………………（ 47 ）

第二编 公证文化内涵

第四章 公证形象文化 …………………………………………………（ 53 ）
  第一节 关于形象的概述 ……………………………………………（ 53 ）
  第二节 公证形象文化 ………………………………………………（ 54 ）
  第三节 公证形象文化的建设现状 …………………………………（ 55 ）
  第四节 提升行业形象的要点 ………………………………………（ 62 ）
第五章 公证宣传文化 …………………………………………………（ 64 ）
  第一节 宣传的概念和内涵 …………………………………………（ 64 ）
  第二节 宣传的特点 …………………………………………………（ 64 ）
  第三节 公证宣传文化 ………………………………………………（ 65 ）
  第四节 加强行业宣传 ………………………………………………（ 70 ）
第六章 公证品牌文化 …………………………………………………（ 74 ）
  第一节 公证品牌文化的内涵及功能 ………………………………（ 74 ）
  第二节 我国公证品牌的发展历史及现状 …………………………（ 76 ）
  第三节 我国公证品牌文化建设面临的挑战 ………………………（ 77 ）

第四节　公证品牌文化的建设……………………………………（82）

第七章　公证管理文化………………………………………………（94）
　　第一节　公证管理文化的内涵……………………………………（94）
　　第二节　公证管理文化的作用……………………………………（95）
　　第三节　我国公证管理文化的历史及现状………………………（98）
　　第四节　目前我国公证管理文化建设存在的问题………………（101）
　　第五节　公证管理文化的建设……………………………………（103）

第八章　公证价值文化………………………………………………（108）
　　第一节　公证价值…………………………………………………（108）
　　第二节　公证价值观………………………………………………（113）

第九章　公证理论文化………………………………………………（120）
　　第一节　公证理论文化概述………………………………………（120）
　　第二节　公证理论文化构建………………………………………（122）

第十章　公证文化建设的现状………………………………………（131）
　　第一节　我国国情对公证文化的影响……………………………（131）
　　第二节　公证文化发展现状………………………………………（135）
　　第三节　存在的问题和阻碍………………………………………（140）

第十一章　公证文化建设的发展展望………………………………（145）
　　第一节　努力营造创新文化………………………………………（145）
　　第二节　推动理论文化发展………………………………………（148）
　　第三节　着力提升公证品牌文化…………………………………（150）

第十二章　公证机构文化建设典型案例……………………………（154）
　　文化铸魂
　　　　——培育有思想的公证员　建设有灵魂的公证处 …………（154）
　　谦谦君子　温润如玉　汉唐公证　与您同行
　　　　——陕西省西安市汉唐公证处的价值文化 …………………（164）
　　集智公证新文化　赋能公证新作为………………………………（171）
　　精美的石头会唱歌
　　　　——谈泸州市诚达公证处文化建设 …………………………（177）
　　一流的管理产生一流的文化，一流的文化产生一流的业绩
　　　　——昆明市明信公证处管理哲学 ……………………………（183）
　　深化公证精准服务　助推品牌植根塑魂…………………………（190）

后　记……………………………………………………………………（199）

第一编

公证文化概论

第一章　公证文化的概述

第一节　文化

一、文化的内涵

(一)"文化"的词源

据考证,"文化"一词在我国古已有之。

所谓"文",其本来的意思是指各色交错的纹理,如《易·系辞下》中有"物相杂,故曰文",《礼记·乐记》中有"五色成文而不乱",《说文解字》中有"文,错画也,象交文"。另外,"文"还有一些引申义。一则,"文"可以表示语言文字中的各类象征符号,也进一步引申为文物典籍、礼乐制度等,如《尚书·序》的"由是文籍生焉",《论语·子罕》的"文王既没,文不在兹乎"等。二则,"文"引申为彩画、装饰、人文修养,如《尚书·舜典》的"经纬天地曰文",《论语·雍也》的"质胜文则野,文胜质则史,文质彬彬,然后君子"。三则,"文"引申为美、善、德行,如《礼记·乐记》的"礼减而进,以进为文",其中的"文"就包含美德之意。

所谓"化",其本来的意思是变化、生成、造化。在很多古语中,"化"都是指这一层意思,诸如《庄子·逍遥游》的"化而为鸟,其名曰鹏",《易·系辞下》的"男女构精,万物化生",《黄帝内经·素问》的"化不可代,时不可违",《礼记·中庸》的"可以赞天地之化育",等等。概言之,"化"基本上都表示事物形态、性质等发生改变。

"文"与"化"的联合使用最早可以追溯到《易经》。《易·贲卦·象传》曰:"刚柔交错,天文也;文明以止,人文也。观乎天文,以察时变,观乎人文,以化成天下。"古人将后一句"观乎人文,以化成天下"简化为"人文化成",又最终缩简为"文化"。如果要了解"文化"一词的原义,则要理解

《易·贲卦·象传》中这段话的含义。一般而言，这段话可以理解为：世上本来就男刚女柔，男女刚柔交互，这是自然规律；男女按照这个自然规律而结为夫妻，形成家庭，乃至国家，这就是人文。治国者不仅需要观察自然发展规律，了解时序变化；而且需要理解现实社会伦理秩序，留心社会现象，通过教育和感化等方式来达到治理天下的目的。因此，按照彼时人们对"文化"一词的理解，"文化"是一种观察和理解自然和社会现象，运用自然与社会规律以教化民众的方式。[①]

上述《易·贲卦·象传》句子中的"文"也是演化自纹理之义，其中的"人文"与"天文"相对。按照宋代程颐的观点[②]，日月往来交错文饰于天即为"天文"，"天文"是指自然现象即由阴阳、刚柔、正负、雌雄等两端力量相互作用而形成的自然世界；而"人文"指自然现象经过人的认识、点化、改造、重组后所形成的精神观念、风俗习惯、道德秩序、法规制度等，也包含人与人之间各种相互交织的社会关系，构成复杂网络，具有纹理表象。人对自然现象的认识、点化、改造等一系列活动被称为"人文活动"。认识活动是最基础的初级人文活动，而点化等则是更具有创造性的高级人文活动。点化是赋予自然物或人力加工物某种意义的创造性人文活动，经过这种创造性人文活动，自然秩序被点化成道德秩序，世界到达合一无外的境界，成为一个"圆成"的世界。因此说"观乎人文，以化成天下"，简曰"人文化成"，进而简曰"文化"。从这一角度出发，"文化"一词可以理解为一种高级的人文活动，此类活动的目的是点化人生活中所涉及的外物，使其具有无限的道德意义。

如果从更宽泛的外延来理解，那么上述所有的人文活动（包括初级、高级人文活动），均可以称为"文化"。如果还要在这个基础上进行一定延伸，"文化"更可以不拘泥于上述人文活动本身，还包括所有人文活动的结果，即种种自然现象（或者人力加工物）经过人的认识、改造、重组后的状态。此时所称的"文化"，已经不仅具有动态的活动创造义，还具有静态的客观存在义。

"文"与"化"两字正式合用出现在汉朝，具体而言，最早出现在西汉刘向的《说苑·指武》中，即"圣人之治天下也，先文德而后武力。凡武之兴，为不服也，文化不改，然后加诛。"这段话的意思是，圣人治理国家会先用文化、道德等教化民众服从，如果这种方式无效，才会运用武力镇压。由此可

---

① 李光地. 周易折中 [M]. 成都：巴蜀书社，1998：558.
② 宋代程颐认为："天文，天之理也；人文，人之道也。天文，谓日月星辰之错列，寒暑阴阳之代变，观其运行，以察四时之速改也。人文，人理之伦序，观人文以教化天下，天下成其礼俗，乃圣人用贲之道也。"

见，这一时期的文化和军事战略是相并列的治国方式。自此之后，"文化"一词就开始作为文治教化、文德昌明的意义而为人使用，并且更多侧重于其精神内涵。①

（二）文化的概念

从"文化"的词源来看，其内涵非常丰富并且极具人文意味。中国现代意义上的"文化"概念出现于清末民初时期，由日文翻译而来，梁启超就是近现代以来最早使用"文化"的学者之一。目前，关于现代意义上文化的概念存在着很多种观点，学术界还没有统一的明确释义。

1. 外国学说

英国人类学家爱德华·泰勒在其著作《原始文化》中对文化的概念进行了深刻而全面的概括：文化，或者文明，是一个复杂的综合体，它涵盖了所有的知识、信仰、艺术、道德、法律、风俗等，以及人类的其他才能与习惯。② 该定义着重突出了文化作为综合整体的内容广泛性和复杂性。马林诺夫斯基对文化所包含的内容进行分类，指出文化作为综合性的复合体，不仅有具体物如使用的器物、生活消费品等，还有无形的思想如观点、见解、信仰以及制度，等等。他还提出，文化布局依文化功能而定，并且文化的意义也随其在社会活动体系中所占据的地位、所联系的思想和所产生的价值而变化。文化作为社会结构体系的工具，不同的社会结构层次影响着文化功能的实现，而文化体系能够直接影响人的价值观念，甚至也是人的行为准则的重要组成部分。

马克思主义理论家认为文化的概念应当区分广义和狭义。一方面，广义的文化应当是人类在社会实践中不断创造出的物质与精神财富的总和。另一方面，狭义的文化就只包括精神文化，也就是说狭义的文化是指社会意识形态及与之相适应的制度和规范、风俗习惯、观念信仰、文学艺术，等等。毛泽东同志曾经指出，文化是社会中的政治、经济等在思想观念层面上的相应反映，这句话指出了文化的狭义本质。

美国文化学家克罗伯对西方国家关于文化的众多定义进行了梳理与评析，并提出了文化的综合性定义：文化不仅包括了外部行为模式，也包括内部行为模式；行为模式经由象征符号进行传递；文化的中心内容是传统观念，主要是它们所体现的价值；文化体系不仅是人们行为取得的成果，更是将来行为的重要影响要素。文化承载着人们不断取得的成就，也见证了历史的发展与进步。

---

① 谢梅，王理. 文化创意与策划［M］. 北京：清华大学出版社，2015：4.
② 爱德华·泰勒. 原始文化［M］. 连树声，译. 上海：上海文艺出版社，1992：1.

美国学者对文化概念的综合分析，产生了广泛而深远的影响力，普遍为现代学术界所认同。

2. 不同视角下的解释

从不同角度来对文化进行解释，也会碰撞出不同的"火花"。其一，从哲学角度来讲，文化的本质是哲学思想的表现形式，并且哲学的时代性、地域性决定了文化的不同风格。通常情况下，哲学思想的变革甚至能够引起社会制度的更迭，同时也会促成新旧文化的不断更替。其二，从存在主义角度来讲，文化即是对人存在方式的描述。人不仅存在于自然中，而且也存在于历史及时代中。如果说时间是人存在于自然中的重要平台，社会、国家以及民族等是人存在于历史和时代中的必要平台，那么文化在这种存在过程中则扮演的是一种交流方式的角色，发挥着描述人的外在行为、展现人的思想意识等作用。

3. 《现代汉语词典》中的释义

"文化"在《现代汉语词典》中有三个层次的释义。一则，文化是指人类在社会历史发展中创造出来的物质与精神财富的总和，又特指精神财富，如文学、艺术、科学，等等。二则，文化是一种考古学方面的术语，是同一历史时期不随分布地点而转移的遗迹、遗物等的综合体。相同的工具、相同的制造技术等，体现了同一种文化的特征，诸如仰韶文化等。三则，文化是指运用文字的能力和一般知识。[1]

综上所述，从古至今人们对"文化"一词有各种不同的理解。本书认为，文化是凝结在物质之中又游离于物质之外的，能够被传承和延续的生活习惯、文学艺术、行为规范、思维方式、价值观念等。文化更是人与人实现交流的、能够被基本认同的并且可以被传承的意识形态，是对客观存在的感性认识、积淀和升华。文化不仅涵盖有形的书法、雕刻、建筑、城市等有形物质方面的符号性内容，而且包含制度、习惯、风俗、艺术等精神方面的观念性内容。[2] 进而言之，文化一方面包括意识形态性质的内容，诸如世界观、人生观以及价值观，另一方面又涵盖非意识形态的内容，如自然科学技术、语言文字，等等。文化是存在于人类社会中的独特现象，它不仅体现了人们努力实践的成果，而且作为历史现象，也是社会历史的积淀物。

---

[1] 中国社会科学院语言研究所词典编辑室. 现代汉语词典 [M]. 5版. 北京：商务印书馆，2005：1427.

[2] 谢梅，王理. 文化创意与策划 [M]. 北京：清华大学出版社，2015：6.

二、文化的特点

文化是人类创造的财富，是不断积淀形成的物质和精神的总和。文化的特点集中表现为它具有习得性、主观性和共享性。

（一）文化具有习得性

文化并不是原本就存在的，而是人们通过持续性学习而获得的，这就体现了文化的习得性。人的思想、知识、技能等都是通过后天的学习才形成的，同时也是社会化的成果，那些不需要后天学习而先天就拥有的本能则并非文化。例如，人生来就有男女的区分，这种男女的区分本身不是文化，但怎样才能扮演好男女性别角色，则有待于后天学习，因此那些做好男人或做好女人的习惯、方式是一种文化。再如，人点头的生理机能本身并非文化，而经过对点头的含义进行学习和理解，将其转变成人们之间传达某种意思的交流符号，此时点头就变成了一种文化。

文化是通过某些方式习得的，这些习得方式基本可以分为两种。一种方式是文化继承，即学习和承袭本民族或群体的文化，使得文化能够代代相传。文化的继承不仅能够使得民族或群体文化实现世代延续，同时也可以永葆各个民族或群体独特的个性。另一种方式是文化移植，即学习其他民族或群体的文化，有选择地借鉴与吸收，最终化为己用。在某个民族或群体的文化演进过程中，人们往往会不可避免地学习、融汇其他民族或群体的文化内容，进一步将其作为本民族或群体文化主要特征的情况也时有发生。

（二）文化具有主观性

文化凝聚着人类的智慧和汗水，是人类独有的成果，本质上是人类主观对客观世界进行认识与互动的产物。文化之间的差别从本质上来说，就是由于人类对客观事物的认识及互动上的主观能动性存在着差别。文化能够反映人的主观意识，是兴趣、审美、观念等有关主观意识的外在物质表现。意识可以通过口头语言表达，也可以通过文字记录下来，但意识无法直接创造出物质，也不能直接造成事物的变化。在意识同客观物质交织互动后，才产生了一些实体介质，如文字、图画、雕塑、道路、建筑等。诸如此类的反映人类主观意识的物质不但是人类发挥想象力、创造力而取得的成果，也是人类进一步走向文明的必要工具。

（三）文化具有共享性

构成文化的东西，必须能为社会中绝大多数的人所共同享有。群体中个别人的不被社会整体认可的特殊习惯或行为方式等，无法作为该社会整体的文化。只有那些在共同社会生活中创造并普遍为大家认可、使用或遵循的，才能够真正作为这个社会的文化。文化是一套思想、价值观念、认知和行为的共同标准，它使个体行为能够被社会中其他成员所理解。社会个体可以通过共同的文化来预测其他成员一般可能采取的行动，并进行相应行动。社会本来就是一个由组织、互相依赖的群体组成，通过分享共同的领土、语言和文化使得关系更加紧密，每一个个体为集体的生存和发展而努力。

尽管社会成员共享一种文化，但仍需注意的是，没有两个个体会共享内容完全相同的文化。例如，人类婴儿、成年人和高龄个体之间存在明显差异，女性和男性的生殖解剖与生理机能等的差异也决定着其共享的文化是有差异的。

三、文化的层次

文化的层次结构是多元的，目前学术界众说纷纭，出现了较为丰富的关于文化层次结构剖析的理论成果。笔者对这些理论成果进行梳理，关于文化层次的划分主要有六大观点：（1）"两分"说。文化被直接简单地划分为物质文化与精神文化。（2）"文化三因子"说。马林诺夫斯基把文化分成物质、社会组织、精神生活这三个层次。（3）"文化三阶层"说。钱穆把文化分成三个阶层，即物质、社会、精神。物质对应的是物世界，社会对应的是人世界，而精神对应的则是心世界。（4）"文化三结构"说。有学者认为，文化应当包括物质文化、制度文化和精神文化这三个层次。[①] 物质文化是为了满足人类生活及生存需要而创造出的物质产品以及它所表现的文化，具有突出的物质性、基础性与时代性；制度文化主要是反映个人与他人、个体与群体之间的关系，强制性、权威性、变迁性以及相对独立性明显；精神文化是人类在长时间实践的基础上，升华和凝缩成的价值观念，主要体现为思维方式、道德情操、审美趣味、宗教信仰等。（5）"四层次"说。在"四层次"说的架构下，文化是由物质、制度、风俗习惯、思想与价值四方面构成。（6）"六大子系统"说。该观点认为文化这一大系统下涵盖了物质、社会关系、精神、艺术、语言符号、风俗习惯这六大子项系统。

本书综合上述学术观点，结合社会发展过程中各要素发挥的作用，认为文化应当由四个层次构成，即物态文化层、制度文化层、行为文化层及心态文化层。

---

① 汤正翔. 文化结构层次上的五种形态 [J]. 芜湖职业技术学院学报，2005（4）.

(一) 物态文化层

物态文化的主要内容是物化的知识及力量，包括人类的物质生产活动及其产生的成果，能够被感知并存在物质实体的文化事物。物态文化作为一种浅层次文化，是最基础的文化层。物态文化的目标就是满足人类生存发展的基本需要，包括衣、食、住、行等，并且能够最直观地反映人与自然间的关联，体现人类认识、把握、利用以及改造自然的能力与程度，展现社会生产力的整体发展水平。

物态文化涵盖人类创造出来的一切物质产品，物质产品又涵盖经由人类改造的自然环境和由人创造出来的一切产品。每一件由人类制作的物质产品，均具备一定用途或价值，人类往往还会赋予其某种文化含义，反映某些价值观念。物质产品千千万万，其中最重要的应是人类借以改造自然的生产工具。生产工具在人类历史长河中发挥着重要作用，这除了体现在它是时代划分的一种标准上，也表现在它是不同文化存在的代表这一方面。[①]

(二) 制度文化层

制度文化是一种中层次的文化。制度文化最主要的组成部分便是人类建立的各种社会制度规范。这些制度规范是人们行为的准则，不仅体现为那些约定俗成的、深深印在人的脑海中的"潜规则"，也表现为有明文规定的各种典章制度文本。

制度文化中一方面是宏观层面上的社会经济制度、婚姻家庭制度、政治法律制度等，另一方面是微观层面上的各个组织的内部管理制度、人事考核制度等。宏观与微观层面上的制度和规范之间紧密相连，优势互补，使得调整社会关系的作用相得益彰。如果说社会规范是社会价值观念的直接反映，那么价值观念就对规范的内容起到了决定性作用。因此，一般而言，规范的所有内容均可以对应到某条基本的社会价值观念。

(三) 行为文化层

行为文化层也可以叫风俗习惯层，往往表现为融于日常生活中的民风民俗，是一种颇具民族或群体特色、地域特色的文化。

一方面，小到一个人的日常生活行为，大到一个企业、集体的经营交流行为、宣传教育行为，再到一个国家的内部管理行为、对外交往行为等，各种行为反复实践和加强，最终变为一种习惯性做法，就构成了行为文化。另一方

---

① 如石器时代、青铜器时代、铁器时代、机器时代、电气时代等，都是以生产工具作为时代划分标准。又诸如青铜器文化、电气文化等都体现了生产工具对文化存在的代表作用。

面，每个人由于扮演的社会角色或者拥有的社会地位有差异，其日常生活、工作交往等行为往往也会出现相应的区别，而随着这些行为习惯经过世代传承和延续，就凝聚成了各种具有一定引领作用的行为文化。

(四) 心态文化层

心态文化层也可以叫思想价值层。心态文化是在长时间的积淀下形成的价值观念、审美情趣等，价值观念是心态文化中尤为重要的内容。心态文化是非常重要的文化部分，甚至可以说是核心部分，人类对自然与社会进行改造的活动都是在思想观念的指导和推动下进行的。心态文化在某种程度上就相当于平时所讲的精神文化、社会意识等，主要涵盖了思想、理论、哲学等，这些都是社会经济基础的体现，本质上是由社会经济类型、生产力发展水平和生产关系来决定的。如"三纲五常"之类的伦理道德，其根源就在于中国封建主义的经济和政治关系。

价值观念是心态文化的灵魂，是人们判断是与非、对和错，做出何种选择和设定何种目标的依据。价值观念决定了人们赞赏和追求的对象，在人的生活目标与行为方式选择上有重要的指引作用。价值观念从决定个人行为，到影响社会集体行为，再到引领国家发展方向，都印证了其在整个文化层中的重要地位。社会中基本价值观念体系的形成并非一日之功，而需要不断实践、积淀和升华才能日趋完善和稳定。

四、文化的功能

文化对于人类的发展和社会的进步具有重要意义和作用。在社会组织中，不论独立的个体还是聚集的群体都不可避免地一方面创造文化，另一方面受文化影响。而每一种组织和群体都在发展历程中创造形成了自己独有的文化，作为其区别于其他组织和群体的根本标志，并以其来引领自身不断发展。文化以"无所不包"的力量汲取了经济、政治、军事以及外交等活动的养分，不断得到强化，最终文化不仅承载着人类进步取得的成就，更为社会发展注入了灵魂和活力。因此可以说，文化在人类发展进步过程中发挥着"引擎"作用。概言之，文化最主要的功能便是社会整合功能、社会导向功能和反向负功能。

(一) 文化的社会整合功能

文化的社会整合功能之所以重要，是因为它不仅是社会个体紧密团结的纽带，还是稳定社会秩序的基石。试想如果社会的构成本就已经非常复杂，再缺乏文化的整合，轻则导致社会成员之间关系松散，重则使其四分五裂。一个民族或群体是由于享有和延续着共同的文化，才能够在地域分隔或制度分歧的情况下，仍然怀着民族认同感，努力在思想上和行为上将彼此联结在一起。

具体而言，文化的社会整合功能又体现在价值整合、规范整合与结构整合这三个方面。其一，价值整合是文化整合功能中最基础的功能，只有形成一致的价值观念，人们的行为才能保持高度协调。当然，价值观念的个体差异也是客观存在的，但经由共同文化的熏陶，通常能够就社会生活的基本方面达成大致统一的观念。其二，制度和规范由产生到完善、由零散到集中的过程离不开文化的整合作用。文化让各种规范不断系统化和协调化，进一步将人们的行为拉回规范化的轨道上来，推动社会稳定发展。其三，由于社会结构的高复杂性往往催化出高分化性，文化在此时发挥其整合作用，通过其渗透力和影响力，使得社会构成群体间发生融合，也能够保持各构成群体间的紧密联结。文化的结构整合作用在社会结构愈加复杂的情况下，体现得也愈为明显。

（二）文化的社会导向功能

纵览人类社会演进的历史，文化在新思想、新制度等的产生与完善方面发挥了充分的导向作用。凝聚在新制度中的文化通常会以浓厚的理想信念、道德精神等滋养新思想、新理念。

一方面，文化是人认识事物与现象、解决问题的基础。文化的不断延续带来了历史发展中所积淀的多方面知识，使其成为人深入认识、改造社会的基础，同时又通过某些特定方式融入认识主体、媒介以及客体当中，约束与规范人的行为。并且，文化也可以被看作解决问题的方法论，能够为人们找到解决问题的方法。诸如人类学习和理解了自然科学、社会科学、心理学知识等文化，在出现问题时能够用相应知识找到解决之道，均体现了文化的此种功能。

另一方面，文化也是各种知识及信息的承载体。社会的发展要靠知识的不断继承与传播。人们借助语言文字或者其他形式，并利用纸张、竹木片、甲骨、石头、电脑软硬盘等各式各样的载体来记录知识、传递信息，这些知识及信息成为能够被后人所继承的知识遗产，并为后世进行深入研究指引着方向。随着社会的发展、科技的进步，文化作为各种信息的承载体，其记录信息的重要作用越来越为人们所关注和重视，与其直接相关的各类档案的逐渐建立及严格管理便是很好的例证。

（三）文化的反向负功能

上述两种功能都体现的是文化的正向功能，是文化给社会带来的正面影响和作用。而任何事物一般都具有一体两面，文化也不例外，其一面发挥正向功能，另一面又存在反向负功能。文化的反向负功能体现为文化滞后与负文化这两个方面。一方面，文化随着人类社会的发展而不断演化，但构成文化整体的

每个部分的演变速度并不一致。一般而言，存在这样一种规律，那就是非物质文化会慢于物质文化的变化和进步，部分文化滞后的现象也就无法避免地出现了，诸如思想意识、社会制度通常会出现滞后的情形。发生此类滞后情形时，对于整体社会的发展进步而言，滞后部分的文化产生的就是非整合的负作用。另一方面，文化作为一个综合体，其间也包含着各种亚文化，其中不乏负文化，比如犯罪团伙的犯罪宗旨、习惯等。负文化作用于社会所产生的影响，相较于整体文化的正向功能，亦可以说是一种非整合的反方向负作用。

有学者指出，社会并不能始终保持在整合状态，个人乃至群体也不会自始至终地严格遵守社会规范，有违社会规范的情况亦客观存在。进而言之，这种非整合状态以及违规情形的存在并非偶然，恰是文化功能的表现形式。例如，文化发挥正向整合功能，能够让人循规蹈矩，合理行事；文化的反向非整合功能也能够使某些人不守规矩，铤而走险。总而言之，文化的正向功能是保障社会结构平衡的重要力量，而反向功能也为打破平衡提供了更多可能。

第二节　公证文化

中华民族拥有承续几千年的、博大精深的文化，各个社会群体也都存在着符合群体发展规律、彰显群体特色的相应文化。发展至今，各个行业及其相关的机构、企事业单位等也形成了具有一定特色的内部文化。公证是一种法律服务活动，公证机构根据自然人、法人或者其他组织的申请，按照法定程序对民事法律行为、有法律意义的事实及文书的真实性、合法性进行证明。公证机构是行使国家公证权的司法证明机构，众多公证机构是整个公证行业的有机组成部分。公证行业发展至今，也已形成了独特的公证行业文化，各个公证机构当然也在公证行业文化基础上形成了机构文化，这就构成了整个公证文化。

一、公证文化的内涵

公证文化是公证人创造力的智慧结晶，也是滋养公证人创造力的重要源泉，是公证行业、公证机构兴盛发展的灵魂。公证文化内涵较为丰富，理解公证文化的内涵是推进公证文化建设的前提。

（一）公证文化的概念

恩格斯曾经指出，人越是远离狭义的动物，就越能发挥主观能动性来创造历史。[①] 人类有意识地创造历史的过程是在现有文化的支撑下不断再创造的过程。公证文化是公证人经过反复实践后的经验和智慧积淀，是认识公证的思维图式。关于公证文化的概念，学术界"百家争鸣"，出现了许多不同观点，现主要介绍下列几种主流观点。

第一种观点认为，公证文化是整个公证行业在长时间建设发展过程中不断积淀而成的职业形态，是包括与之相适应的公证执业思维方式、行为规制等方面在内的综合体。公证文化更是公证行业内的全体成员意志、习惯以及学术水平等多种因素交互影响的产物。[②]

第二种观点认为，公证文化是一种共同精神，寓于公证人员长时间的公证实践及管理活动中，并为公证人员共同认可与遵循。它涵盖了公证价值观念、思维模式、行为规范以及和它密切联系的物质表现，是表现为公证办证程序及规则、物质基础、法律实践、管理制度等的公证精神及成果。公证文化展现了客观、真实、公平以及效率等鲜明特点，彰显了追求正义的法律信仰、专业服务的职业道德，传递了严肃有效的管理规范等。先进的公证文化能够反映社会主义法制的基本精神，彰显现代司法理念，得益于传统公证行业精华同现代法律文化的交融。进而言之，公证文化包括三部分内容，即作为基础的物质文化、作为核心的精神文化以及发挥保障作用的行为文化。[③]

第三种观点认为，公证文化应该分为两大方面：一则，是指社会普通大众对公证这一法律行业的学术思想、规范建设、文学艺术等方面的各种外部认知；二则，是指公证从业人员在其从业过程中所形成的同公证行业相关的理想信念、职业理念等，和由此形成的思维模式、行为方式、品牌效应等方面的内部统一。换言之，公证文化实际上应当是公证行业内的文化体系（内部文化）与公证行业外大众所形成的与公证相关的各类文化（外部文化）的统一体。在该概念之下，公证文化还可进一步细分出"公证行业文化""公证机构文化"，公证文化、公证行业文化及公证机构文化这三者间有明显的层级，并存在着不可分割的联系。现阶段所称的"公证文化建设"，则主要指向的是公证行业文化的建设，通过对公证行业的执业理念、价值观念以及职业道德等核心内容进行建设和完善，构建起让行业每个成员都认同并遵循的文化体系，进而发挥公证行业文化在行业内部指导与规范公证机构文化建设，在行业外部提高行业统

[①] 中共中央马克思恩格斯列宁斯大林著作编译局. 马克思恩格斯选集[M]. 3 版. 北京：人民出版社，2012：859.
[②] 袁丽琼. 关于公证文化建设的一点想法[J]. 中国公证，2010（3）.
[③] 刘建玲. 基层公证机构文化建设初探[J]. 中国公证，2011（9）.

一社会形象和社会认知度的作用,以期公证行业能够取得良性、快速发展。

可以看出,理论界对公证文化的概念做出了相应研究和探索,但还未形成统一观点。本书认为,公证文化包括了公证行业文化和公证机构文化,是指公证从业人员在公证执业过程中形成的执业理念、行为规范、管理制度等的总和。由于暂时还未形成一套较为完备的公证行业文化体系,所以目前更应当重点推进公证行业文化建设,只有推进公证行业文化建设,使其日臻完善,公证机构文化建设才能在其指引下更进一步。

(二)公证文化的内容

根据前文将文化的内容层次划分为物态层、制度层、行为层和心态层,再结合公证文化建设的实际来看,本书以为公证文化亦应当相对应地划分为四个层次方面的内容,包括物质层、制度层、行为层以及精神层。在这四个内容层次中,物质文化是基础,制度文化是保障,行为文化是载体,精神文化则是核心。

公证文化的具体内容又包括了公证形象文化、公证宣传文化、公证品牌文化、公证管理文化、公证价值文化和公证理论文化等。公证形象文化属于物质文化,公证宣传文化和品牌文化属于行为文化,公证管理文化属于制度文化,公证价值文化和理论文化属于精神文化。

公证文化是经由公证执业大环境塑造与熏陶而形成的,是公证行业全体成员的观念、习惯等交互作用的产物,承载着公证行业的物质基础、制度规范、法律实践等方面的理念与成果。公证文化的层次结构划分及其所包含的内容如图1-1所示:

图1-1 公证文化的层次结构划分及内容

（三）公证文化的特征

公证文化作为社会文化重要的一部分，其不仅具备社会整体文化的特征和规律，还带有明显的行业特色。具体而言，公证文化的特征主要体现在公证文化具有法治性、时代性、传承性和包容性这几个方面。

1. 公证文化具有法治性

公证文化具有鲜明的法治性，这在公证制度的地位、功能中是有迹可循的。公证制度是国家司法制度中不可或缺的组成部分，[1] 居于司法制度环节链条的始端，是民事纠纷的第一道防线。国家建立公证制度，为社会提供具有公信力的公证证明及其他法律服务，能够起到规范民事法律行为，预防纠纷和减少诉讼的作用，保障法律的正确实施，维护当事人的合法权益。[2] 公证行业是一种法律服务行业，其具有明显的非诉讼预防性特点，因而公证文化也是非诉讼法律文化的重要组成部分，更是中国特色社会主义法治文化的重要构成。先进的公证文化的主要理念应当是崇尚法治、彰显诚信、服务社会、展示形象等，体现法治的精神实质，彰显现代司法理念。[3]

2. 公证文化具有时代性

公证行业是我国法律职业共同体中不可分割的部分，它的产生与发展根植于中国社会大环境。因此可以说，公证文化的发展既受到社会大环境的影响，也是时代发展水平和方向的反映。公证文化不是公证机构文化和公证行业文化的简单或封闭性叠加，公证文化的外延应该更宽，甚至包括更高层次的社会文化。公证文化建设的构想以及实践若是离开指导思想、价值取向和基本原则这三大要素的引领将成为无本枯木。公证文化建设的指导思想来源于社会主义核心价值观和社会主义法治理念，其价值取向是符合社会需求和行业发展所共同认可的正确职业价值取向，其基本原则是在遵守当前所有相关法律法规的前提下树立正确的执业意识，紧扣中国广大企事业单位以及群众对公证的感受、认知等，在中国特殊国情下，形成独有的行业文化。

3. 公证文化具有传承性

公证文化寓于公证行业发展的各种实践中，同时也伴随着公证行业的成长而不断发展。不同的历史时期与发展阶段中，公证行业的发展条件并不相同，其任务和作用也有所差异。因此，不同时期的公证文化体现出来的目标宗旨、

---

[1] 田平安. 律师、公证与仲裁教程 [M]. 北京：法律出版社，2002：286.
[2] 向海平. 公证理论与实务 [M]. 成都：四川大学出版社，2017：17.
[3] 陆建明. 公证文化建设初探 [J]. 经济技术协作信息，2017 (16).

价值观念、道德准则和行为规范也会有所区别。公证文化是特定历史条件下的必然产物，具有独特的运动和变革规律，但其在变化发展的过程中，不可与公证行业本身剥离，也无法断绝同社会环境的密切联系。优良的公证文化经受住了历史的考验和选择，最终得以传承下去，并且经过不断地推陈出新，进一步演变为专业特征明显、现代意识强烈的公证文化。从整体公证文化来看，既可以了解公证行业的过去，也可以预见其未来的发展。

4. 公证文化具有包容性

各公证机构在独立运作的同时，不仅要接受司法行政部门的行政管理，还要接受行业协会的自律监督，在广泛层面上也要接受社会监督。由于公证行业具有很强的社会性，公证机构的发展往往受到不同的地域文化与经济发展水平等诸多因素的影响。我国的公证在整体上成为一个正式行业的时间并不久，因此目前还客观存在着各个公证机构的组织规模、业务水平和公证人队伍综合素质等方面参差不齐的状况，各个公证机构文化建设已然形成较大差异，整个公证行业文化也必然面临多元状态，推进行业文化建设就必然涉及各个机构文化的整合、兼容问题。经过对各个公证机构文化的求同存异、兼收并蓄，公证行业已形成了一些共识性的公证文化，而进一步推动公证文化建设已然成为公证事业稳步发展的重要保障。

（四）公证文化的功能

文化基于其具有的各项重要功能，成为引领社会发展的重要力量。具体到公证行业来说，公证文化作为一种文化软实力，可谓是公证事业发展的内生动力与灵魂基石。先进的公证文化可以在潜移默化中对公证行业执业理念、职业操守、行为准则、行业形象等多方面产生积极影响，有利于促成公证行业良性、稳定地进步。[1] 公证文化能够在公证行业内部形成一种向心力，在公证行业外部树立起一面促进社会认同的旗帜。概言之，公证文化具有导向、凝聚及辐射功能。

1. 导向功能

正是由于公证文化的无形性或者不成文性，催化了公证人员的"从众"心理，能够指引及规范公证人员的行为。公证文化包含了经过长期的公证执业实践凝结而成的价值体系，是公证从业人员共同行为规范、职业理想以及价值目标的统一。因此，公证文化能够为众多公证从业人员提供行为参考，规范他们的执业理念、工作及生活方式，将忠于宪法、实践法治、维护公平正义的行业

---

[1] 马立飞. 浅议公证文化建设[J]. 中国公证, 2018 (6).

价值取向融入个人的精神世界，让实现行业发展目标自然而然地转化为公证从业人员自身的价值追求。[①]

2. 凝聚功能

公证文化可以在公证人员之间搭起沟通的桥梁，使得他们在行为模式、价值观念等方面产生共鸣和认同，汇聚成强大的凝聚力、向心力，整个集体紧密团结。公证文化对每个公证从业人员的工作氛围有很大影响，良好的公证行业文化风气有激发或者提升从业人员职业认同感的作用，甚至能够增强他们作为公证从业人员的使命感、自豪感、荣誉感和归属感，进而促使他们加强团队协作，万众一心、步调一致，凝聚起整个行业的向心力，为了一个集体、一个行业而不懈奋斗。公证文化的这种凝聚力，是公证队伍不断团结壮大的强大支柱，更是公证行业持续稳定发展的内在动力。

3. 辐射功能

公证行业发展中形成的公证文化，不仅能够向公证机构传递，在行业内部达到更有高度的文化统一，还能向行业外部进行辐射，让公证行业形象、管理制度以及行为准则等深入人心，增进社会公众对公证行业的认同、对公证工作的理解、对公证机构的信任以及对公证从业人员的支持。同时，公证文化中的法治正义、诚实信用等价值观念也能够潜移默化地影响社会大众，唤醒大众对法治、诚信、公平、正义等的认同，产生良好的社会效应。

二、公证行业文化

行业是从事同性质的生产或经营的单位或者个体的组织结构体系。行业作为同类职业的整体，经过时间的洗礼和历史的积淀，已形成其整体的行业文化。对于公证行业，其独特的公证行业文化也已有较为深厚的底蕴。

（一）对公证行业文化的理解

行业文化是某个行业历史发展实践中慢慢产生和完善的，是能够被本行业从业人员接受和理解以及遵守的各种物质表现、制度、行为模式与价值观念的综合体。行业文化也是在行业的管理以及运行过程中不断升华凝聚而成的，奠定了行业良性、有序发展的基石。行业文化因其凝聚了鲜明的行业特色，所以也是行业间相互区别的重要因素。

关于公证行业文化，学术界的理论研究并不多。就目前可得的研究成果来看，大部分学者将"公证行业文化"直接表述为"公证文化"，或者将公证行

---

① 陆建明. 公证文化建设初探［J］. 经济技术协作信息，2017（16）.

业文化的概念直接等同于公证文化的概念。一则如学者袁丽琼认为，公证文化是公证行业长时间发展中产生的职业形态和与其相适应的公证职业思维模式、行为规范等的结合体，其出现与发展是公证行业各个成员的意志、习惯以及学术水平等因素交互影响的产物。① 二则如学者魏杰提出，公证文化是公证行业在长时间发展中渐渐产生的，被广泛遵循的公证道德观念、价值准则、职业情操等的统一，不仅作为公证人员提升价值的原动力，也成为整个公证行业更远更快发展的基石。②

本书认为，公证行业文化与公证文化并非同一概念，至少在外延上两者并不完全一致，公证行业文化可以说是公证文化的重要组成部分。正如前文对公证文化内涵进行讨论的部分所述，公证文化是一个外延更加广泛的概念，其一般包括公证行业文化与公证机构文化，但并非两者的简单叠加。概言之，公证行业文化概念虽不能直接等同于公证文化概念，但两者确实存在不可分割的联系。根据目前公证行业文化与公证机构文化建设的实践，考虑到行业文化对整个行业的引领作用，某些学者在"公证文化建设"相关研究中限定公证文化为公证行业文化，此种情形下若能做出适当说明，也不失偏颇。

（二）公证行业文化的作用

如果说公证文化具有导向、凝聚和辐射的功能，那么作为其重要组成部分的公证行业文化当然也具备这些作用。公证行业文化指引的是行业内每个公证机构中从业人员的价值取向、行为方式以及目标追求，凝聚的是整个公证行业的向心力、团队精神以及奋斗希望，辐射的是社会中的其他行业、其他机构甚至是其他个体。

公证行业文化能够促进每一个公证从业人员对本行业价值理念、管理模式、行为规范、职业形象等进行整体认知和把握，使其能够在思想上认可行业价值理念，在行动上遵守行业各项规范和制度，在工作中树立和维护行业形象，在生活中坚持行业精神和道德。每个公证从业人员在公证行业文化的熏陶下，能够自觉在思想和行动上形成本行业内的统一，给公证事业的进一步发展壮大注入活力、带来动力。

三、公证机构文化

公证机构作为一种行使证明职能的法律服务机构，其性质并非是一成不变

---

① 袁丽琼. 公证文化建设研究[J]. 中国司法，2010（5）.
② 参见：常承科，李宏波. 公证精神文化建设的构想与尝试[J]. 中国公证，2012（1）.

的，尤其是在《中华人民共和国公证法》（后文简称《公证法》）颁布实施后，其性质更是发生了很大变化。随着公证体制改革的推进，公证机构的体制将日渐趋同，原来行政体制的公证机构改制为事业单位体制，同时合作制公证机构仍保留其原有的管理运行方式。依照这种发展态势，公证机构将普遍拥有较为独立和灵活的内部管理机制，对人、财、物的管理也将更加倾向于企业化管理，这也筑牢了公证机构文化进一步发展的坚实基础。故而，在探讨公证机构文化时，不妨先参考企业文化的相关理论。

（一）企业文化理论

美国管理学家切斯特·巴纳德与菲利普·塞尔茨克开创了把企业文化概念运用于企业管理中的先河。[1] 随着科技不断发展，社会经济空前繁荣，市场竞争日益激烈，企业开始呈现多元化发展的特点，人们的生活水平、文化素质都得到了明显提高。在此社会环境下，企业文化作为管理的新增板块出现在了人们面前。它作为传统理性、刚性管理模式的补充内容，从一个全新的角度来思考分析企业这个组织的生存运行，把柔性的文化基因嵌入企业管理机制中，为企业发展注入了生机和活力。20世纪80年代以来，以美国为主的国家对企业文化展开了研究，此后企业文化理论传入中国，国内也形成了企业文化的理论研究和建设热潮。通过吸收美国、日本等国家已有的理论观念，结合我国特有的社会文化传统，富有中国特色的企业文化已然在国内很多企业中得到传播。

1. 企业文化的概念

关于企业文化的概念，在相关研究中也涌现了不少鲜明的观点。其一，有学者指出，企业文化是在特定社会历史条件下，企业在生产、经营以及管理等一系列活动中创造出的颇具本企业特点的精神财富与物质形态。具体而言，企业文化涵盖了物质环境、企业产品、行为规范、管理制度、精神观念、道德准则、历史传统，等等。这些文化内容中，精神观念是核心内容，此处的精神观念专指企业或企业员工在经营活动中坚持和贯彻的价值观念。其二，也有学者提出企业文化有广义与狭义之分，广义的企业文化是指企业在发展中逐渐形成的物质和精神；而狭义的企业文化是指企业在发展中积淀和升华而成的理念与准则，诸如企业经营宗旨、道德规范以及价值观念等，并非有形的物体，却是融入企业及其成员的无形灵魂。也就是说，企业文化是指企业在实践中形成的所有物质与精神财富的集合，特别指精神财富，即能够为绝大部分成员理解、

---

[1] 张烨. 国内外企业文化研究对比 [J]. 现代商业，2008 (18).

认可和遵循的价值观念。[①]其三，根据某些资料，企业文化或称组织文化，是一个组织由其价值观念、习惯、符号、行为模式等构成的极具特点的文化形象。或者可以理解为，企业文化是企业在经营运作中体现出的每个方面。[②]

每个企业因其具有不完全相同的生产经营管理理念、传统和目标、员工素质以及内外环境等，造就了企业独特的文化淀积，因而企业文化一般都带有鲜明的个性与特色，也兼具相对独立性。然而，有一个不可否认的共同点是企业文化具有人本性，其最根本的内容便是关注人的信念、道德、行为方式在企业发展中的重要影响，突出对人的理解、尊重和关心，着重于人的全方位提升。

2. 企业文化的作用

一方面，企业文化在企业内部不但可以激发员工的使命感、凝聚归属感，还可以增进责任感、赋予荣誉感，最终让员工获得成就感。企业文化在某种程度上提高了企业的经济价值，还能通过文化整合功能的发挥推动企业价值理念的吸纳。另一方面，企业文化尤其是行为准则与价值观念可以借助传播媒体、公共关系活动等许多媒介对社会发生作用，不断辐射和输出本企业的文化。并且，企业文化的传播能够树立和提升企业在社会中的形象，优秀、进步的企业文化可以引领社会整体文化的前进方向。企业文化给社会带来的并非只是简单的利益、知识等，其反映出来更多的是人对利益和知识的态度，以及人际交往、运作管理的观念。[③]

（二）公证机构文化的内涵

公证机构文化其实与企业文化有本质上的相似性，这是因公证机构体制改革而日益形成的新趋势所决定的。对于公证机构文化而言，其具备受公证机构历史性质、职能等影响而形成的更明显的特点。因而，应当在企业文化相关理论的基础上，将其与公证机构各方面特点相结合，进一步对公证机构文化进行具体化的研究。

行业内的学者张霞认为，公证机构文化是作为个体的各个公证机构内部所共同认同和遵循的价值观、信念和行为方式，一般而言又可分为四个层次：理念、制度、行为与物质。这四个层次中，理念层是中心，主要涵盖使命、价值观、精神理念等；制度层由各类制度或规范，特别是人事管理的各项相关制度等构成；行为层主要包括高级管理层和员工管理层的行为；物质层重点体现为

---

① 刘泽森. 国内外企业文化比较研究[J]. 大众科技，2013（7）.
② 来源网页资料，https://baike.baidu.com/item/%E4%BC%81%E4%B8%9A%E6%96%87%E5%8C%96/154426?fr=aladdin，最后访问日期为2019年5月24日。
③ 刘泽森. 国内外企业文化比较研究[J]. 大众科技，2013（7）.

办公环境、内刊、宣传栏等看得见摸得着的并能够反映机构文化的物质。[①]这一观点不但明确了公证机构文化的定义，还梳理了其内容层次，对公证文化概念做出了比较全面的剖析。

与其他企业一样，许多公证机构都具有观念、习惯、制度、服务模式等方面的特色，也会形成一些特色各异的机构文化。但是公证机构文化也同企业文化一样，其根本均坚持以人为本，管理人员是公证机构文化的创造者和传承者，普通员工也依然是文化的贡献者和延续者。总体观之，公证机构文化是精神与制度互相转换、行为同物质互相影响的介质。具体而言，公证机构文化就是机构内部所形成的共同价值理念、行为方式、管理制度以及作风习惯等。从塑造到发展，它能够较为真实地反映出一个公证机构不断认识、了解、激发甚至解放人性的管理过程。同时，它还能够根据机构中从业人员的不同个性，促成一些富有特色的文化现象，这种现象的影响范围将不会囿于该公证机构本身，而是能够扩展延伸至整个公证行业。

四、公证行业文化与公证机构文化的关系

每一个公证机构都是整个公证行业的有机组成部分，公证机构文化与公证行业文化是密不可分的。公证行业文化是蕴于各公证机构之中的共性文化，行业内各机构的文化建设是行业文化不断得到创新和发展的源泉。至于两者之间的关系，主要表现为公证行业文化对公证机构文化的包含与覆盖、引领与指导、升华与补充这三个方面。

（一）公证行业文化对公证机构文化的包含与覆盖

行业文化是一种独立的文化系统，该系统发展、进化和成熟的每一个阶段的过程都离不开自我调整、自我完善和自我提升，而内部的整合、量变则是重要的手段。由于受到社会发展整体情况的影响，我国现代公证行业文化在改革开放后才开始萌芽并逐步发展。随着一些相关法律法规和政策的相继颁布，公证法律制度不断完善，公证行业体制改革不断深化，公证行业文化的繁荣发展具备了深厚的土壤和良好的基础条件。虽然公证行业内各公证机构的历史、体制、业务领域等都有所不同，体现出明显的差异性，但各个公证机构均通过各方面的积淀而形成了自身的文化。公证行业文化就是将各个公证机构文化融合起来，不断调整差异、扩大共性，在容许碰撞、加快磨合中增加公证文化的包容性和覆盖性。

[①] 张霞. 关于公证文化建设的几点思考[J]. 中国司法，2008（12）.

(二）公证行业文化对公证机构文化的引领与指导

公证行业文化是行业发展的灵魂，是公证事业前进的指南针，其蕴含的价值观念和发展理念对每个行业内从业人员的实践活动能够产生重要影响。文化具有促进行业发展的作用，具体而言就是借文化之力催生生产力，并助推行业发展规划的执行和落实。在这一过程中，公证行业文化发挥主导、指挥的作用，公证机构文化则具体发挥分解、落实的作用。这就表明公证机构文化应当在行业文化的引领和指导下建设，并且适当创新发展，体现了公证行业文化对公证机构文化的引领和指导作用。谋求整个公证行业发展，行业文化建设必须先行，通过其影响、规范和激励的作用，促使各公证机构在发展过程中凝心聚力、形成合力，共同为实现行业发展目标而努力。

（三）公证行业文化对公证机构文化的升华与补充

如果说公证文化不是公证行业文化和公证机构文化的简单叠加，那么公证行业文化也不是简单地将各个公证机构的文化进行拼凑或者叠加，更不是单纯汇总各公证机构的文化成果。一方面，公证行业文化是从整个行业的高度出发，创造出适合整个行业发展的物质基础、制度规范、行为习惯以及精神观念，并在所有公证机构文化中析出共性或者适合推广的文化，将其进一步升华。另一方面，公证行业文化不光要得到广大公证机构的理解和认同，也会为各机构的个性文化保留一定空间。一些公证机构根据自身特殊情况，创建新的公证机构文化，为公证行业文化所认可和吸收，在行业内部得到推广，其他公证机构文化的空白之处就会得到相应补充。

综上所述，公证行业文化充分发挥引领、指导作用，公证机构在公证行业文化指引下有效探索并进一步创新机构文化。公证机构文化在公证行业文化的引领、升华和补充下，相互推动与作用，不断创造出新的公证机构文化，并共同丰富公证文化内涵。

第二章 公证文化的发展概况

第一节 我国公证文化发展概况

公证文化是指公证从形成到发展的全过程中所产生的，能够被绝大部分成员理解和认可的物质基础、行为方式与公证从业人员共同遵循的基本原则、精神理念、价值标准、行为准则的统一。公证文化具备深厚的产生和发展土壤，中国公证从产生到现在已经历经上千年的发展。在公证发展的长河中，尽管曾经存在过公证定位的游移不定，但作为中立第三方的地位始终如一，其保障信用、预防和减少纠纷的社会功能并未变化。

一、古代公证文化

公证文化在我国有久远发展历史，从古至今，其在社会生活中一直发挥着非常重要的作用。在古代，并未形成真正意义上的公证制度，但是已经出现了"公证"。随着土地的私有化，人们可以互相交换土地，社会上也出现了"私证"。古代"公证"与"私证"的发展密不可分，有此涨彼落也有共同繁荣的阶段，但都是适应社会发展的结果。到了近现代，国家越来越重视公证的作用，在民国时期形成了真正意义上的公证制度，国家制定了专门的法律来规范公证活动。新中国成立后，公证制度的发展几经曲折，最终回到了正轨，现已进入历史发展新时期。

（一）西周：公田交易公证

根据学界的主流观点，我国的公证制度产生于西周时期。据考证，我国公证相关活动的最早记载在公元前770年的金文法中。金文法作为一种镌刻在钟鼎罄盂上的奴隶制法，具备相应的法律约束力。金文法明确了公证档案保管制度，如"书于丹图""铭于宝器"等。同时，金文法对土地交易的规则进行了规定，井田交易必须经由官方参与，这就留下了鲜明的"国家证明"痕迹。[①] 西周中期推行的是土地国有制，"公田"的所有权和使用权互相分离，所有权人处置使用权必须得到周天子的同意。换言之，"公田"使用权交易需要"呈报官方，求得认可"。田土的交易活动除了必须经过官方批准，还需要代表国家权力的官员在现场进行公证，监督交易过程，然后交易方能产生法律效力。现代社会的某些规定可以说是延续了西周时期的这种做法，如土地管理部门在国有土地使用权出让、转让过程中，必须有公证部门公证。

西周时期的"公证"主要是由周天子责成司徒、司马、司空专门监督处理公田交易的活动，他们实际上起到了契约公证人的作用。"公证"是一种司法行政权的行使，是国家政权干预不动产交易的表现，是国家的公力监督和效力认可程序。[②] 可以说，公证源于商品经济的发展，是交易的诚信证明，而公证权来自国家权力的让渡即国家授权。此时的公证人是司徒、司马、司空一类的司法行政官员，他们代表的是官府形象，将维护周天子为代表的国家权力作为主要精神追求。

（二）唐：公验以立券

秦王朝经历了商鞅变法，达成了封建专制主义中央集权的大一统，同时也使得我国古代民法陷入了停滞阶段，土地交易中的相关国家证明活动随之暂停。到了唐朝，经济飞速发展，商品经济活跃，契约类别繁杂。唐朝称契约为市券，确定了格式与文字等，市券需要加盖官印、经由官府批示。唐朝规定官府检验市券以保证取得税收，依法进行审查和监督，颇具国家公证的意味，这也是对东晋契税制度的承续。《唐六典·京都诸市令》规定"公验以立券"，它的意思是重要契约要经过国家公证审核监督后才能成立生效。同时还规定重要契约若不接受国家公证监督，则应当承担相应责任。[③] 在众多契约中，买卖契约是最为重要的一种，其包括动产和不动产两大类。土地等不动产买卖契约和房产、奴婢、牛马等贵重动产的买卖契约，都有一个必经程序即官府公验。土地买卖应当遵守的法定程序，包括向官府提交申请、获得官府的批文、进行公验审核等；买卖奴婢、牛马等应当在3日内到市司签订契券，并进行公验审核，然后向官府交纳税金。

公证之所以能够在唐朝重新恢复生机，可以说是土地国有制条件下全面实

[①] 肖文，邹建华，毕宜才. 中国古代公证 [J]. 中国公证，2003（2）.
[②] 詹爱萍. 中国公证的起源 [J]. 中国公证，2002（1）.
[③] 肖文，邹建华，毕宜才. 中国古代公证 [J]. 中国公证，2003（2）.

行均田制的必然态势。契券制度作为唐朝公证制度的突出表现，虽然它尚未趋于成熟，但给宋朝红契公证制度的健全和发展奠定了基础。[①] 唐代时期的公证人依然是代表国家的官府，公证行为带有为国家增加财政税收的目的，期望在实现官府对民间交易的管理和控制的同时，达到稳定和保障契约双方交易活动的秩序，维护双方合法利益的目标。

（三）宋：红契制度、书铺

宋朝时，印契实际代表所有权的合法转移逐渐成为常态。宋初太平兴国年间官方统一契约格式，官府印发契约，加强对合同文本管理，便于国家对交易事项的内容监督，是国家公证活动的一个组成部分。宋代红契制度代表着古代国家公证的完备，在红契制度下，田宅、车船、牛马等买卖契约必须"投纳契税"，经官印押。经官投印的国家公证程序一般主要包括：（1）亲邻行使先买权；（2）订立文约草本；（3）请买正契、合同契；（4）牙保、写契人亲书押字；（5）过割、税契。过割后，钱主按照规定交税，官府审查通过后在契书上加盖红印，此后契书又称为印契、红契，至此整个交易活动才产生完整的效力。这一加盖红印的做法，极具国家公证意义。红契在宋朝民事审判中发挥着相当重要的作用，甚至达到了分析判断民商事交易，以红契作为主要依据的程度。[②]

宋朝商品经济出现了大繁荣景象，促进了公证私证文化之间的互动与交融，造就了一种前所未有、堪称一绝的非官方证明机构——书铺，绝大部分研究者赞同宋朝书铺是中国古代最早公证机构的说法。[③] 虽然书铺就如昙花一现，在宋朝仅存在了很短一段时间，却在公证制度发展史中留下了浓墨重彩的一笔。官府对书铺的职责范围进行了明确规定：其一，严格遵照规定的格式代为草拟诉状；其二，根据当事人的陈述进行代书，并证明该代书事实的真实性；其三，证明田产买卖契约的真实性及合法性；其四，证明婚姻关系；其五，代办应考手续；其六，代办审核验证手续。不难看出，宋朝书铺的职责范围已与现代公证机构大体相似。[④]

---

① 詹爱萍. 中国封建社会的证明制度（二）唐——公证文化的复苏与私证文化的勃兴[J]. 中国公证，2006（12）.

② 肖文，邹建华，毕宜才. 中国古代公证[J]. 中国公证，2003（2）.

③ 宋代有两种职能不同的书铺：一种以刊书售卖为业的书铺，称"书籍铺"；另一种是"写状钞书铺户"，是具有一定公证职能的"民间检验、代理诉讼机构"，这种书铺被公证教科书认定为"我国最早的公证机构"。

④ 詹爱萍. 中国封建社会的证明制度（四）宋——国家公证民间私证的空前活跃时代（下）[J]. 中国公证，2007（2）.

宋代的红契公证制度不仅有利于增加政府财政收入，而且维护了商事交易安全。

（四）元：税契前"陈告给据"

元朝由于土地国有制重归历史舞台，公证这一代表国家意志干预不动产交易活动的法律程序得到了空前的强化。元朝实行国家公证与税收职能分离，构建了税契前"陈告给据"的制度。"陈告给据"就是指经官给据，即请求官府审查民事行为，确定其真实合法并出具公证文书，该公证文书是一种"公据"。根据元朝法律，不动产与贵重动产的多种交易活动均应当订立书契。至元八年开始，所有田宅交易除了应当严格订立书契外，还应当在订立书契后按照规定赴官押印以验契——也就是说必须进行公证。①

（五）明清："两册"公证、印花公证

明朝承续了宋朝和元朝的公证制度，出现了《大明律·户律·田宅·典买田宅》等体现公证规则的代表性规范。明朝规定典卖田宅应当遵守"公证验契、投税印押、过割换户"等程序，"以杜异日假捏之弊"。② 随后，明朝着力编制关于畜产等动产、房田等不动产事宜的"黄册""鱼鳞册"，以公证的方式明确登记了民户拥有的主要动产和不动产的数量与产权情况，为民事纠纷的解决提供了法律证据。由于"两册"对民户之物的数量和产权进行了公证，并每十年进行更新，所以其在民事诉讼中定纷止争的公证作用相较于红契制度更为强大。③

清朝发展到中后期，土地典卖就不再严格进行投税印押，只有绝卖还必须纳税，因此"白契"逐渐被广为所用。为了维护交易安全，保障契约履行，订立契约时往往需要中人、保人签押，并承担相应责任。到了清末，国家公证作用进一步弱化，国家公证形式向印花制转化。印花制基本贯穿于一切民事交易活动的监督过程。《中国民法史》就精辟地指出，印花制不仅是一种收税的方式，也是对各类契约的公证。

纵观我国古代公证制度的发展及其形成的公证文化，可以得出下列结论。我国古代公证，是以国家证据形式来维护国家财产权的国家证明制度。代表国家公权力的中国古代公证制度肇始于西周，完善于宋朝，发展变化于元、明、

---

① 詹爱萍. 中国封建社会的证明制度（五）元——国家公证、民间私证的急剧逆转时代［J］. 中国公证，2007（3）.

② 詹爱萍. 中国封建社会的证明制度（七）明清——公证私证文化的稳中求变与推陈出新（中）［J］. 中国公证，2007（5）.

③ 肖文，邹建华，毕宜才. 中国古代公证［J］. 中国公证，2003（2）.

清,整体表现出较为缓慢的发展态势。我国古代公证人代表着国家权力,国家证明和监管权一般由代表国家的官府行使。并且,我国古代的公证范围较狭窄,主要适用于买卖法律行为,严格地说也还未形成独立的制度,有和其他制度特别是税收制度合为一体的特征。[①] 总体而言,我国古代公证的主要目标是保护国家公权力和国家重要财产,规范商事交易活动、维护商事交易安全,增加国家税收,同时预防和减少民事纠纷,稳定社会经济生活秩序。

二、现代公证文化

(一)新中国成立前的公证文化

我国现代意义上的公证制度形成于民国时期。民国时期,公证被认为是证明某些法律行为或者其他私权相关事宜的制度,其制度目标是维护私权、减少诉讼。[②] 1912年北洋政府通过了《登记条例》,"公证"这个词语被正式写入法律。随后,广东省特区法院开始广泛推进公证制度。1935年南京政府从外国汲取经验,出台了被誉为中国首个公证法规的《公证暂行规则》。

1942年国民政府司法部发布了《公证须知》,确定了公证的范围即公证书的作成、私证书的认证。具体而言,公证书的作成是指,对于与法律行为、其他私权相关的事实,公证机构依申请制作成相应的公证书的活动。私证书的认证是指,对于与法律行为、其他关于私权相关的事实,当事人已经制作成证书,并向法院请求由公证处进行认证。1943年国民政府颁行了《公证法》,紧接着又出台了《公证法实施细则》。总的来说,这一时期颁布的各类法律法规,初步形成了公证制度文化,为此后公证业务的开展奠定了基础、指引了方向。在一系列法律法规的基础上,哈尔滨市人民法院于1946年首先开办公证业务。

(二)新中国的公证文化

继哈尔滨市人民法院开展公证业务之后,沈阳、天津、上海等城市,根据市民的涉外需求,在当地法院也设立了公证机构,开始办理婚姻、亲属、委托等契约文书的公证业务。1951年中央人民政府委员会颁布《中华人民共和国人民法院组织暂行条例》,明确县级人民法院与中央及大行政区、直辖市人民法院具有公证与其他规定的非诉案件的管辖权。后来,又发布了《北京市人民法院公证暂行办法》等公证法律规范。从此,公证组织在我国多数城市相继成立,并开始办理公证业务,当时的公证业务以证明公私合同为主。

[①] 宋加兴. 公证在中国的起源和演变[J]. 文史知识,1989 (8).
[②] 田平安. 律师、公证与仲裁教程[M]. 北京:法律出版社,2002:293.

1956年中华人民共和国司法部为进一步拓展公证业务面,出台了《关于公证业务范围的通知》,在原有业务范围基础上,增加了公民权利义务关系方面的公证业务。因此,此时的公证业务涵盖了遗嘱、继承、收养、买卖、生死等社会生活的多个方面。公证业务范围拓宽的同时,公证队伍也逐渐壮大,公证活动为社会主义经济、法治等建设带来了极大的积极影响。这一时期的公证,一般都被认为是一种公权力的体现;公证人的地位是特殊的公务员,由国家任免;公证文书的效力包括证明力与执行力;公证制度的重要功能是确保法律安全运行、指引法律行为。因此,此时的公证机构挑起了行使部分国家公权力的担子,诸如保护国有财产、打击欺诈盗窃等违法行为,在相关配套机制尚不完善的背景下,切实维护当事人合法权益,成为社会主义法制不可或缺的内容构成。[①]

"文化大革命"给公证制度的发展带来了不利影响,大量公证机关被撤销,国内公证业务几乎都被停办。

1978年十一届三中全会强调健全社会主义民主和法制之后,公证制度重新焕发生机。1980年司法部发布《关于逐步恢复国内公证业务的通知》及《关于公证处的设置和管理体制问题的通知》后,又召开了全国公证工作座谈会,研讨了公证工作的方针、部署了恢复和发展公证制度的任务、探索了公证机关的组织建设道路。

1982年国务院正式颁布了新中国首部公证法规——《中华人民共和国公证暂行条例》,成为我国公证制度迈向新发展阶段的开端。该条例明确了公证的性质、任务、原则,明确了公证业务范围、办证程序等内容。在之后司法部发布的《关于办理几项主要公证行为的试行办法》中,办理继承、遗嘱、收养、经济合同、委托书等公证业务的程序得到了规范。2002年通过的《公证程序规则》,进一步规范了公证程序,保障了公证活动的规范性、有序性。2003年中国公证员协会加入国际拉丁公证联盟,成为中国公证制度跻身国际行列的标志。

2005年通过的《中华人民共和国公证法》是我国首部公证法律,开辟了公证法制进一步发展的新道路。2006年通过了新的《公证程序规则》,该规则自2006年7月1日起施行。2015年《中华人民共和国公证法》修改,第46条修改为:"公证费的收费标准由省、自治区、直辖市人民政府价格主管部门会同同级司法行政部门制定。"

---

① 方方.中国公证制度演进研究[D].上海:复旦大学,2010.

自此至今，公证业务范围已经非常广泛，法律规定的 11 大类公证事项和 5 大类公证事务，几乎囊括了社会生活的各方各面，对各类生产要素市场发挥的"服务、沟通、监督"作用愈来愈明显。

总体而言，我国现代公证具有良好的法律制度保障，这也为我国公证的发展奠定了制度基石。我国设立了专门的公证机构，其体制类型较为复杂多样，培养了专业的公证队伍。在公证活动全过程中，坚持实质审查、形式审查有机结合原则，证明法律行为、有法律意义的事实和文书等的真实性、合法性。现代公证具有证明效力、强制执行效力、法律行为生效要件效力，其追求的价值目标是预防纠纷和减少矛盾，稳定社会经济秩序。

第二节 域外公证文化概览

公证文化最早是在古罗马民事法律制度中初现端倪。公元前 6 世纪，奴隶制罗马共和国时代便产生了奴隶主授权、为奴隶主代写法律文书的奴隶，即所谓的"诺达里"，意为"书写人"。[1] 后期，罗马民众对那种专门提供拟定文书的服务产生了越来越迫切的需求，进而促成了专门从事代书职业的代书人"达比伦"的出现。[2] 他们给予当事人以法律上的帮助，不仅代拟各种法律文书，还签字作证明，并领取一定报酬。代书人"达比伦"被后世赋予了崇高的地位，相关研究者基本都认可它为现代公证文化的起源。发展至罗马帝国时期，"公证"已然变为法律领域内的专业术语，其相关制度也被纳入了国家法律，诸如公元 529 年颁行的《查士丁尼法典》规定了遗嘱公证的办理。

公元 4 世纪以后，基督教被确定为罗马帝国的国教，宗教公证开始兴盛起来，公证制度正式确立。公元 9 世纪以后，宗教公证被极大限制，甚至最终落到被取消的地步，而法国皇室、贵族公证制度登上历史舞台，还产生了相应的公证规范。1273 年出版的《公证大全》中汇集整理了彼时存在的公证法令与大量公证文书，体现了社会对公证制度的重视，便利了公证资料的查找，极大地推动了公证制度规范化、集约化发展。19 世纪的公证主要是针对法国而言的，后来德、日、英等先后采用了公证制度，各自制定了公证法，也形成了本国的公证文化。到了 20 世纪，在世界各国出现了多种类型的公证制度，按其

---

[1] 蒋笃恒. 公证制度研究 [D]. 北京：中国政法大学, 2002.
[2] 唐磊. 公证制度研究 [D]. 成都：四川大学, 2003.

历史渊源分为大陆法系公证制度和英美法系公证制度，分别形成了大陆法系公证文化和英美法系公证文化。

一、大陆法系公证文化

大陆法系公证文化起源于拉丁语系国家，又称为拉丁公证文化。目前，大陆法系公证文化不仅直接影响着欧洲诸国，还影响着亚洲、美洲、非洲的多个国家和地区，如亚洲的日本、美洲的加拿大的魁北克省和美国的路易斯安那州。[①] 大陆法系许多国家的公证历史已有几百年，现以法国和德国的公证文化为代表，对大陆法系公证文化进行介绍。

（一）法国公证文化

法国公证制度以尊重当事人意思自治为前提条件，通过国家对重要民商事活动以及公民的重要法律行为等进行一定程度的干预，以实现防范纠纷、减少矛盾、稳定秩序、维护权益以及促进发展的目标。

1. 法国公证法律法规

法国政府从1802年到20世纪中叶，通过《法国公证人法》《公证机关条例》和《法国民法典》等一系列成文法规，构建了一套完整的公证法律体系。尤为值得关注的是1802年颁布的《法国公证人法》，其在世界范围来说，是首部系统、全面的公证法典；1804年诞生的《法国民法典》则是首部与公证制度密切联系的民法典。[②] 此外，没有哪一个国家的公证制度像法国公证制度那样有着如此重要的社会影响，也没有哪个国家的公证人像法国公证人一样同时享有优厚的待遇和崇高的社会地位。法国公证制度一直被认为是拉丁公证制度的典范。[③]

2. 法国公证人

法国将公证制度定位于准司法制度，公证人是完成辅助司法活动的公务助理人员，须在指定地点办公，其印章是统一式样并带有专门标志，但公证人的执业组织形式自由。[④] 公证人具有严格的从业准入条件，其业务范围十分广泛。

（1）公证人的性质。

法国公证人拥有比较特殊的身份，集中体现为双重性质，即既是公务员，

---

① 王公义，等. 中国公证制度改革研究及国际比较［M］. 北京：法律出版社，2006：6.
② 程春明. 法国公证法律制度的基础理论与实践［J］. 中国司法，2005（6）.
③ 程翔. 英、美、德、法四国公证制度述评［J］. 司法改革论评，2007（2）.
④ 王京. 国外与台湾地区公证制度对公证权的定位［J］. 中国司法，2007（3）.

又是自由职业者。[①] 一方面，按照《法国公证机关条例》的规定，公证人是为办理某些辅助性司法事务而存在的公务员，他们的主要任务是受理申请、对文件与合同的真实性进行确认并赋予其公证法律效力、确认相关证书的日期、保管证书正本等。公证人代表了国家权力以及社会公共利益立场，树立的是防范纠纷、维护秩序的理想和目标，借助国家赋予的特殊信誉感与权威性，来平衡当事人之间的利益。另一方面，公证人能够独立自由地执业，体现了自由性。公证人可以投资开设、经营公证事务所，该事务所是公证人的私有财产。并且，公证事务所的开设组织形式也相对自由，单个公证人独立开设、多方合作经营均可。

（2）公证人的从业资格。

法国公证人具有很高的社会地位，这主要是由于法国公证行业的准入门槛很高。按照法国法律规定，公证人要取得从业资格应当满足的条件包括：具有法国国籍；未曾有不端行为而受刑事处罚或纪律、行政处分；未曾被宣告个人破产；具备法学硕士学位或者司法部长认可的同等学历。最后一个学历条件在世界上可以说是独一无二的高标准。目前，法国公证人还应当擅长至少两门外语，这也是非常少见的高要求。要想最终成为法国公证队伍的一员，不仅必须具备上述条件，还需要经过严格的职业培训。

（3）公证人的业务范围。

法国公证人办理的业务种类繁多、领域宽广，触及社会生活各个方面，且公司、不动产、家庭等类别居多。但公证人的执业地域由政府统一划定，其只能在规定的地域内办理相应的公证业务，不可随意变换或者跨区域执业。

公司章程、不动产交易合同、夫妻财产协议等重要法律文件属于应当进行公证的事项。一者，公证人介入公司的交易活动，能尽可能避免事后可能出现的争议。实践中，公司的成立、公司章程的起草、合同的签订、股份的转让以及公司的解散等事项，都有公证人参与其中。二者，公证制度是实施不动产管理的重要手段，公证人可以参与不动产的管理、拍卖、分割、租赁、抵押等活动，可以向当事人提供法律咨询并且代理当事人向登记机关办理公示手续。三者，公证制度是规范家庭关系的重要工具，其贯穿于家庭的建立和解散：订立婚约、确定婚前财产需要经过公证，家庭财产的经营和管理需要经过公证，确定收养关系和监护人需要公证，离婚和财产分割还是需要公证。

除此之外，公证人还办理其他业务项目，如撰写契约、监管不动产交易资

[①] 赵秀举. 发达国家公证制度［M］. 北京：时事出版社，2001：9.

金、代征不动产税、寄托（提存）、代办登记、参与破产清算、参与遗产分割等。

3. 法国公证机构

法国公证机构拥有较为丰富的组织形式，体现为一人型、合伙型以及公司型三种形式。一人型公证人事务所是指由一名公证人同时担任主任和执业公证人的事务所，该公证人可以雇用从事事务性工作的人员。合伙型公证人事务所由两名以上公证人合伙执业，非常接近合伙制的律师事务所。合伙型公证人事务所经济实力更为雄厚，发展的空间更加广阔，是几十年间发展最为迅猛的公证机构。公证公司是数名共同执业的公证人组成的联合体，其规模大于合伙型公证人事务所，对不同种类公证业务的要求有更强的适应力，也有更强的专业性、更细致的分工。[1] 近年来，随着公证公司的优势不断显现，其数量也出现快速增长的趋势。

4. 法国公证效力

法国公证机构制作的公证文书具备特定的公信力与权威性，能够产生很强的证明效力。除此之外，公证文书拥有执行效力，可以与法院裁判文书相等同，能够发挥强制执行公证书所载明内容的执行效力。[2]《法国公证法》的相关规定表明，公证书拥有法院判决意义上的执行效力，并且效力及于法国的所有领域。总而言之，法国公证的效力可归纳为"绝对证据力"与"强制执行力"，[3] 而这些法律效力对提升审判质效产生了举足轻重的影响。

（1）绝对证据力。

法国在证据法领域的"书证优先主义"闻名世界，书证在法国具有较高的证明力。作为代表国家认可的公证，其为证明力最高的书证，如果没有压倒性的相反证据并经特殊的法律程序，公证证明的内容是无法被推翻的。倘若当事人的确有充分的反向证据，则应该到法院起诉，主张并证明公证文书确是伪造。即便如此，当事人仍然没有权利自行要求公证人检查验证公证文书的真实性。

（2）强制执行力。

法国的公证文书具有非常强大的强制执行力，该效力集中体现为经公证的债权文书的强制执行力。倘若对方当事人拒不履行追索金钱物品的债权文书，

---

[1]〔法〕让·吕·奥贝尔. 公证职业的法律结构 [J]. 中国公证，2001 (2).
[2] 史志宏. 在创新中发展的法国公证业务 [J]. 中国公证，2010 (5).
[3] 赵秀举. 发达国家公证制度 [M]. 北京：时事出版社，2001：19-22.

债权人有权不再通过审判程序而直接依据经过公证的债权文书副本请求法院强制执行。债权文书在事实上与民事判决书具备同样的效力，公证达到了和法院审判同样的效果，发挥了其在金钱、效率等方面的种种优势，有效地保障了合同的履行。

（二）德国公证文化

1. 德国公证法律法规

德国有一套比较完善的公证成文立法，德国公证具有扎实的制度基础，其有关公证的法律法规提供了有力的法律保障，形成了较为浓厚的制度文化。1961年颁布的《德意志联邦共和国公证人法》（以下简称《公证人法》）是德国公证的基本法，它和《德意志联邦共和国证书法》共同奠定了德国公证制度运行的坚实法律基础。《公证程序规则》与《公证人执业条例》则进一步明确地规范了公证程序和执业行为，保障了公证业务有序开展。《德国民法典》《德意志联邦共和国民事诉讼法》以及强制执行法中有关公证的规定，也为德国公证的发展起到了保驾护航的作用。

2. 德国公证人

（1）公证人的性质。

德国有三种类型的公证人，分别是专职公证人、律师公证人以及官员公证人，前两种公证人在总数上占据了绝对优势，而官员公证人不但人数少还仅存在于个别州。专职公证人只能专门从事公证工作，不可以再兼职律师或者做其他业务；律师公证人既可以做律师业务，也可以做公证业务，但同一案件中不能同时担任律师和公证人；官员公证人往往由法官或其他公职人员担任。德国的三类公证人均具备国家公职人员的身份，依照国家的授权进行公证活动，他们制作的公证文书的法律效力也一样。[1]《公证人法》就明确规定，公证人是证明法律事实、预防纠纷的独立公职人员。这一规定明确了公证人性质的三个要素：第一，公证人的身份为公职人员。公证人是国家机构的一分子，薪资由国家拨付，代表国家司法行政机关行使职权，其任期也由国家规定。第二，公证人独立行使职权，不接受其他组织或个人意志的支配。第三，公证人的主要业务是证明法律事实与预防纠纷，证明法律事实主要是事后证明，而预防纠纷是事前预防。[2]对公证人性质的规定，体现出德国公证追求的目标和价值是以国家公权力来保障社会经济秩序的稳定，通过证明法律事实和预防纠纷来彰显

---

[1] 中国公证协会赴德培训考察团，等. 德国公证制度考察感悟[J]. 中国公证，2008 (2).
[2] 冯跃. 从德国公证人的独立人格说起[J]. 中国公证，2005 (1).

公证的作用。

（2）公证人的从业条件。

根据德国法律规定，要成为一名执业公证人，必须具备的条件包括：一是拥有德国国籍。二是法律专业毕业，通过两次国家司法考试，且在第二次考试前必须在指定的5大部门一共实习2年时间，通过第二次司法考试后，还要在公证人事务所实习3年。三是提出公证人申请后，应当通过国家考试，成为候补公证员，在名额空缺后或有新增名额时，司法部选出德绩俱佳的候补公证员，由司法部长任命其为公证人，得到认命后，公证人还必须进行宣誓。①

（3）公证人的业务范围。

德国公证人的业务范围相当广泛，基本涵盖了所有民商事活动，仅《德国民法典》就规定了近百条的公证内容，其中法定公证事项占了一半以上。除了合同、公司、金融、家庭事务等传统业务外，财产管理、纳税登记、起草法律文书、法律咨询和顾问、商业谈判等也是其重要的业务。比较特别的是，德国公证人在某些条件下还可担任诉讼代理人。德国公证人在众多社会领域中发光发热，为社会提供了便利高效的法律服务，输送了公证文化、传播了公证正能量。②

2. 德国公证监督

德国公证人的监督制度体系已经比较完善，确立了司法行政机关、公证行业协会与法院的共同监管机制。其一，州司法机关负责对本辖区内所有公证人及实习公证人进行监督。其二，地方法院与高等法院分别对辖区内的公证人及实习公证人进行职业纪律监督。其三，公证人协会主要负责制定执业准则、调解公证人纠纷、审查当事人意见、提出惩戒建议、联络沟通等。按照《公证人》法成立的联邦公证人协会是公证人都应当加入的最高自治组织，各州也依照高等法院辖区成立公证人协会。

监督机关主要是对公证人的各方面执业行为进行监督，公证人作为被监督的对象，必须向监督机关提交公证相关文书、登记簿、账簿以及保管的证书等，以备查阅。监督机关有权力在公证人存在轻微违法或违反职务义务的行为时，对其进行谴责。与此同时，司法行政机关在充分听取公证人协会、法院的意见或建议之后，针对那些不履行义务或执行职务时损害委托人利益的公证人员，有权力通过解职或者罚款的方式对其进行惩罚。

---

① 中国公证协会赴德培训考察团，李虎. 德国公证制度概览[J]. 中国公证，2007（1）.
② 中国公证协会赴德培训考察团，李虎. 德国公证制度概览[J]. 中国公证，2007（1）.

通过对以法国和德国为代表的大陆公证文化的简要了解，不难看出：大陆法系公证制度的价值在于，国家在尊重私权自治原则的基础上，对重大经济活动和公民重要法律行为进行适度干预，以防范经济纠纷、减少社会矛盾。公证人一方面代表国家行使证明权，以国家的名义对法律行为或其他法律事实进行证明；另一方面公证人又以法律专业人士的身份，提供法律咨询、建议等服务，切实保障当事人的最大利益实现。通常情况下，大陆法系公证坚持的是公证人个人本位，因而公证人事务所作为公证人的工作场所，并没有独立的法人资格。大陆法系公证以法定公证业务为主体内容，将公司重要事项、婚姻家庭、民事继承、不动产交易等日常生活中数量较大，且关系到社会稳定、市场安全的各个重要方面都纳入了法定公证的范畴。公证书具有证据效力以及强制执行效力，为诉讼审判效率的提升提供了强大动力。

二、英美法系公证文化

由于英美法系国家对社会经济采取不干预政策，也就造成了英美法系的弱势公证职能，尽管如此，这种弱势的公证职能同其非独立、非专职公证人的弱势公证组织形式是互相呼应的。英美法系公证不像大陆法系公证那样有扎实的成文法律制度基础，公证人的各方面限制也相对没有那么严格，但也形成了其独特的公证文化。

（一）美国公证文化

美国的公证文化有一个非常突出的特点，那就是带有浓厚的私权自治气息，秉承的是自愿公证理念，充分体现对当事人意思自治的尊重，基本不存在对某些事务的强制性公证，也就是说不存在法定公证事项。美国尊崇彻底的自由市场经济原则，政府对公证事务实行的是自由主义与不干预政策，这一点与大陆法系国家的干预型公证存在着很大区别。

1. 美国公证立法

美国是一个联邦制国家，联邦与州分享立法权，而公证法律由各州分别制定，因此没有形成一部全国性的公证立法。美国的公证法律文化基本凝聚在各州的公证立法、联邦法以及全美公证人协会模范立法中。各州的公证立法又包括了三个层面：其一是专门性法规。每个州都分别制定了本州的公证法，基本上在法规汇编中均有对公证进行规定的专章，一般包括公证人的资格与选任、业务范围、禁止事项、收费以及公证书的制作等方面的内容。其二是有关的公证手册和指南等。尽管此种手册、指南没有法律上的效力，但其作为相关法律及惯例的汇编，具有的参考价值不可否认。其三是各州在其他领域立法中涉及公证的规定,一般包括应当通过公证人见证签名证明真实性的各种事项,等等。[①] 后来,1999年美国统一州法委员会通过了《统一电子交易法》,2000年国会通过了《全球和全国商务中的电子签字法》,推动了美国公证电子公证的发展。

2. 美国公证人

(1) 公证人的性质。

美国的公证人不属于国家公职人员,而是个体私人营业者,他们在社会中扮演一种"中立的目击者"的角色。公证行为不被认为是公务行为,而是一种私权主体间的自愿行为。基于个体私人营业者的身份,公证人按照行业规定收取公证费用合理合法。但是一般而言,这种费用非常低廉,根本无法作为支撑公证人生活的主要收入,所以大多数的公证人都担任兼职。各州基本上都对公证人兼任可以获得经济利益的国家公职的行为进行了禁止,但允许其兼职从事一般的公司业务。这样一来,除从事公证职业外,公证人还能够经商、从政以及从事其他法律职业等,这也是美国公证人的一大特点。[②]

(2) 公证人的从业资格。

美国公证人虽然也是由官方选拔认定,然而其仅需要通过根据规定的形式性审查过程即可。通常情况下,候选的人不需要通过特殊的训练,只需简单的测试以证明核实该候选人认知能力正常,并通过保证人或交付现金的方式以确认他们的诚实即可,不要求候选人必须具备律师执业资格。

美国的公证人由各州自行任命,州与州之间对于公证人从业资格的规定和要求也不完全一致。此处谨以新墨西哥州公证法的规定为代表示例,展现公证人必须具备的具体从业资格:一是新墨西哥州的居民;二是至少年满18周岁;三是会读写英文;四是未曾被判有重罪;五是倘若是继续担任公证人,其任命书必须在前五年内没有被撤销过。[③] 并且,候选人在申请时,除了缴纳申请费,还必须上交一定金额的身份保证金、保证书以及誓词等。申请是否得到批准通过,决定权掌握在州长手里,任命书则由州务卿颁发。俄勒冈、宾夕法尼亚等州具有与新墨西哥基本近似的关于公证人任职资格的规定。

(3) 公证人的业务。

美国各州对公证人业务范围的规定有所不同,一般公证人的业务范围比较

[①] 郝海涛. 外国公证制度比较与借鉴 [D]. 济南:山东大学,2009.
[②] 吴翠丹. 私权自治——美国公证制度的显著特征 [J]. 中国公证,2005 (8).
[③] 司法部公证司. 外国公证法规汇编(第一版)[M]. 北京:法律出版社,1990:329.

狭窄，主要是一些文书认证业务。但是根据全美公证人协会组织制定的《美国模范公证法》，美国公证人的主要业务包括：① 第一，确认。公证人可以确认某人亲自在公证人面前出现并提交了一份文件；确认某一证据确实存在；确认签名的真实性。第二，宣誓、声明和宣誓证明。当事人分别以上述三种方式在公证人面前确认事实或行为的真实性。第三，签名见证。公证人见证一份文件签名的全过程，用以保障签名人身份的真实性以及意志的自由性，这是公证人的主要业务。第四，副本证明。公证人证明某个文件的副本同其正本相符、一致。第五，事实证明。公证人证明当事人的姓名、出生和死亡日期等自然信息，也是一种主要公证业务。第六，制作票据拒绝证书。当票据发生拒绝承兑或拒绝付款的情况时，公证人可以出具此类证书以证明相关法律事实的存在。②

由于电子商务等新型交易活动的产生和活跃发展，电子交易过程中的信息传送安全性引起了人们的重视。为维护电子交易安全，避免电子交易信息被篡改、盗用以及破坏等，美国各州出台文件明确公证人可以通过"电子签名"的方式实施见证、认证及宣誓业务，促进了电子公证的诞生和发展。

3. 美国公证效力

美国的公证倾向于"形式证明"。一般而言，公证方式为公证人居于中立身份主持和引导当事人宣誓，由当事人宣誓保证公证事项具体内容的真实性。因此，美国的公证活动中，往往是由当事人在公证人面前宣誓保证公证事项的真实性与合法性，公证人并不对此负责，而仅确认当事人在相关法律文书上的签名、盖章的真实性，如果发生纠纷，则按照诉讼程序进行"事后救济"。这也决定了美国的公证文书并不会产生强制执行力，甚至其证明效力也未必会高于没有经过公证的法律文书。换言之，美国仅仅授予了公证确认"形式真实"的权能，并不寄希望于公证会对交易活动或公民的社会生活进行适当干预以实现防范和化解纠纷。

（二）英国公证文化

同法国、德国为代表的大陆法系国家相比，英国公证缺乏深厚的历史根基。尽管如此，在英国法律制度整体发展相对平稳的大环境下，英国公证在经过数百年的缓慢发展后，其对于整个法律制度的重要意义愈来愈凸显，其发挥的作用也愈加明显。

---

① 裴晓光. 西方国家公证制度及其启示[J]. 西南交通大学学报（社会科学版），2003（4）.
② 程翔. 英、美、德、法四国公证制度述评[J]. 司法改革论评，2007（2）.

1. 英国公证立法

鉴于判例法国家的性质，统一的公证法规在英国算是凤毛麟角。由于许多根深蒂固的传统，绝大多数地区的公证都必须接受教会管辖。英国从19世纪开始对公证进行了成文法管理，主要体现在1801年国会颁布了《公证人法》，1833年、1843年的国会法案对《公证人法》进行了修订，1969年的《司法管理法》，1990年的《法院和法律服务法》等法案。[①]

2. 英国公证人

（1）公证人的类型。

英国的公证人类型更为复杂，总体来说可以分为五类，即普通公证人、地区公证人、教会公证人、威尔士地区执业的公证人及在英国海外地区从事公证业务的公证人。[②]

第一类是普通公证人。普通公证人占英国公证人队伍的很大部分，可以在英格兰和威尔士全部区域内从事公证业务。如果要在伦敦及其周边地区执业，则应当向"斯克莱温公会"提出申请并取得许可。第二类是地区公证人。此类公证人只能在授权书指明的英格兰的特定地区执业。地区公证人制度标志着对公证人执业的严格地域限制，这与现代公证制度统一化的发展趋势是不协调的。因此，自1991年7月1日起，"地区公证人"被取消，之后取得执业资格的公证人均为普通公证人。第三类是教会公证人。这是一类极具特殊性的公证人，仅有教会法庭的记录官、大主教的法律秘书或其他教会公证事务所需要的人才能担任教会公证人，且教会公证人不受一般公证人法律的约束。第四类是威尔士地区执业的公证人。与前述"地区公证人"一样，此类公证人的资格也已经不再授予。

英国公证业务并非由公证人垄断，公证人以外的审判机关、行政机关也有权办理公证，其主要依照不同性质和不同种类的契约和文书划分各自的管辖范围。

（2）公证人的从业资格。

根据《1998年公证人（资格）规则》的规定，担任公证人应当具备的条件包括：年满21周岁；进行过忠诚宣誓并根据《1843年公证人法》进行过宣誓；除了少数特殊情况外，申请人应当是高等法院的诉讼律师，或者至少拥有法律专业学位。可以看出，英国公证人和律师有着密不可分的联系。

[①] 吴翠丹. 英国公证的历史[J]. 中国公证，2005（12）.
[②] 赵秀举. 发达国家公证制度[M]. 北京：时事出版社，2001：185-186.

具体来说，英国五种公证人的从业资格取得的条件并不相同。一则，普通公证人资格的取得必须经过严格的程序，其中最重要的是实习经历。申请人除了应当先和正式公证人签订5年的实习书面协议，还要将协议提交给专门的资格审查办公室存档，并应当在法庭上进行宣誓。倘若要在伦敦及其周边地区执业，则实习期长达7年。二则，不像普通公证人要履行较为严格的程序，地区公证人的准入条件相对宽松，甚至连实习的经历都可以没有。一般而言，一旦本地区的此类公证人出现短缺，所有通过两位公证人的鉴定并取得民众支持的诉讼律师，均可向资格审查办公室提出申请，要求担任地区公证人。三则，教会公证人不要求实习，不适用公证人法。四则，威尔士地区执业的公证人要求申请人是获得执业许可的诉讼律师，同时还应当得到10位以上治安法官、银行家、商人等的联名同意与推荐。五则，在英国海外地区从事公证业务的公证人的准入门槛最宽松，它既不要求实习经历也不要求律师资格，而只要具备相应的从业能力便可。

3. 英国公证监督

英国最主要的公证监督机构是隶属于坎特伯雷大主教[①]的执业资格办公室。根据英国《法院与法律服务法》的相关内容，该办公室被赋予了制定公证规则的权力，诸如制定公证人的从业资格标准、保存公证记录与账册的规则、公证继续教育与培训的规则、公证人执业纪律与行为的规则以及公证损失赔偿规则，等等。这些公证的相关规则，为处理公证投诉及公证惩戒程序提供了法律依据。执业资格办公室有权惩罚存在欺诈等不诚信行为的公证人，甚至可以在理由充分时撤销其执业资格。后来，执业资格办公室的监督权转移给由坎特伯雷大主教任命的一名委员。[②]

4. 英国公证效力

英国公证追求的是在遵循契约自由、私权至上原则理念的基础上，切实维护当事人的合法权益。作为诉讼证据的一种，公证文书在英国显然不能享受到在大陆法系国家那样的"至尊"地位。由于英国法传统上崇尚言词证据，认为证人经过宣誓后提供的直接感知到的案件事实具有最高的证明力。在英国，公证文书作为一种书面证据，其证明能力被多数研究者认为是有"缺陷"的。当然，英国法对于公证文书的证明力也并未一概排斥。由《民事证据法》明确的

---

① 坎特伯雷大主教，又称为坎特伯雷圣座，首任主教是圣奥斯定·坎特伯雷，为全英格兰的首席主教。坎特伯雷大主教是全英国教会的主教长，又是全世界圣公会的主教长，普世圣公宗精神领袖，主持自1867年起的每十年一次的全世界圣公会主教会议。

② 郝海涛. 外国公证制度比较与借鉴 [D]. 济南：山东大学，2009.

"具有自我证明效力的文件",其所指向的是商业性机构或公共机构通过任何形式做成的记录组成部分的文件,其中就包括了公证文书。[①] 但是,英国公证文书的证据效力是不确定的,法院也没有达成一致意见。

综上所述,在英美法系公证遵循彻底的"私权自治"原则,崇尚"以人为本"的个体权益保护主义,国家充分尊重当事人在各类活动中的契约意思自治,切实维护其合法权益,不将防范纠纷的功能寄托于公证制度。英美法系国家很少规定法定公证内容,其公证侧重于形式审查和证明。公证人的从业资格取得标准也相对较低,且公证人通常都有兼职。英美法系公证几乎不具备强制执行效力,而且除特别规定外,公证文书在诉讼中也不产生法定证据效力。

---

① 程翔. 英、美、德、法四国公证制度述评 [J]. 司法改革论评,2007 (2).

第三章 公证文化建设

文化建设是中国特色社会主义"五位一体"总布局中不可或缺的构成内容，战略地位显著，而公证文化建设又是更为具体的一种文化建设。近年来，司法部与中国公证协会（以下简称中公协）转变认识，将公证文化建设工作提上议程，将其作为积极推进公证事业创新发展的重要工作。早在2003年，中公协就发布了关于深入开展公证行业文明创建工作的意见，提出要以"诚信服务"为主题创建公证行业文明，强化囊括公证行业文化建设在内的五个方面建设[①]，推动公证行业成为诚实信用、高度文明、社会信赖的行业。培养和树立"诚信为本、服务社会"的公证行业理想信念，培育内涵丰富、功能先进的行业文化。2006年司法部、中公协明确了公证文化工作规划，指出要努力探索创新，不断促进与公证行业特点相适应、能够规范社会诚信的积极向上的公证行业文化建设。

第一节 公证文化建设的内涵

公证文化建设是在理解和运用公证文化内在规律的基础上，顺应公证文化理念而制定和落实的增强公证文化的各项措施，最终达到推动公证事业整体进步的目标。本书所说的公证文化建设主要是指对公证行业文化的建设。只有先形成了统一、完善的公证行业文化，在行业文化的引领下，各个公证机构才能够结合自身特色进行创新，形成机构的公证文化。通过对整个公证行业的执业理念、职业道德、制度规范等核心文化内容进行建设，形成行业成员认同和维护的文化体系，实现在行业内部指引及规范公证文化建设的进一步强化，在外部形成公证行业文化影响效应及提升行业文化的社会认知度、认同度，推动公

---

① 这五个方面的建设指的是：公证行业的制度建设、队伍建设、业务建设、基础设施建设和文化建设。

证事业良性快速进步。[①] 根据公证文化的层次划分，对其进行建设应当从物质层、制度层、行为层和精神层这几个方面入手。

一、公证文化建设的物质层

任何社会组织均存在与其他组织相区分的某些内在性质，这些内在特性往往通过外在物质载体得以体现。人们认识和了解某一个组织，一般是从具有代表意义的符号内容开始感知的。如果说精神、理念是各种物质的支撑，那么物质便是精神、理念的载体。没有精神和理念，物质载体就像是空中楼阁；没有将精神和理念对外展现的物质，人们也很难正确认识和了解组织的心态文化、制度文化和行为文化。

公证文化建设的物质层，主要体现在公证形象文化建设方面。公证形象文化是公证行业、公证机构及其从业人员展示给社会和公众的外在视觉形象和内在感知形象，它包括外在形象和内在形象两个方面，主要有行业形象标识、业务办公环境等。公证文化建设的物质层包含的内容集中在下列两大方面。

第一，公证标识及其应用。这主要包括了公证行业、公证机构的文字、图形标志等，以及它们在办公用品等物质载体上的应用。一方面，应当创建和统一公证行业的标识；另一方面，各个公证机构在"视觉形象识别系统设计"（VI设计）成为流行，形成了全国统一的形象导视系统设计的基础上，还应该积极建设能够体现相应地域特点、文化特色、品牌属性的公证标识，以提高自身的识别度与认知度。

第二，公证从业人员办公环境。公证从业人员办公环境的建设主要是指办公场所的选择、办公场所内部环境的布局和优化等。公证机构一般都有专门的办公场所，并且功能分区合理，如适当区分接待服务和其他办公场所等，便于提供高效优质的公证服务。为了能够增强人们对公证行业的信任，拉近与人的距离，公证办公场所中的服务大厅往往张贴亲切易懂的标语，保持环境整洁优美，还配备了齐全的设施或用品，诸如必要的沙发、纸笔、饮水机等物品。

二、公证文化建设的制度层

制度是为人们所共同认可与遵守的行为规范，通常是一定范围内发挥调整社会关系功能的各种习惯、法律以及规定等的统一，它表现为由社会认可的非

[①] 陈文威，张英. 推进成都公证文化品牌建设工作初探［J］. 中国公证，2017（9）.

正式规则、由国家规定的正式规范以及实施机制①三个部分。制度一经制定颁布，就对某一行业及其从业人员产生约束作用，是他们行动的准则和依据。纵观各个行业，基本都会有约束或指引行业行为的专门法律规范或文件，每个组织也有符合其内部实际情况的从业人员行为准则及制度体系。

公证制度文化就是国家规范公证行业的各种法律法规、公证协会指引公证行业发展的指导性文件以及公证机构内部各方面制度的总和。对于公证行业来说，公证制度文化的主要内容包括：公证法律法规或者规范性文件以及公证机构人事制度、办证规则、责任制度、财务制度、奖惩制度、目标考核制度、教育培训制度，等等。并且，由于公证行业约定俗成的行为规范即公证习惯，是公证文化在公证从业人员的思想作风、传统习惯、工作方式等方面的综合反映，因此公证习惯也是公证制度文化不能缺少的组成部分之一。进行公证制度文化建设，一方面是需要创设出一些公证规则，填补行业规范的空白；另一方面是需要在现有法律法规、相关文件、内部准则的基础上，进一步进行充实、细化或改进，使其能够更加完善。

目前而言，要促进公证机构协调、良性发展，加强公证管理文化建设非常必要。公证管理文化是指，公证机构为达成预设的发展目标，在组织管理中形成的集中体现公证机构发展理念，对全体公证从业人员具有约束力的各种管理方式和制度的总和，其主要包括以规范、高效、廉洁、自律等为核心的行业内部管理规范性制度和管理手段。

三、公证文化建设的行为层

通常情况下，公证行为文化是指公证从业人员在进行公证宣传、人际交往以及文体活动中产生的文化现象，是通过人的行为展现出来的有形文化。公证行为包括了公证行业领导群体的行为、模范人物的行为以及其他公证从业人员的行为等。公证行为文化动态地体现了公证从业人员的工作能力、服务质量、精神风貌和人际关系等，也折射了公证精神和公证价值理念。公证行为文化建设的好坏，直接关系到公证从业人员工作积极性的发挥，关系到公证业务的开展，甚至影响到整个公证行业的未来发展方向。由于行为是精神理念和制度规则付诸实践的切实表现，所以公证行为文化建设可以说是文化建设的最终落脚点。

---

① 实施机制是实施的程序和过程，是制度内部各要素之间彼此依存、有机结合和自动调节所形成的内在关联和运行方式。

虽然公证从业人员的行为是广泛的，但就目前实际而言，加强公证行为文化建设主要针对公证宣传文化和公证品牌文化建设。公证宣传文化建设的主要内容包括宣传平台的搭建、宣传手段的创新与运用、宣传内容的充实等。值得关注的是，由于信息网络的迅猛发展，进行公证文化的网络宣传建设显得非常必要。诸如内部刊物的出版、学术研讨会的举办、学术课题的研究等，以及通过网站这一新媒介传播公证文化，让公证的核心价值理念、执业原则等向社会大众辐射，传递公证正能量。公证品牌文化建设包括品牌形象的塑造、品牌价值的创造、品牌影响力的扩大，形成带动和促进公证行业发展的品牌效应。

值得注意的是，在公证行为文化建设的过程中，要充分重视领导、模范以及普通从业人员的力量。第一，领导者是内核。领导者是一个集体的核心层，他们的行为往往对该行业领域文化的发展起着关键的引导作用，对该组织中的个体行为文化具有重要的示范性。领导干部应该成为先进文化的积极倡导者和模范实践者，更应该成为建立健全并不断完善各项制度，用制度规范人的行为的实践者和带头人。只有依靠制度实现管理的科学、有序和人性化，才有可能形成统一的行为文化。第二，公证模范人物是中坚力量。模范人物的行为往往被群众视为效仿的行为规范，模范人物的行为文化可以促使我们所推崇的价值观人格化、形象化。一个单位应该积极发掘各个岗位上的模范人物，弘扬和表彰他们的先进事迹，引领全体成员的思想和行动，规范大家的行为方式和行为习惯。第三，广大公证从业人员是主体。公证从业人员是行为文化建设的真正主体，只有其所倡导的世界观、人生观、价值观以及行为准则被群众所普遍认同并接受，自觉遵守和践行，最终转化为行为习惯时，才能够形成一个具有统一性、整体性的特色文化，体现一个集体的精神风貌和文明程度。

四、公证文化建设的精神层

是否拥有公证从业人员共同遵守的核心价值观和共同追求的目标是衡量是否形成了公证精神文化的标准。公证文化的精神层涵盖了公证目标、核心价值观和理念等。公证行业人员认同的公证目标是通过公证职能的行使，使公证真正作为具有公信力和权威性的活动，成为推动社会稳定发展的利器。公证行业的核心价值观是成员所坚守的信仰与价值取向，是指引各成员思想与行为的基本原则，正确的价值观能够为公证行业良性快速发展指明方向。

公证文化精神层的建设主要包括两方面，一是建设公证价值文化，包括公证行业的核心价值观、精神文明、社会责任等；二是建设公证理论文化，包括创建理论文化阵地、组建理论研究组织和机制、促进理论文化交流与探讨以及最终形成公证行业理论成果等。

第二节　公证文化建设的必要性

公证文化具有的凝聚、导向和辐射等功能，展现了其对行业发展甚至整个社会的重要作用。加强公证文化建设，不仅是增强公证公信力和文化自信的要求，也是提升公证行业形象的必须途径，更是社会和谐发展的内在需求。

一、增强公证公信力的要求

公信力作为一种信任力，主要表现在公共权力介入人们社会活动后能够体现出公平、正义、民主、责任等方面，并且产生的法律效力被人们认可和信服。公证具有既定的法律权威性，这种权威性体现在法律对公证效力的充分肯定与高度支持。公证要在社会中持续发展进步、受到更多人认可和关注，需要这种公信力来保障。可以说，公证公信力持续切实增强，公证发挥的作用就会体现得越来越明显，其存在的价值就能够更好地彰显。

在实现和保障公平正义、倡导和坚持诚实信用成为人们对公证的常态要求时，提升公证公信力已经十分必要。公证公信力是社会公众对公证行为的信服，以及对其法律效力的认可。公证的公信力可能会受到诸多因素的影响，诸如公证价值理念、公证法律法规完善程度、公证机构管理制度以及公证人员执业水平和服务态度等。在公证行业中，需要形成以人为本、客观公正的公证服务理念，以预防纠纷和减少矛盾为公证价值目标，不断完善法律法规和公证管理制度，培养一批专业且服务水平高的公证人，保障公证的法律效力，以期增强公证公信力。

二、增强文化自信的需要

文化自信是对自身的文化予以充分认同及积极传承推广，对自身文化的旺盛生机持有的坚定信心。在对自身文化拥有坚定信心的前提下，人才能不忘初心、保持从容、鼓起勇气，激发创新的活力。习近平总书记曾经指出，要坚持"四个自信"，其中更基础、更广泛、更深厚的便是文化自信。文化本身的先进和优秀，才能带来文化自信的强大底气，离开优秀的文化谈自信，只会是"过度自信"。

我国尽管有深厚的文化土壤与快速的文化发展态势，但现在仍然只是一个

文化大国，而并非一个文化强国。因此，应当不断加强文化建设，增强文化软实力，才能进一步增强文化自信的底气。我国公证文化体现的是融合了各方面特色而创造出的公证成果，是我国法治文化的组成部分，也是整个中华民族文化的重要部分。因此，应当加强公证文化建设，打造先进优秀的公证文化，推进对公证行业文化的认可的传播，增强公证文化自信，夯实中华文化自信的基础。

三、提升公证机构形象的需要

从"宝马彩票案"到"桐乡事件"，每当出现类似的负面重大公证新闻时，公证的声誉和公信力都受到不同程度的打击，公证机构形象也受到严重损害。这些事件固然反映了公证监管机制的不健全以及个别从业人员素质低下等问题，同时更深层次地反映了公证文化建设的不足。公证机构的"证明、监督、沟通、服务"功能在防范纠纷，维护社会发展秩序等方面都发挥了举足轻重的作用。然而，公证行业取得的好成绩未能真正、完全地被社会大众知晓或认同，人们对公证的认识存在偏差，认为公证机构业务面狭窄、作用很小，基本就是盖章、开奖、摇号，而公证机构更积极、更重要的形象没有得到认可。这种情况的长时间存在，也从某种程度上说明了本该在社会文化中占有一席之地的公证文化没有得到有力建设和有效传播。

公证行业往往会受到社会大文化环境及其意识形态的影响，行业在长时间的发展过程中首先形成了公证基础文化。公证文化建设就是要对公证行业多方面的内容进行积极塑造或强化，不断提高公证行业成员遵守相应法规的自觉性，并促进公证文化的培育让其牢固树立"以法律为依据""慎独自律"的思想行为准则，坚守公证职业道德底线。由此，便能够规范公证人员行为，有效提升公证机构的形象。总之，建设先进的公证文化，才能提升公证行业、公证机构、公证从业人员的形象，然后通过不断向社会辐射正能量，赢得社会公众的认可和信赖。

四、社会和谐发展的需要

党的十八大指出，新时代背景下应当着力维护公平正义，努力促进社会和谐，才能进一步推动社会迈入新的发展阶段。公平正义能否实现取决于社会的法治水平，又主要受到法律制度的影响。公证制度是司法制度中不可分割的部分，公证具有最先介入社会活动的优势，能够较早地引导各方当事人遵守法律法规，规范行为。并且通过行使各项公证职能，能够切实维护公平正义，起到防范纠纷,减少诉讼的作用,被称为社会主义法治的第一道防线。

一方面,维护社会的和谐发展需要开展公证文化建设,在机构内部、行业内部形成良好的公证工作氛围,提高公证从业人员执业水平和职业道德,增强公证从业人员法治意识、服务意识和诚信意识,为实现公证功能奠定基础。另一方面,由于公证文化与社会信用体系存在着天然的紧密联系,也需要通过加强公证文化建设和宣传,来实现不断向社会辐射诚信、法治、客观、公正、公平等理念,促使社会成员自觉守信,教育公民守法、培育社会诚信,保障社会的公平和效率的目标。从这两方面来看,落实公证文化建设确实是促进社会和谐发展的必然要求。

第三节 公证文化建设的意义

很多人认为文化是积淀下来的、自然生成的,所以对公证文化建设的重要性及意义产生了置疑。公证文化的成型是一个积淀和累积的过程,但文化也需要建设,只有积极主动的公证文化建设才能从数量和质量上拓展和提升公证文化库。

公证文化建设,既是建设公证物质文明的重要条件,也是提高公证思想觉悟和道德水平的重要方式。公证文化建设已经成为公证行业必须尽快推进的任务,这不仅是由于各方面的需要,也是因为建设公证文化具有较为重要的意义和作用。具体来说,加强公证文化建设的意义主要体现在其有利于提高公证队伍素质和形象、有助于公证行业持续发展及有利于增强公证文化自信这几个方面。

一、有利于提高公证队伍素质和形象

公证事业的发展依靠各个公证机构推动,而各个公证机构的运作和进步依靠公证人员队伍来保障,因此加强公证队伍建设是推动公证事业发展的重要前提。加强公证行业文化建设,就能牢固公证人员的执业理念,提升公证人员的职业操守,强化公证人员的职业认同与使命担当,提高公证队伍的专业素质。

公证的"社会公信"性质赋予了公证文化的"证明文化"特性。加强公证行业文化建设不仅可以推动形成绝大多数公证人员认同的以维护"社会公信"为中心的执业理念、道德情操等,而且还能增强公证人员的职业认同感、使命感和责任感,提升其坚持和维护公证执业理念等的觉悟。公证文化建设能够激

发公证人员从业热情,加强团结协作,规范业务行为,朝着共同的行业目标奋斗。所以加强公证文化建设,就能提升公证人员的职业认同感、荣誉感以及凝聚力,进一步增强公证人员的事业心、责任心与使命感,切实全面提高整个公证队伍的综合素质。

公证从业人员综合素质的提高,为提升公证在社会中的形象打下了良好的基础。在这样的前提下,持续强化对公证文化的建设,就能不断充实公证人员的文化生活,引导公证人员提升文化品位与情操修养,培养与提高公证人员求真务实、廉洁奉公的职业气质,坚守服务大局、公证为民的服务理念,最终树立并稳步提升新时代公证行业、公证机构以及公证从业人员队伍的良好形象。[1]

二、有助于公证行业持续发展

公证行业形成特色鲜明的行业文化,是行业趋向成熟的特点之一。我国的公证制度已经恢复发展了数十年,在建设法治国家的时代要求下,持续增强公证公信力,进一步完善公证事业体制、规范工作机制、拓宽服务领域、提升公证质量、强化队伍建设,推动了公证事业的可持续发展,使公证在防范纠纷、减少矛盾、稳定秩序以及维护社会和谐发展等方面的积极意义日渐凸显。与此同时,渐渐形成的公证文化也得到不断强化和发展,尤其彰显崇尚法治、坚守诚信、服务人民等理念。

为了进一步推进公证行业的发展和成熟,适应其未来发展的要求,司法部陆续公布的《2006年中国公证业发展政策报告》与《中国公证协会2008年工作要点》指出,要不断研究和寻找能够反映公证职业精神与核心价值理念,与公证行业特点相适应的,能够对社会诚信产生示范意义的公证行业文化建设道路。可以这么说,强化公证文化建设,对促进公证事业的持续发展具有积极的意义,是公证行业走向成熟过程中的强大助推力量,是保障公证行业持续发展的必要手段。

三、有利于进一步增强公证文化自信

习近平总书记曾经提出,如果缺乏高度的文化自信,没有文化的繁荣与昌盛,也不会有中华民族的伟大复兴。坚定文化自信,人民树立牢固的信仰,国家聚集雄厚的力量,民族就会看到希望之光。国民之魂,文以化之;国家之

---

[1] 刘建玲. 基层公证机构文化建设初探[J]. 中国公证, 2011 (9).

神，文以铸之。文化是一个国家，一个民族、一个行业的灵魂，对于国家的富强、民族的兴盛、行业的发展起着决定性作用。坚实厚重的公证文化不仅是公证事业建设的"软实力"，更是公证队伍凝聚力和战斗力的"硬支撑"。

公证行业要积极推进改革发展，每个公证机构要充分发挥建设文化"软实力"的引擎作用，以建设先进的公证文化来振奋行业精神、用公证文化彰显行业风貌、用公证文化引领队伍建设。深厚的公证文化底蕴、扎实的公证文化基础、牢固的公证文化信念、先进的公证文化理念能够让社会公众树立公证文化自信，更能让公证从业人员增强公证文化自信。

第二编

公证文化内涵

第四章 公证形象文化

第一节 关于形象的概述

一、形象的概念

一般来说,形象有两种被大众熟知的概念。一是在文学范畴,形象通常是指人物形象,与人物性格、角色、典型人物、主人公等的含义相同或相近。二是在社会心理学范畴,形象是人们通过视觉、听觉、触觉、味觉等各种感觉器官在大脑中形成的关于某种事物的整体印象,即各种感觉的综合再现。形象并非事物本身,而是人们对事物的感知,是人们经过主观加工后所形成的感觉。因而,不同的人对同一事物的感知不会完全相同,形成对形象的认识也会有所区别。由于人的意识具有主观能动性,因此事物在人们头脑中形成的不同形象,也会对其相应产生的行为造成不同的影响。在此,我们所讨论的便是社会心理学范畴的形象。

形象是企事业单位资产的一部分,虽然形象是抽象的、复杂的、无形的,但它对企事业单位甚至行业的发展具有重要作用。形象的好坏与企事业单位甚至行业发展的好坏往往是正相关的。随着经济的快速发展,在激烈的市场竞争环境下,没有良好形象的企业是无法取得长远发展的。[①] 构成形象的元素很多,包括名称、标识、办公环境,从业人员的职业装束、职业礼仪、专业能力等,只要是能直接被人们感知到的,都是人们认识并组合重现其"形象"的重要内容。

---

① 吕博安. 从行业文化建设角度谈如何着力打造企业服务品牌 [J]. 企业研究,2013 (7).

二、形象的特征

一是具有可感知性。形象是人从主观的角度对其获取的客观要素进行加工而成的信息综合体。因此，形象最突出的特点就是具有可感知性，无论是文字、图形、声音、颜色，还是语言、动作、情感，这些传递信息的载体和形式，都是人们通过视觉、听觉、触觉和情感认知可以直接得到的东西，不需要借助二次加工和传递。"眼见为实""亲身经历则为真相"这样惯常的逻辑，可以说明形象特别是第一印象的形成方式和重要性。

二是外在与内涵相统一。正如同文学形象一样，一个完整的形象不是支离破碎的。形象的形成，必定是人们在某个环境或状态之下，通过看到、听到或接触到的人和事物，在内心产生了认知和判断。而认知的内容可能是表面的东西，判断则是对表象背后表达的信息进行有态度、有倾向、有审视意味的分析评估。这个过程，就是他人意识中形象形成的过程，这个结果，就是将形象的外在与内涵联系、统一的结果。

三是具有后续导向性。人类具有社会性，人与人的观念、思维、行为甚至情绪往往都会相互影响。一个企业、单位、机构或者行业的形象，首先是被个体认知形成，进而再被社会群体认知形成。那么，一旦形成正面或负面的形象，既可能影响到个体的判断和其后续的行为，也可能通过个体传播到群体，一传十、十传百，影响到更多的人、更广的范围，进而引发社会关系的变动和公众舆论的反应。这一点是形象本身的特征中值得关注和研究的一点。

第二节　公证形象文化

一、公证形象文化的内涵

公证形象文化是由公证机构形象、公证从业人员个体形象有机结合而成的公证行业展示给社会的外在视觉形象和内在感知形象。外在视觉形象主要包括行业的形象标识，办公环境的布置以及人员的职业装束等；内在感知形象主要包括队伍职业礼仪、职业道德和专业能力等。公证形象文化是公证行业文化的重要组成部分，是公证行业文化最表层、最直观、最立体、最易被社会感知的部分，通过静态和动态的方式将公证文化由内至外地传播出去。

二、公证形象文化的作用

心理学中的"首轮（因）效应"或"第一印象效应（第一印象决定论）"认为，个体在社会认知过程中，通过"第一印象"最先输入的信息对客体以后的认知产生影响作用。这是一种因信息输入顺序而产生效应的现象，反映的是一种优先效应，即当不同信息结合在一起时，人们更倾向于重视前面的信息，并习惯于按照前面的信息解释后面的信息，以形成整体一致的印象。根据这个原理，当事人乃至其他社会群体在认知公证机构或者公证人员时，初次接触的几秒钟时间里便会根据其主观获取的信息产生看法，并且这个看法将对此后往来产生巨大的影响。这些"先入为主"的印象，虽然不是最客观、全面的，但却是最鲜明、牢固的，在社会交往当中，无论是对独立个体还是集体或行业，都有举足轻重的作用。公证行业从本质上来说是服务于人的行业，给社会大众的第一印象有着极其重要的作用。因此，公证形象文化毫无疑问是大众第一次接触到公证时的第一印象。它不仅对内能够凝结行业向心力与凝聚力，对外能够让社会了解、认知甚至是选择运用公证。公证形象文化的好坏直接关系到社会大众对公证行业的评价，更关乎公证行业的长远稳定发展。

第三节　公证形象文化的建设现状

一、视觉识别系统（VI系统）的规划应用

视觉识别系统（VI系统）是形象文化中最具传播力、感染力的构成，它是静态的具象化、视觉化的传达形式，是以名称、标识（徽标）、标准字、标准色为核心展开的完整的、系统的视觉表达体系，应用范围包括建筑环境、办公用品、衣着制服、旗帜、招牌、陈列展示等。

2018年起，中国公证协会统一了全国公证行业标识制作规范，要求严格制作、使用中国公证行业徽标和中国公证行业室内外标识，提高行业形象的一致性、规范性，增强行业的辨识度和显示度。而此前，全国各地、各公证机构大都先后设计制作了具有自身特色的公证行业或公证机构视觉识别系统，并充分运用到日常工作中。中国公证行业的徽标图案为白底红字的"中国公证"字样中国印，其寓意为公为天下、证出如山。徽标用于中国公证协会、地方公证协会和公证机构的办公场所悬挂，以及在重要文化物品、出版物、交通工具、

专用设备、办公器具、外事或外宣用品等地方使用，其设计充分彰显行业崇法守正的精神理念以及厚重朴实的文化底蕴。从公证机构建筑外墙名称招牌、办公区域布置，到官方网站设计、宣传展板设计、宣传刊物、宣传物料的设计，再到公证人员标牌、笔记本、笔、便笺纸等办公用具的制作，都将视觉识别系统运用其中。通过对不同载体和形式的应用，通过对各种场景、各种物品的使用，达到重复叠加和巩固印象的效果，将公证行业或公证机构的形象传递到社会，形成具有高辨识度的个性化形象，让人一见便知是公证行业或公证机构，使大众形成清晰的形象认知。

二、办公环境的布置

公证行业是直接服务当事人的行业，公证机构是直接面向当事人的基层法律服务单位，办公场所的布置情况对公证行业服务质量、服务体验有着重要影响，它决定着当事人接触公证机构时的直观感受，亦是公证形象文化静态表达的一个重要部分。

作为直接向他人（包括从事公证工作的人员、办证当事人，以及与公证行业或机构进行接触合作的其他人员或单位等广泛对象）直接输出信息要素的载体——办公环境，主要是指服务环境和工作环境，它是为当事人提供公证服务，公证从业人员从事业务工作的固定场所。除去清新怡人的空气、充足明亮的光线、肃静安宁的氛围、格局适当的空间、清新优雅的装饰等必要的基本因素以外，更重要的是在装修风格和功能设置上，应当同时兼顾对外服务和内部办公两大块要求，做到因地制宜、和谐舒适。结合行业特性，公证办公环境应具备鲜明醒目的机构招牌，在办公场所的外部，如所在楼宇的外墙和机构门口显著位置，运用行业统一标识制作主题突出、庄严规范、简洁明快、识别性强的名称招牌，凸显展示性和指引性。具备功能分区合理的业务场所，条件允许的公证机构，可以设置专门的接待区、办证窗口、休息等待区、影像采集室、陈列展示区等功能独立、联通便捷的服务区域；在细节装饰上充分运用行业视觉识别系统，在醒目的位置展示标识，在合适的位置张贴公证服务标语、公证人员名牌等，让公证当事人感受到公证行业的工作作风及公证服务的精神风貌。在硬件设备上配备充足的办公设备设施，软件上引入办证场所导示系统和现代化电子服务系统，为服务对象配备唾手可得的配套服务，大到办证指引、视频演示、文本阅读、信息查询、录音录像等基本服务内容，小到日常饮水、医药、雨伞、针线、充电等个体需求服务，既体现专业化、便捷化，又满足个性化、人性化，为当事人提供具有良好体验感的办证环境。要具备内部设置完善的办公场所,一方面,在空间规划上要做好不同部门机构、不同人员身份、不同工作场景使用的区域划分;另一方面,在安排和布置时运用好视觉识别系统,并在合理范围内有所区别地做好装饰细节,营造安全舒适、促进效率、激发正能量的良好氛围。例如,在会议室、活动室、陈列室等公共区域展示机构荣誉证书、奖杯等物件,展示党建工作相关标准要素、展示文化理念相关标语等,宣传团结凝聚、健康向上的文化理念;在部门办公室展示部门集体和个人所获荣誉的相关物件、当事人赠送锦旗等,强调正面鼓励、创先争优的精神导向。业务场所和办公场所的内部装饰应稳重大方并保持清新整洁,将统一性和独立性有机结合,促进工作流程顺畅、工作效率提升。

目前,全国公证行业只对徽章标识的统一运用做了规范要求,公证机构办公场所的装修、装饰没有完全统一。各地根据当地的地域特色和习俗习惯,在设计安排上可以各具特色。整体上来说,具备明显的行业特征,体现公证服务社会的价值,并且有利于机构和队伍的稳定发展,便达到了办公环境布置的核心要求。

三、公证人员的职业装束

服饰礼仪是人们在交往过程中为了表示相互尊重与友好,达到交往的和谐而体现在服饰上的一种行为规范。一般来讲,对专业化要求较高的行业往往重视从业人员的职业形象,最直接的体现就是要求从业人员在正式场合穿着统一制式的职业装。职业装又称工作服,是根据行业特性,结合工作需要、团队文化、体型特征、穿着习惯等而特制的服装,从服装的色彩、面料、款式、造型、搭配等多方面进行考量,设计制作出体现文化内涵及品位的职业装束。作为直接面对当事人的,具有严谨、公正、诚信等特质的法律服务的行业从业者,公证人员的职业着装是公证映入社会大众眼帘的最直观形象,在一定程度上反映出公证行业、队伍的风貌。早期,公证制服是政法干警制服,配肩章、徽章和大盖帽,比较具有公权力严肃、威信的感觉,现在则是简洁大方的衬衣西装,凸显稳定、诚信的感觉。中国公证协会专门出台了《公证服装使用管理办法》,统一设计、更新全国公证行业工作人员的职业服装,改进公证服装的制式、款式及功能,选择外观挺括、线条流畅、有自信感和权威感的西服套装作为行业职业装束,并制作配发了公证员徽章,体现了公证服装的职业特征和实用特点,适应公证工作改革、社会发展和公证人员良好精神面貌的需要。此外,一些公证机构还自行设计制作了员工名牌、工作证等,要求员工上班时间统一佩戴;针对如上门服务、公益活动、党员服务等特定工作项目,特定工作团队设计制作了马甲、帽子、袖标等物件，让公证人员在工作当中亮明身份、规范服务，增强了职业形象的鲜明度。

公证行业从业人员的职业装束具有庄严性、严谨性、大方性的特点，传递出公证服务社会、服务群众、服务经济社会发展的理念，让社会大众切实感受到亲切、热情的公证服务。公证人员无论是上门服务、外出办证、公务活动都规范着装，对内使工作人员更加清晰自身的职业定位，增强职业荣誉感，对外传达了稳定、诚信的形象要素信息，更对公证行业和公证机构良好形象的塑造起到了重要作用，使得公证行业更具社会公信力。正如笔者所在公证机构经常参与行业内外的交流活动，不论活动大小，公证人员都身着公证制服、佩戴公证徽章出席，加之在活动现场谈吐专业、举止得体，给很多政府部门和有业务往来的企事业单位留下了良好的印象，为其进一步深入了解公证，并对公证产生积极正面的评价打好了基础。

四、公证队伍的职业礼仪

职业礼仪是一种对形象文化的动态展示，在人际交往中有着极为重要的作用，它体现着一个人乃至团队、行业队伍待人接物和律己敬人的内涵修养，对个人成长和行业发展都有着重要影响。

荀子言："故人无礼则不生，事无礼则不成，国家无礼则不宁。"《增广贤文》也有云："好言一句三冬暖，恶语伤人六月寒。"公证是一个与人打交道、提供专业服务的工作。如何让人信赖、使人敬服，礼仪是值得重视的一个方面。公证队伍的职业礼仪包括公证人员的仪表仪态、仪容服饰、表情手势、交谈礼仪（服务技巧、询问谈话）、办公礼仪、涉外礼仪、书面礼仪等方方面面，是公证行业个人和队伍的软实力，其作用在于树立和展示良好的职业形象，关系着整个行业在社会中的形象。准确定位公证人员的职业要求，细化公证从业人员的行为准则和礼仪标准，提升服务水平和质量，是当前公证行业与社会接轨、与国际接轨、与未来接轨的必然要求。目前，全国各地公证行业和一些公证机构已意识到职业礼仪对于打造专业化队伍的重要性，分别制定了服务承诺、服务规范、接待标准、服务时限等操作性强、具体明确的规范性制度，并加强了组织员工对社交礼仪、公文标准等知识进行学习的力度。定期邀请不同专业的专家讲师开展礼仪培训、交流等活动，从文明用语、表情管理、对话语气和语速、站姿坐姿、交流手势，到服务谈话技巧、风险防范、涉外服务等内容进行专门培训。通过分门别类的讲解和细致到位的演练，加强培养公证队伍亲和大方的职业气质，使公证队伍的礼仪素养达到整体提升，权威性和人性化得到更加紧密的结合，有利于让公证亲民、利民、惠民、便民的服务形象更加深入人心，从而进一步促进公证行业整体形象的塑造。

但我们也要客观认识到，目前还许多公证机构存在重业务、轻文化的情况，相应的，对公证队伍业务能力以外的其他素质提升也没有足够重视。一些在司法体制改革中刚从行政体制改为事业体制的公证机构从业人员，尚未适应服务型社会的工作要求，习惯于"坐堂办证""拿证办证"的工作模式，"官本位"的思想仍未得到有效转变，在职业礼仪方面仍然较为欠缺。一些改制较早的事业体制公证机构和合作制公证机构也存在依赖行业传统、偏重业务工作的问题。这些情况，对于公证行业整体素质提升来说是亟须改善的，需要从管理层到一线人员共同改变观念、开阔眼界、付诸行动。

五、公证队伍的职业道德

职业道德是同一职业范围从业人员所共同遵守的规范和底线，其发挥着调整职业内部、职业与职业之间、职业与社会之间各种关系的重要作用。社会对公证从业人员特殊的道德要求，是整个社会对公证员的执业观念、执业态度、执业技能、执业纪律和执业作风等方面的要求，公证从业人员将职业道德精神贯穿于工作始终，将大大提升公证行业正面形象。

对公证行业来说，公证从业人员培养和强化职业道德精神或意识的基础是要培养公证人自身的职业角色意识，进而培养其良好的职业道德精神，同时也要加强行业整体作风建设。从公证人员个体来说，职业角色意识是对公证这个职业有客观的认识看法、有主观上的认同和肯定。基于此，公证人员对自己的执业行为才能做出准确判断，进而较好地完成工作任务，塑造出优秀的职业形象。公证人员要充分了解和掌握其拥有的权利、需要承担的义务以及必须达到的规范要求，并且要不断增加与本专业相关的知识储备，培养良好的心理素质，激发和保持工作热情，形成爱岗敬业、争当优秀的良好意识。在公证人员这个职业角色中，职业道德与法律知识、理论以及执业技巧等业务素质处于同等重要的地位，中国公证协会专门制定的《公证员职业道德基本准则》中明确要求，公证员要做到忠于法律、尽职履责、爱岗敬业、规范服务、加强修养、提高素质、廉洁自律、尊重同行。可以说，职业道德是公证行业面向社会现实实现自身价值的重要标准，起到了对外树立行业形象，对内培养和考评人员素质、协调和统一群体风格的作用。从公证行业整体来讲，队伍作风是所有机构和公证从业人员共同建设形成的。近年来，也可以看到公证行业内部通过以加强党的建设为引领，培育先进、示范带动，加强正面教育和反面警示，做好监督、惩处工作，努力营造了风清气正、正面向上的行业氛围。一些公证机构也在内部管理机制中将公证职业道德作为队伍管理建设的重要部分，制定了如执业"红线"之类的准则要求，并结合党风廉政建设等工作出台实施专门制度，在内部考核中也将该内容一并纳入，与评优评先机制相互补充配合，形成了一套兼具操作性和引导性的有效机制。

六、公证队伍的专业能力

党的十八届四中全会提出了全面推进依法治国的总目标，即建设中国特色社会主义法治体系，建设社会主义法治国家，同时明确了加强法治工作队伍建设的任务，要求推进法治专业队伍正规化、专业化、职业化，创新法治人才培养机制，加强法律服务队伍建设，建设高素质法治专门队伍。公证队伍，肩负法治工作队伍和法律服务队伍的双重责任，是法治人才队伍中不可或缺的一部分，在新时代、新要求下，其专业能力的建设必然不能忽视。

这里说的专业能力，是指公证从业人员应当具备的思想政治素养、法律理论知识、公证实务操作、业务服务技能等。专业能力是公证从业人员应当具备的基本能力，是立身之本和成才之基，是公证机构发展壮大的宝贵资源，是公证行业得以健康发展的必要基础。公证从业人员的专业能力过硬则公证行业的公证质量过硬，如公证从业人员的专业能力不足，则公证机构、公证行业乃至公证制度都将受到外界的质疑。由此，保障和提升从业人员的专业能力就显得至关重要。

从提升内容来看，司法行政管理部门通常从司法行政整体职能出发，将公证队伍的专业知识纳入综合性管理知识当中，专精度不高；对公证行业的统一要求，重点是以公证法律知识为主；各公证机构则以专业法律知识为主，辅以金融、外语、知识产权、计算机、建筑等相关知识，并兼顾思想政治教育、人力资源管理、财务管理、社交礼仪、心理健康等综合知识，为公证人才队伍的高素质、全方位发展补充能量。从提升方式来看，公证行业已吸收了其他行业的优秀经验做法，结合自身情况不断丰富形式和方式。现在，公证行业坚持开展公证员任职前培训和考试，以保证公证员业务能力达标；各级公证行业协会以专业委员会牵头组织的方式组织开展各类主题培训、论坛、沙龙、研讨会、交流会等活动，同时积极组织行业内外的交流调研活动，通过各种丰富的活动促进队伍素质提升。各地公证机构也根据自身实际，逐渐形成了具有特色的队伍建设机制，如某公证机构有组织内部主题集训和专业知识考试的传统，取得了以考促学、以学促用的效果；有的公证机构经常组织员工参加跨界的研讨交流等活动，选派优秀公证人员到行业协会、房管局、银行、保险公司、律所等宣讲授课，促进了公证人员在学习和实践中不断提升综合能力；有的公证机构专门成立了理论研究中心，与法学会、高校等合作建立研究所，并选派公证人员进入这些机构，强化在公证领域的理论研究，不断探索研究前沿问题；许多公证机构都建立了成熟的"师徒传帮带"机制，通过言传身教达到知识技能的有效传播。一系列的举措，都增强了公证行业的"造血"功能，公证队伍的专业能力得到了有效提升。

七、公证行业的服务能力

服务能力是指为他人做事情、使他人受益的程度，它的高低与行业形象密切关联，更决定了公证的社会价值。行业的服务能力应该是一个从内到外的综合体现，有了内部的自我优化和革新，才会有紧跟社会需求和当事人需求的服务能力和服务效果。在这里，我们谈公证行业的服务能力，可以看到司法行政管理部门对其服务社会所进行的执业规范和要求，可以看到行业协会在其运转过程中发挥自律、协调等积极作用，更需要细说的是公证机构在日常执业活动中所做出的努力。

近年来，随着司法体制改革的深入推进，行政体制的公证机构改制为事业单位体制，同时也有接续批准成立的合作制公证处，使公证行业更加紧密地与社会、与市场衔接起来。很多公证机构在服务上下足功夫，一是不断完善服务机制，比如主动调整工作时间，增加预约服务、延时服务、节假日值班、全年无休服务等工作模式，有的公证机构更提出了"24×7×365全时段响应"的概念，统筹安排人力物力，解决各个时段的服务需求问题；增加上门服务、主动调查取证等工作方式，调动专业力量解决当事人办证难等问题，节约当事人办证成本；主动加强与公证证前证后相关机构的衔接，打通信息数据共享渠道（如公安、民政、房管、出入境等），让信息数据活起来，有效解决证明难问题。二是增强技术辅助，一方面整合工作流程，专业人员负责专门环节，有利于缩短工作时间、减少运转成本，达到提速增效的目的；另一方面，大力引进现代化技术设备和手段，如定制开发信息化系统，办证、办公均采用信息化平台，开发互联网线上申办公证等功能，提高工作效率和准确度，投用身份识别、人像采集、远程视频、录音录像等技术设备，防范风险、提升效率。三是丰富服务内容，很多公证机构的办公条件和人员队伍实力不断提升，根据实际需求逐渐扩大工作范围，在办理公证事项的基础上增加了代书、代办、代保管等服务项目，也积极参与到司法辅助和社会治理等工作当中，运用公证自身所

具备的专长能力扩大了服务范围,取得了良好的社会效益。四是重视社会公益,全国各地一些发展较好的公证机构都较为重视社会公益,在行业内主动承担了扶持偏远或欠发达地区的同行机构发展、服务当地群众需要的责任。例如,四川省几家公证机构对甘孜、阿坝、凉山等偏远地区的一些"无人处""一人处"和发展薄弱的公证机构进行物资和技术的帮扶;厦门鹭江公证处跨区域对中西部地区合作制公证处就党建品牌做法、人力资源、技术成果、管理经验、信息化建设等多方面进行合作支持等,为行业均衡、健康发展起到了重要作用。同时,许多公证机构自发组织了面向社会的公益性活动,如近年来形成全国规模的重阳节免费普法办证活动,"12·4"公益普法活动,以及在"3·15""8·28"等时间节点组织的特色化、专题性公益活动,都在逐步扩大影响面,成为公证行业投身社会公益的有益探索。

第四节 提升行业形象的要点

一、转变行业定位

加强公证形象文化建设,将有利于促进公证行业形成良好的职业道德和行业风尚;有利于从业人员强化职业角色定位和团队协作意识,提高公证行业的凝聚力和战斗力;有利于弘扬行业精神,激发干部职工的积极性和创造性;有利于树立共同价值理念和目标,增强使命感和责任感。公证行业要通过形象文化建设进一步明确自身"法律服务"的角色定位,不断加强队伍价值观念、精神追求、发展定位、专业能力、道德意识等方面的提升,增强行业的诚信度、公信力,从而达到进一步增强行业自信的效果。要坚持以国家的需要、社会的需要、当事人的需要为导向,对内关注自身能力水平和工作质量,对外关注服务细节和效果,将塑造崇法守信、公证为民的行业形象作为不懈努力的目标,真正发挥出预防纠纷、化解矛盾、沟通服务的功能作用。

二、顺应社会发展趋势

新中国成立以来,特别是改革开放以来,我国经济社会发展取得了辉煌的成绩,社会主义文化建设也取得了巨大的成功,中国优秀文化的影响力不断增强。近年来,党和政府高度重视文化建设,提出了加强文化建设的一系列指导方针和决策部署,明确了文化建设的指导思想、总体要求、主要任务和基本工作思路。"政治、经济、社会"三方面的经济社会发展方针已转变为"政治、经济、文化、社会"四位一体的经济社会发展新格局,文化建设提高到国家发展战略部署的地位,为文化建设与发展等工作的开展提供了良好的政策保障,这也为公证行业文化建设与发展创造了良好的成长环境。

与此同时,各地积极探索推进公证改革,加快机构改制,健全完善公证工作体制机制,有效促进提升公证人员法律服务的能力和水平。这意味着,全面深化公证改革的号角已经吹响,公证发展活力被进一步激发。在新时代背景下,公证工作面临很多新机遇、新挑战。公证行业应当认清形势环境,找准有利条件,牢牢把握机遇,主动适应社会发展需要,积极稳妥推进公证改革,提高公证质量、公信力,加强文化建设,塑造良好行业形象。特别是要积极研判社会发展趋势和服务领域需求的变化,做到提前准备、主动改变。要彻底打破公证"吃公家饭""拿证盖章"等多年来形成的传统印象,吸收更多高素质、高水平法律人才,提高行业整体服务水平,为服务对象提供及时、高效、有价值的服务,让公证成为一种被广泛认可的保护合法权益、预防矛盾纠纷的法律习惯。

三、完善行业管理机制

目前,公证行业对形象塑造的问题重视程度需进一步加强,虽然已有一些公证机构在文化建设,特别是形象塑造上取得了阶段性成果,但就全国公证行业整体而言,与全面加强文化建设、塑造良好行业形象的要求仍有一定的差距。形象文化建设的程度也多停留在表面的、物质的、个体的水平,大多公证机构还处于起步、探索的初级阶段,行业统一的管理指导力度仍有待提高。区域发展不均衡的问题也十分突出,经济发达地区的重视程度明显高于经济略落后的地区。

行业形象的塑造和完善不能仅仅只靠公证机构和公证人员,应当从管理部门、行业协会到公证机构多级联动,在组织保障、培训提升、考核评估和交流互动等方面建立起长效运行机制,在重视行业形象塑造、纳入具体工作规划的基础上,加强行业、机构的信息公开,进一步强化执业规范、提升工作质量,完善问责纠错机制,对违规违纪现象严查重处,加强开展普法、交流等涉及社会层面的活动,等等。通过科学的机制、完善的体系、严格的考评,达到有效促进目标实现的良好效果。这是一个不断发展、不断变化和不断积累的动态过程,在全行业的重视和投入下,一定会取得更好的效果。

第五章　公证宣传文化

第一节　宣传的概念和内涵

　　大众所知的宣传是一个传播学名词,是指一种讯息表现手法,具体为运用各种符号传播一定的观念以影响人们的思想和行动的社会行为。《三国志·蜀志·彭羕传》中载:"先主亦以为奇,数令羕宣传军事,指授诸将,奉使称意,识遇日加。"说明我国东汉末年就有"宣传"的说法,而其广泛运用则是从戊戌变法和辛亥革命时期开始。

　　有人说宣传就是包装,但实际上包装只是宣传的方式方法之一。人类文明发展至今,人类社会交往的内容和形式已经变得非常多样化。例如,说到宣传,面对个体,可以通过语言、表情、姿势等方式输出和传播信息进行宣传;面对群体,可以通过教育、灌输、劝导、批判等方式将思想理论、价值观念等信息输入给对方并加以强化;也可以通过广播、电视、报纸、网络平台等媒介,向不特定对象展示文字、影像、音乐等各种内容;一身服饰、一面旗帜、一块展板、一篇理论文章、一场文艺演出、一座博物馆都可以成为宣传的手段。宣传的目的是使受宣传者改变思想认知、情感态度和具体行为,朝着宣传者所需的方向转化和发展。宣传在政治、宗教、军事、科学、文化、体育、商业等各个领域被广泛运用,其作用既有正面的,也不乏负面的,这里就不一一赘述。

第二节　宣传的特点

　　虽说宣传的形式和内容是多变的、不尽相同的,但其特点却是共通的:一是有明确的目的性。所有的宣传都围绕着影响和引导受宣传者的思想和行为这个目的而运作,这是毋庸置疑的。二是具有倾向性。宣传的倾向性来自宣传者所在的社会属性,体现在宣传的内容和手段上。三是具备社会性。不论是针对单个个体、固定群体,或者是面向社会各界的不特定范围受众,宣传都是社会交往的一种重要方式。四是有较强的现实性。宣传不能是虚浮的、空想的、与现实毫无关联的,如要受宣传者接受传播的信息进而达到宣传效果,宣传的内容、方式和目的就必须与其现实所处环境、所有情感和所获得的经历等有联系的共通点。五是内容与形式有附和性。宣传一般依附于如新闻、广告、教育等其他文化传播领域,借助依附于其他传播方式来扩大覆盖面,提升影响力。

第三节　公证宣传文化

公证,因自身的职能作用包括了引导教育、预防沟通等内容,所以其宣传文化是通过宣传手段,将公证法律知识、公证工作作用、公证工作成效、公证事业成就向全社会进行普及和展示,在传递法治观念的同时,增强大众法治意识、预防矛盾纠纷,促进法治社会建设。公证宣传文化的目标在很大程度上决定了公证宣传工作的性质,那就是带有很强的普法宣传性质和公益服务性质。

一、公证宣传文化的作用

如果说公证形象文化是在为公证行业"塑造形象",那么公证宣传文化则是为公证行业做好"运营推广"。公证在法律职业共同体中是社会关注度和影响力都相对较弱的一分子。在最近一年某地公证机构举办的开放活动中,受邀而来的参加代表包括了人大代表、政协委员、高校师生以及社区管理人员等,其社会地位、知识水平、社会经验较普通人更有优势,但其绝大部分却对公证处于毫无了解的状态,通过参观、座谈进行了解后,都对公证工作的历史、作用和取得成绩有了较为清晰的认识。这只是公证行业宣传工作的一个例子。

需要注意的是,公证宣传文化的受众不仅仅是社会大众,还包括了相关管理部门、行业协会,以及公证行业自身的所有从业人员。所以,宣传文化的作用除了对外的普及、引导、说服,还有对内的激励、鼓舞和凝聚。一方面,通过宣传来不断提升公证行业的社会知晓度、扩大公证行业的社会影响力,通过各渠道、各方式宣传公证,用"发出'好声音',宣传'正能量'"的方式,让社会对公证有更加深入的了解,在全社会营造浓厚的公证文化氛围,获得社会广泛的认同;另一方面,通过宣传典型人物、典型事件,树立起公证行业良好

的形象,对内达到凝心聚力、振气塑魂的效果,在行业内树立全方位的自觉自信,凝聚起更加强大的精神力量,进而推动公证行业从法律职业共同体的边缘步入法律行业的中心地带。

二、公证宣传文化的建设

(一)明确目标定位

宣传工作的目标设定,反映了发起宣传者期望给社会大众带来的某种变化。公证宣传工作离不开管理部门的要求、行业整体的期望以及公证机构自身的规划等因素影响,所以宣传目标的设置,无法脱离管理要求、行业规范等因素。既要符合司法行政的总体要求和计划,又要结合不同地区的公证行业、公证机构实际情况,顾及受众的基本认知情况和接受的可能性,这是公证宣传目标定位与生俱来的特性。

公证宣传工作从来都是法治(原为法制)宣传工作的一部分。多年来,司法行政机关统一开展法律进机关、进乡村、进社区、进学校、进企业、进单位的"法律六进"(一些省市根据实际还增加了"进寺庙"一项内容)等普法工作,公证从未缺席。很多省、市一级的司法行政部门在关于文化建设方面的规划性文件中也将公证宣传列为重要内容。例如,四川省司法厅发布了《四川省司法行政系统文化建设"五年三步走"发展规划》,在其主要任务的描述中,突出社会责任建设,以公证等重点发展以"司法为民"为核心的法律服务文化;推进试点建设中,整体谋划,整合资源,扶持推进包括公证行业等有代表性的机构文化建设试点单位,在试点中探索总结文化体系建设、经费保障、人才培养、文化传播、文化管理等方面的经验做法;在文化建设试点单位中,发展文化建设基础条件好,文化底蕴深厚、发展成果好的一批"样板"单位,进行人才、资金、政策扶持,形成文化特色,引领推进全省司法行政文化建设和事业发展,其中也明确包括公证机构。在该省司法厅组织的律师公证法律服务团送法进寺庙宣讲活动中,公证作为主力之一深度参与到赴甘孜、阿坝等少数民族地区开展的法治宣传工作当中,并取得了良好的工作成效。此外,从中国公证协会到各省市公证协会,在其下属的专业委员会中都专门设置了负责宣传工作的委员会,其工作内容作为行业协会主要工作规划之一,由行业内精通宣传工作的专门队伍策划、组织、实施。

(二)打好工作基础

做好宣传工作,首先是要思想意识到位。公证机构特别是管理人员要重视宣传的作用和力量,了解宣传的基本规律和运作方式。很多管理者认为宣传是费时费力又不见得有效果的事，加之公证行业一贯以业务为王，管理者往往是公证业务的专家，认为做好业务才是正经的事，所以在宣传方面"懒作为"或者干脆"不作为"。这也是多年来公证在法律领域声音微弱的一个重要原因。此外，专门的人员队伍、专门的设备条件、与时俱进的宣传平台是宣传工作必不可少的工作基础。现在，多地公证协会通过秘书处、专业委员会、通讯员队伍建立起了宣传联动机制，能够做到措施统一落实、信息流转通畅，在宣传项目的实施中达到集中力量发声、扩大影响覆盖面的良好效果。许多公证机构也设置了相关的部门、岗位负责宣传工作，积极培养既懂得公证知识又懂得宣传业务的人才队伍，扎根业务最前线，通过提高敏锐性、洞察力，将公证以最容易让人接受和理解的方式推广出去。并且，在培养新时代的公证人才队伍时，有意识地提升其宣传能力，在实际工作中鼓励其参与宣传工作，将公证业务和宣传工作紧密结合起来，使宣传工作成为日常工作内容的一部分。同时，公证协会、公证机构除了建设官方网站、创办内刊杂志以外，还积极关注当前社会大众较为广泛使用的网络社交平台，开通了微博账号、微信公众号、今日头条号，甚至一些公证机构还在"抖音"等社交软件注册账号，努力应用新平台、新渠道将公证的声音传播出去。

（三）确定受众范围

受众是宣传不可或缺的重要部分，任何宣传都必须确定相应范围的受众，才能做到有的放矢。受众的范围与宣传的目的和内容直接关联，通常应当从四个方面来了解受众情况、确定受众范围，这也是提高公证宣传工作的精准度和效益所必不可少的：一是了解宣传受众的切身利益，是否有明确的或者潜在的公证需求，如果有，那么宣传的内容就应当与之契合。二是了解受众对公证宣传的态度，对接受、中立、反对的不同受众，制定不同的宣传工作策略，采用不同的宣传方式和内容。三是了解受众所处的环境，这里的环境包括生活环境、工作环境等。从大的群体的接受来带动小的个体的接受，为实现宣传效果营造良好的环境氛围。四是关注和了解受众接受宣传的能力和水平，如受众的年龄阶段，受教育程度，所在领域和专业，有无法律知识基础，等等。在充分了解受众情况后精确划分受众范围，准确把握宣传时机，合理安排宣传内容、宣传形式。例如，一些地区的公证机构宣传以"全生命周期"为主题，在学校、广场、社区、敬老院等场所面向市民普及民事类公证法律知识，达到较大的普及覆盖面。一些公证机构精通涉外类公证业务，根据当地实际情况，主动到高校、高新技术产业园区、涉外中介机构等开展送法上门服务，让相关人员更便捷地获取相关的公证知识，了解公证的作用和办证要点。一些公证机构与银行等金融机构加强联系合作，通过普法授课与其从业人员和服务对象产生交流互动，不断强化其法律意识和法律观念，达到良好的宣传效果。当然，不可忽视对内的宣传工作，通过宣传让从业人员树立价值观、强化理想信念，排除负面影响因素，可以更好地凝聚力量、促进发展。

我们也需要认识到，宣传工作并不是一场又一场、一次又一次单独的宣传活动串联而来的，宣传活动也并非一次性的单向传播过程。宣传需要有计划、有组织、有步骤，不断调整优化，循序渐进地进行。因此，在宣传工作中要时刻关注受众，通过调查、研究、测量等方式了解受众需求，评估宣传效果，排除宣传工作的干扰因素，以客观、系统、科学的方式来开展宣传工作，从而达到预期的效果。

（四）选择内容形式

宣传内容是宣传主体需要表达和传递的信息。所谓宣传，区别于宣教、宣贯，重点在于让受众能够更主动、更情愿、更乐于接受表达和传递的信息。所以，在宣传内容上需要特别关注事实、道理和情感等要素。事实，是受众最关注的基础内容，客观的、真实的内容，才能让人信服。道理，是基于事实推断而出、需要受众接受并产生影响的东西，是宣传内容的核心。情感，在宣传中起到促进受众理解、接纳和引发共鸣的作用，为宣传增加说服力和感染力。告之以实、晓之以理、动之以情，才能是成功的宣传。

在宣传工作中，公证最大的优势就是因其工作面向社会大众而具备广泛的内容来源基础，且宣传受众也是不特定的组织和个体。公证案例是公证宣传内容应用最多、作用最大的一个部分。优质成功的公证服务案例，对于公证行业服务当事人具有较强的指导规范意义，对于队伍建设也能够起到经验传承的作用，而公证违法处罚、行业处分案例则能够对公证行业执业人员起到警醒作用。目前，司法部已经牵头组织建立了司法行政（法律服务）案例库，将公证典型案例纳入其中；中国公证协会也通过行业信息管理系统建立起案例征集报送和发布渠道，面向全国公证机构公开征集案例，建立公证案例库。各地公证机构也积极建立机构内部公证案例库，主动梳理机构发展过程中办理和遇到的各类典型、新型、复杂及有影响力的案例，通过对各类服务案例的收录、整理、分析，有选择性地对外宣传、对内共享，将案例的宣传、教育价值充分挖掘出来。以特定的人和事为宣传内容，也是公证行业较为广泛的做法。例如，重点宣传优秀公证员，宣传"最美党员"、十佳公证员、服务标兵等，通过宣传报道优秀事迹、宣传展示服务形象、拍摄微电影和视频片等方式，打造公证正面形象的代言人。还要重视对公证文化精神、业务知识、服务理念等多个方面的宣传，让行业文化入眼入心，营造正面向上的文化氛围。例如，一些公证机构专门在办公区域设置陈列室、展示厅、文化墙等，公开展示公证办证流程、收费标准、发展历程、服务承诺等；拍摄机构形象片，制作处志、处训、处歌等，让社会对公证有更加直观的认识，通过多种宣传方式全方位营造出专业、浓郁的公证文化氛围。公证行业肩负着宣传、普及法律，提高民众法律意识的使命，所以普法宣传成为公证宣传的重要形式。目前，全国公证行业积极加强与社区、街道等基层组织联动互助，通过普法宣传把普法工作做实、做细。近年来，公证行业常常在特殊节点开展主题普法或公益活动，如在3月15日国际消费者权益日开展通过法律手段进行维权的主题普法活动；在助残日开展公证助残主题普法活动；在8月28日开展纪念公证法颁布相关活动；在老年节面向社会开展公益活动，免费为老年人办理公证、宣传普法。同时，组织公证队伍开展"公证进万家""法律六进"等活动，主动策划丰富活动，设计制作各类普法宣传资料，通过面对面的方式将公证法律知识传播出去，将法治精神浸润到社会大众心中，真正做到将公证法律与社会民生有机结合，不断提升影响力。

（五）合理运用媒介

媒介，是向大众传播消息或影响大众意见的大众传播工具。用好媒介，是宣传工作必不可少的一个内容。在公证宣传工作当中，涉及的媒介既包括了报纸、杂志、广播、电视等传统媒介，也包括网络社交平台上的各种新媒体。在实践工作中，公证行业积极与各类媒介联系合作，主动提供案例和新闻，可以借势增强公证行业曝光度；有的在报纸上开设行业专栏，刊载公证普法信息，开展问答互动，将公证知识传递到大街小巷；有的与电视台合作，开设公证电视专题宣传栏目，制播公证专题宣传故事，通过以案说法、演绎讲解的形式普及公证知识、宣传公证理念；有的与社区电视、地铁传媒等媒体联手，在公共媒体投放公证公益普法广告、行业形象片、微电影，让"公证有用、公证好用"的观念深入人心。公证行业借助中国公证网等官方网站，以及各行业协会和机构的官方微博、微信公众号等自媒体，运用树立"谁执法谁普法"意识进行主动宣传，在网络平台上创建账号，通过分享案例、普法答疑、发布主题文章和视频等方式拉近与受众的距离，让公证与大众生活的联系更加紧密；不断丰富、完善自媒体媒介传播内容，尤其是与百姓生活密切相关的社会热点、时事政治、精选案例、普法课堂、学术探讨等内容；增强传播时效性，积极主动、及时有效、有针对性地利用好自媒体媒介进行普法宣传、引导舆论、答疑解惑等，帮助受众更好地知法、懂法、用法。客观来说，不论运用哪一种媒

介，都有其优势和局限。在充分认识媒介传播特点的基础上，合理选择方式、重视宣传内容，科学运用媒介将会让宣传效果更加突出。

（六）做好舆情应对

在宣传过程中，受众可能会受到反宣传的干扰，一些突发的负面事件也会对宣传效果形成较大的影响。所以，在宣传中要有科学的预判以及适宜的应对机制。这不是在发现反宣传或者舆情后加以辩驳、批判，而是要在宣传的过程中注意正反两面都说的原则，使受众在及时了解事实、接受道理、产生共情，从而达到回归正面引导方向的宣传作用。

当前，公证行业的舆情应对机制还不够成熟、完善。这些年来，从"西安宝马彩票案""公证要求证明我妈是我妈"，到"公证深陷以房养老骗局""购房摇号公证到底公不公正"，每个事件都闹得沸沸扬扬，引发了全民关注，对行业造成的负面影响不可估量。公证屡屡被推至舆论的风口浪尖，在报纸上、在电视上、在网络上、在现实生活中被口诛笔伐，受到各种质疑，以"黑"的方式红了又红，却很少主动站出来辩驳发声。管理部门的忽视，行业协会力量的薄弱，公证机构的沉默，恰恰反映出了公证行业在面对危机和舆情时上无对策、下无措施的尴尬情况，使每一次事件都对公证的社会评价造成严重损害。不得不承认，公证行业的舆情处置和危机应对已经到了急需更新观念、完善机制、彻底改变的地步。在大数据时代，信息传播速度越来越快，传播范围越来越广，数据是一把锋利的双刃剑。公证行业应当顺应时代发展趋势，运用大数据思维，建立起舆情信息收集、核查、应对、处置等一整套规范运作程序，指定专人负责，配备专门技术设备和手段，监控收集舆情信息，时刻关注和掌握各渠道、各平台出现的公证行业舆情；各地公证管理部门、公证协会、公证机构都应成立舆情应对的工作组织，设立新闻发言人和新闻发布机构，与各类媒体保持密切的沟通联系，在大众关注的问题上做到及时响应、主动发声、信息公开，积极、得体地应对各类社会舆论热点。同时，公证机构应主动就时下社会影响力大、公众关注度高的公证事件发布行业相关信息，从公证法律角度及时对热点问题进行专业解读，通过公证服务解决问题并形成正面宣传引导，破除信息封闭形成的"隔离墙"，切实维护公证公信力。

第四节　加强行业宣传

公证宣传工作是一个专业性很强的工作。它要求宣传人员必须既懂得公证专业知识又了解社会发展趋势,既有对情况的敏锐洞察力又有对问题的分析解决能力,正所谓要能够见微知著、力挽狂澜。做好宣传工作,必定是在平日里就下足功夫,才能在关键时候厚积薄发。公证宣传作为行业文化建设体系的一部分,发展提升应主要聚焦以下几个方面。

一、更新观念和方式

在思想观念层面,管理公证宣传工作的干部和从事公证宣传工作的人员应当正确认识宣传的作用和意义,要不断掌握新知识、熟悉新领域、开拓新视野,增强自身的能力,在工作当中善于观察、善于发现、善于判断、善于辨别,勤于思考、勤于表达、勤于总结、勤于创新,对宣传工作要坚定方向、把握时机、多加研究、不断提升,形成更加精细化、专业化、系统化的工作机制和经验,将公证宣传文化与主流思想文化接轨,在宣传工作阵地真正取得主动权。

在现实工作层面,要结合实际持续加强宣传专业人才的引进、培养、使用,改变部分地区公证行业、公证机构宣传工作不平衡的情况,解决"无人"宣传的现实问题,逐步形成自上而下的、规范统一的宣传工作方式方法,确保每个地区、每个公证机构都有一支理论强、专业精、负责任的宣传工作队伍。同时,应给予合理的工作经费保障,设立宣传工作专项资金并纳入年度经费预算,可用于开展日常宣传工作,以及用于奖励提升公证行业正面影响力、坚守宣传工作岗位且成绩显著的先进工作人员,为公证文化宣传工作有序、高效开展提供有力的支持保障。

二、重视品牌的塑造

品牌往往代表一个机构或组织有突出的管理、服务、质量和竞争力,在市场中拥有更大的话语权和影响力,在行业中能够发挥促进标准提升、引领整体发展的"领头羊"效力。目前,公证行业亟须加强品牌建设,鼓励和支持各地有条件、有能力的公证机构以规范为基础、以服务和质量为核心、以创新为支撑,打造受当事人认可和信任、社会肯定的优质品牌。首先应当把公证品牌建设作为加强公证文化建设的战略重点,充分整合行业内外资源力量,重点加强公证品牌建设的整体规划和顶层设计,以强有力的公证品牌建设带动公证行业文化建设的持续推进。其次要综合国家司法改革总体发展战略、公证行业发展需要等情况,围绕品牌战略进一步优化公证事业改革发展方式,进行科学谋划、总体设计,并渗透到公证改革事业的各个层面,在落实品牌战略的同时提升整体工作水平。最后应充分发挥专业机构、社会组织等力量，为普及公证文化品牌知识、帮助品牌开发、发挥品牌功能等提供专业服务，同时探索建立公证品牌评估机制，加强行业自律和政府监督，逐步形成科学公正、市场认可、社会接受、促进发展和具有国际影响力的公证品牌评估体系。通过推动品牌建设工作，具备能力水平的公证机构将在行业文化传播和公信力建设中发挥"梁柱"作用，促进从微观到宏观、从点到面的宣传覆盖面，达到精准发力、同频共振，促进公证行业整体发展的良好效果。

三、增强规划和引领

"绳短不能汲深井，浅水难以负大舟。"[1] 宣传工作于国家、于民族、于行业都有重要的作用，因而不能浮于表面、触及皮毛。做好宣传工作，应当在"长""常"二字上下功夫，从行业的高度、以战略的角度进行整体布局，有目的、有规划、有措施、有保障，保证工作不断线、织成一张网，才能让公证行业在时代的大潮中应对万千变化，更加深入地根植于人民群众，服务于经济社会发展，不断实现自身的价值，为法治社会建设贡献应有的力量。因此，公证行业首先要结合我国市场经济发展规律，针对不同地域的风土人情和公证工作特色水平，探索符合本区域特色的公证宣传文化建设路径，既要坚持统一要求，又要鼓励形成特色，形成各具特色的公证宣传文化，汇集成为全国公证行业发展的合力。其次要充分遵循公证宣传文化建设规律，对标国外发达国家、地区，结合我国公证行业实际，通过引进、消化、吸收、创新，抓住公证行业标准、质量、服务、形象、满意度等各个关键因素，找准我国公证宣传文化的突破口和着力点。最后要坚持循序渐进的原则，做好规划和指导。公证宣传文化建设是一项艰巨的长期性工作，需要依靠各级司法行政管理部门、行业协会以及各公证机构的联合推动，必须制定战略规划、明确阶段性目标、落实具体推动方案，从管理到落实都持之以恒、压实推进。要坚持把加强公证宣传文化建设与社会主义精神文明建设紧密结合，逐步形成战略、流程、制度、组织、资源等完整的"生态"环境，使得公证宣传文化工作得到健全发展，并发挥出应有的作用。要加强对各地区、各公证机构公证宣传文化建设工作的指导、督促和检查，建立和完善推动公证宣传文化建设的教育引导措施，达到行业内的意志、语言和行动的统一。同时，把公证宣传文化建设工作作为考核内容，通

---

[1] 增强"四力"打造过硬队伍——论学习贯彻习近平总书记在全国宣传思想工作会议重要讲话精神[N].人民日报，2018年9月4日.

过多渠道确认工作进度、研究解决问题、共享工作经验，及时研究解决公证宣传工作中的各类问题；加大对节奏跟不上整体规划要求的地区和单位的鼓励、带动甚至鞭策力度，确保各地区、各公证机构在思想行动上对公证宣传文化建设总体规划做到步调一致。

第六章 公证品牌文化

第一节 公证品牌文化的内涵及功能

一、品牌文化的定义

品牌即销售者长期销售的特定产品或服务,让消费者对产品及产品系列产生认知程度,是对一个企业及其产品、售后服务、文化价值的一种普遍的评价和认知,是公众对其建立的产品信任。品牌文化,是指通过赋予品牌润色深厚且丰富的文化内涵,构建独特的品牌定位,并通过各种高效的内外部传播途径使社会大众对品牌形成高度认同感,创造品牌信仰,最终让社会大众形成强烈的品牌忠诚,并使之持久信仰该品牌的理念追求。品牌文化是以某一产品或某一具有代表性的形象为载体,在消费者内心深处留下深刻印象,给所有者带来溢价、产生增值的一种无形的资产。品牌展现的是销售方与顾客购买行为间经过时间的磨合而衍生出的产物,是社会公众对特定产品、服务的认可。发展品牌是为将品牌转化为众所周知的名牌,需做的不仅仅是在产品质量上下功夫,还需在服务范围上做工作、在售后服务上做努力,以提高整个企业的信誉和知名度。

公证品牌文化是公证文化建设的重要内容,是提高公证作为法律服务行业在司法活动中地位的重要方法。公证品牌是个复合概念,不仅有外在的表现形式,还有内在文化内涵和价值底蕴等意识范畴的特性,作为公证文化建设的重要组成部分,公证品牌是公证的无形资产,对公证文化建设具有至关重要的影响。公证行业是法律服务行业,公证的目的是维护群众的合法权益,所以,群众是评定公证品牌价值的"裁判员",为形成公证品牌形象,就需在多个维度真正获得人民群众的认同和肯定。公证行业的品牌文化则需要挖掘树立一批具有各自典型特色的公证机构、具有高质量的公证服务以及公证服务品牌来实现。

公证作为国家纠纷解决机制，其效力具有法定性，有利于合理保障当事人的权益，预防和化解矛盾纠纷，对服务党和国家工作大局，推进国家结构性改革、根本上减少诉讼压力、助力法治化建设改革、构建多元纠纷解决机制等方面具有强有力的推动作用。但与欧洲国家相比，我国公证行业在司法行业中的地位并不高，大众解决纠纷的首选也不会是利用公证，大多选择法院或者其他机关来解决，这主要是公证品牌文化的建设还有欠缺，公众对于公证的了解以及信赖程度不够。品牌形象是公证的生命线，是公证文化建设的关键，要不断提高公证的地位，增强公证在公众内心的普遍认识度。

二、公证品牌文化的功能

（一）公证品牌文化具有导向功能

公证文化作为思想观念，在人们内心深处形成价值取向和行为准则，无形中对人们的思维、行动、习惯产生引领、规束作用。在建设公证品牌文化的过程中，公证人在思考和行动时坚持公证核心价值观，实现公证的目标，保证公证品牌的价值，提高公证服务质量，为公证品牌的建设添砖加瓦，不断提高公证作为法律服务行业在整个司法活动中的地位，加强公众对于公证的认知度。

借助公证品牌文化的力量，将法律法规和管理制度的刚性约束与人文关怀的柔性管理糅合成最适合于公证机构和公证行业的管理方式，不光对公证行业内部机构与机构、人与人之间的关系起到沟通和调节作用，还可以通过职业道德、价值观念、服务理念等指导和影响人员个体乃至行业整体的发展。在整个公证文化建设的过程中，公证品牌文化不断演变发展、去糟存精，发挥着约束、教育、引导、培养和塑造的重要作用，提高公证机构综合素质，推动公证事业全面发展。

（二）公证品牌文化具有协调带动功能

公证品牌文化建设对于公证行业来说，是对自身文化价值的充分肯定和积极践行，是行业攻坚克难、继往开来、续写更加辉煌篇章的内动力。公证品牌文化建设是公证文化建设的关键，以品牌建设作为纽带，打破各公证机构点与点之间的隔阂，提高整体公证机构的品牌建设，促进整个行业进一步统一思想意识、共谋发展方向、形成发展合力，从而推动公证行业打破发展的束缚，发挥出更加全面的职能作用，提高公证的普遍认知度和公众信任度。

公证品牌是由公证行业中的人员和机构经过共同努力而建设的，使广大公证人员从情感共鸣的角度由内而外地凝聚力量、紧密团结。公证品牌不仅对于

整个公证行业是一个标志,对于广大公证人员来说更是职业幸福感和认同感的体现。公证品牌更能够协调出整个公证行业对于公证的热情以及对于公证质量的保障,公证品牌文化体现出公证行业对于职业精神的凝练与升华,进而产生振奋精神、鼓舞士气、奋发图强的激励作用,由内而外激发活力。

(三)公证品牌文化具有形象辐射功能

品牌文化能够把其自身所产生的作用和影响辐射到社会。公证品牌文化建设不仅可以展现公证形象,从内部提升公证行业规范,增强公证行业自信,不断提高公证人员的业务水平;从外部也可以通过让大众看得到、听得见的方式来建设良好的社会形象,有效提升公证公信力和社会影响力,提高公众对于公证的信赖度和了解度,促进公证文化中蕴含的品德、观念、精神渗透到更加广阔的层面。良好的公证品牌建设能够向社会展示公证行业的精神面貌和职业形象,利于提高公证行业的国民认知度。

公证品牌文化是公证机构的核心竞争力,品牌往往是公证机构被选择的重要原因之一,以建设公证品牌为公证机构共同目标,让公证机构及公证人的职业使命感和责任感进一步加强。以不断提高公证行业的品牌构建、服务能力为要求,以多维度提升公证形象为指导,以开辟公证行业新领域、建立新的服务增长点、转移战略发展重心为方法,努力提高公证品牌文化的核心竞争力,让公证成为人民群众值得相信和选择的优质机制。

第二节 我国公证品牌的发展历史及现状

一、我国公证品牌的发展历史

中国公证历史上较正式的公证制度于1946年首次出现在哈尔滨,其并非是完全独立办事的专业部门,而是哈尔滨人民法院兼办公证事务。新中国成立后,公证制度得到短暂的发展;1958年开始的人民公社化、大跃进及随后"文化大革命"期间,伴随着集体经济的政策和一些错误思想的涌现,公证制度的发展陷入了僵局。随着1978年改革开放的进行,在走社会主义特色经济制度的道路引导下,在社会主义民主与法制建设的方针指导下,我国公证事业迎来了发展的春天,逐渐受到人民群众的认可,然而我国的公证制度及其品牌文化建设仍需继续努力,不断前行。

二、我国公证品牌的现状

我国公证服务行业发展晚且坎坷，导致公证行业并没有受到公众的完全认可，公证品牌亦没有建成。在实践中，出现"公证错证""搭车收费""强制公证"等情况，也给公证品牌的建设造成极大的伤害。从宣传方式角度出发，我国公证发展史中，公证机构及其工作人员以广告、公关、销售等公开方式宣传公证是不被允许的，这样的传统也造成了公证品牌建设和发展的迟缓。发展晚、宣传少等原因都对公证行业发展造成阻碍，笔者对《中国公证行业业务拓展创新与发展战略规划分析报告》进行分析后得知，从 1978 年改革开放后，我国公证办证量上升巨大，其中如知识产权公证办证量虽总体尚小，但仍表现出大幅的增长趋势，整体公证事业正处于"生机勃勃的春天"。

第三节　我国公证品牌文化建设面临的挑战

一、我国公证公信力有待提升

公证公信力，是公证机构以法定程序为当事人出具具有国家法律效力公证文书的过程中，所体现出的包含公正、诚实、道义性质的信任力。公证公信力是公证品牌建设的关键，若公证机构所做的公证没有公信力，那么这个公证机构所做的公证就没有其存在的价值和意义。从具体的公证实践中可以得知，虚假公证、错误公证等有损公证公信力的事件时有发生，如"郑州撬门公证案""西安体彩假票案"等，公证公信力的发展遇到挑战，提升公证公信力、建成公证品牌的步伐举步维艰。[①]

"公证本身就是保障和维持社会信用的手段"，公证机构应当保持并提升公证公信力。公证公信力不足且有待提升的原因，从外部来看是因为有当事人利用虚构材料欺骗公证机构获得公证文件并谋取不正当利益的情况常有出现，导致公证公信力受到质疑；但公证行业内部存在短板和不足才是更为主要的原因，主要有下列几个原因。

（一）公证规范行规的缺乏

目前我国关于公证的法律规范不够完整和齐备，导致公证机构缺乏法定统

---

① 王雄. 试论公证公信力提升的瓶颈与对策［N］. 宁德师范学院学报（哲学社会科学院），2016（01）：83.

一标准进行公证、公证行业内部分工合作不明确、行业内部管理协会工作不到位等问题突出。我国有关公证的法律性规范建设不够完善，不同地域的公证机构公证标准未统一，难以实现"同案同证"的设想；中国公证协会作为公证行业的内部管理机构，尚未形成一套成熟的管理机制，出现其对公证行业中违法违纪现象难以实现快速处理和事后反思等问题。公证规范行规的缺乏极大地限制了公证事业发展，降低了公众对公证的信任度。

（二）公证机构、公证人员服务意识淡薄，公证人员素质有待提高

公正机构及公证人员仍存在以"当事人求我公证"的工作理念，以"为证明而公证"的工作作风，导致现实中公证人员不考虑当事人为什么要公证、不在乎当事人需要什么样的公证，以一种较高姿态进入公证程序的现象屡见不鲜。由于公证机构欠缺探索精神、服务于人民精神，缺乏满足当事人需求的动力，在具体办案过程中尚未形成服务意识和大局意识，容易导致错误公证或其他有损当事人合法权益的现象（如违规不予受理公证申请、对公证事实审查不严、办案不公等）发生，有损公证公信力。

公证机构的公证工作通过公证人员的具体工作来给公众留下的印象和感受，公证人员的素质影响了公证机构能否在人民群众内心形成一个良好的品牌。我国公证机构中的公证人员的服务意识不强，伴随的是其服务素质不强、服务态度不佳，往往是以接受求助的心态进行公证工作，给公证的当事人及旁观者都造成了不好的印象，不利于公证的公信力以及公证品牌的建设。

（三）双项审查受阻

公证机构对当事人提出的公证事项进行审查是公证工作中最关键的一步，公证中的审查主要包括形式审查和实体审查两种模式。形式审查是以当事人所提交的书面材料及其所含内容作为审查对象进行分析得出是否具有真实性的形式结论，而实体审查则是依法对申请公证事项从整体出发，深挖内部信息，对申请事项的真实性、合法性完全分析后得出实质结论。形式审查与实体审查的合理配套使用，更能保证公证工作的质量和效力，提升公证机构的公信力。但由于我国公证机构的体制是行政体制与合伙体制相结合的特殊模式，其工作方法并非与国家机关一致，即公证机构不具有对实体事项进行审查的法定资格，公证机构在实施实体事项审查的工作中只能与相关的实权部门合作，导致多数公证只能依靠形式审查，对公证质量、公证公信力无法保障。

二、公证团队建设面临挑战

公证机构作为一个法律服务机构，其工作准则是要在尊重事实的基础上做

出公证，团队作风是公证文化的标志。公证品牌文化建设要求合理公证团队建设，公证机构需具备掌管全局的能力，能够合理配置公证人才，把握公证规章制度的要求和执行，建设科学的管理模式，那么其公证质量必定会有所保障，而公证质量是公证品牌的最关键要素。

在公证实践中，公证人员往往是独自行事，并没有形成成熟的工作小组模式，需打造出专业化团队工作模式，提高公证员工作配合度，营造出团结友爱、互利共赢的公证工作环境，加强公证人对公证职业的忠诚度。公证人员要严格遵守公证员执业纪律、公证机构职业规范，在法定职责内，不断提升自身主观能动性和想象创造性，与优秀伙伴组建优秀团队，提高公证质量和公信力。在当前的公证实践中，要注意以下几点：

第一，完善公证团队的精神文明建设。由于公证体制、机制、管理等原因，大多数公证机构在体制建设、日常经营管理、服务群众方式、服务理念等方面还停留在"旧时代"，所得出的公证结论亦容易出现漏洞和错误。在经济快速发展的时代，若不抓紧公证机构的精神文明建设，则无法适应当前社会的发展趋势，无法满足人民群众的公证需求。因此，要建立健全以服务社会为核心、保障社会主义市场经济稳定发展为动力、满足人民群众公证需求为指导的社会主义公证精神文明。

第二，注重适用公证价值观念的指引作用。优秀的价值观念往往能产生积极的导向作用，公证中积极正面的价值观念对于公证团队建设是不可获取的，它们推动着公证机构迅速发展，是公证文化建设的核心要点。公证行业应当坚守以"崇法、尚信、守正、求真"的公证执业理念。忠于党、忠于国家、忠于人民，始终坚持为人民服务的执业理念，坚守法律、恪守执业纪律，努力让每一件公证案件都公正诚信。坚守以社会效益为重心，将公证事业真正做到服务于人民。

第三，不断坚持对公证前沿业务领域的拓展。从目前公证实践可知，我国的公证业务领域较为局限，公证业务长期主导于传统业务领域，前沿业务研究不足，对于新兴产业以及其他非传统的公证需求，公证机构以及公证人员的工作素质还不足以面对，团队建设不完善以致公证机构无法承接其他业务，随之影响着公证品牌文化的建设。另外，公证人的法律素养不够。公证人与法官、检察官、律师、法学家等法律专家相比，法律专业素养低，对事件的评价和判断无法达到专业水平，对法律规定熟知度不足。公证作为社会矛盾的前先感知者，若其具有像这几种法律专家的法律素质，将会更加迅速地解决纠纷，节约司法成本。因此，公证应当在领跑传统法律服务领域的同时挖掘前沿业务，并

与律师等行业开展多层次、宽角度的合作,拓展前沿业务。

三、我国公证机构设置独特性所带来的影响

在1946年以前,中国没有专门的公证机构,1946年哈尔滨市人民法院成立,同时兼办公证事务,这是中国历史上第一个较为正式的公证机构,这就奠定了我国公证机构设置与域外有所不同。域外的公证机构的设置主要有两种模式:一是以国家权力为担保的行政机构设置模式,二是主要以营利为目的的个人组织机构设置模式。我国公证机构设置模式主要有三类,包括行政体制设置模式、事业单位体制设置模式、合作制设置模式。在行政体制设置模式中,公证机构的公证员是公务员身份,具有国家权力做后盾,办理的公证事项的稳定性更强,但办理业务所花费的时间更长;在事业单位体制设置模式下的公证机构,其公证员具有类似于公务员的身份,其国家权力的保障相较于行政模式设置弱,但是事业单位体制设置模式下的公证机构工作效率更高,管理更加多变且完善。不断转变我国公证机构设置模式将是我国公证事业发展的必然要求,事业单位设置模式的公证机构将成为我国公证事业中的主要构成模式。

公证机构的行政构成亦不同于其他司法机关的设置〔如人民法院以县(区)、市、省行政区划相对应基层人民法院、中级人民法院、高级人民法院〕,公证机构的设置更为独立以及特殊,其机构设置并非对应行政区划。以成都市为例子,成都的公证机构既有以行政区划来划分,也有非行政区划构建如成都律政公证处、蜀都公证处等公证机构。

从公证机构发展的历史来看,中国的公证机构起步晚,在其发展过程中受到了重重阻碍;在机构设置上,其设置不以行政区划为依据,公证机构多且不易管理。这些因素对我国公证行业整体国民信赖程度、公证公信力产生不好的影响,是导致目前我国公证机构的公证品牌文化尚未建成的重要原因之一。

四、公证品牌营销策略的缺失

品牌营销的过程就是使目标客户形成对品牌和产品、服务予以"认知—认识—认可"的过程。[①] 最高级的营销不只是建立庞大的营销平台,而是利用正确的品牌影响,在社会公众心理形成无形的认知网络,让群众在社会生活中对产品、服务真正的认可。公证品牌的营销需变"你需要办公证"为"我要办公证",让公众主动选择公证这种便捷的法律保障。以实现品牌营销来传播公证

---

① 彭久华. 聚合品牌底蕴传播公证能量[J]. 中国公证,2013(08):22.

正能量,关键是把握公证品牌的内涵,提高服务质量。但是,在保障服务质量的前提下,我国公证机构的营销策略的缺失,是导致我国公证机构品牌无法得以建立的重要因素。

首先,公证机构的传统做法是在一些政府职能部门设立自己的窗口,将自己的窗口与政府职能部门的窗口形成一条流水线,将公证机构设置于政府职能部门的窗口下,以政府职能部门为主,公证窗口为辅的模式运行。这种方式是展现公证处的品牌、服务便民的一种必要途径。通过这种方式能够让当事人认识和认知到公证的某个局面和某个程序,但是却难以让当事人能够真正认识和认可公证的本质,也难以让当事人真正对公证的具体程序予以全面了解,更难以使当事人对公证的职能作用予以认可,容易让当事人误解公证法律服务是"搭车收费""强制公证",造成对公证行业印象的损毁。

其次,在传统公证行业宣传工作中,公证机构以及公证机构的工作人员是不允许在公证处以外的地方对公证予以随意宣传的,甚至严禁公证机构的工作人员在公开场所(包括现实中公开场所和网络公开场所)对于公证进行宣传,这严重阻碍了公证机构的品牌形成和发展。在当代的网络信息社会,公证机构的营销工作可谓是浪费了大好时机,不会多加利用网络信息,对于公证品牌的形成和发展是致命性的打击。

再次,我国公证机构几十年的发展过程中,利用公开媒体进行的宣传几乎为零。在互联网时代下,任何事业想要保持其活力是离不开各种媒介宣传的,不断加强各种媒体的宣传才是让大众了解、认识、认可公证行业的关键,而在宣传中,提升公证的专业影响力、行业影响力、社会影响力,媒体的角色至关重要。网站平台、微信公众号、抖音短视频等新媒体正在以其信息多样化、迅速化、互动性成为有效宣传的全新平台。公证行业及文化建设缺乏巧用各种新媒体和旧媒体的营销方式,靠着传统谨言慎行的宣传是无法在信息飞速的时代建立品牌的。公证机构应树立危机意识,组建专业的公关团队,以公证的价值目标和市场需求为导向、以公证人为创造源泉进行公证文化的宣传。

第四节　公证品牌文化的建设

一、精准研判市场，拓展服务领域[①]

我国公证机构的公证工作主要倾向于相对传统的业务，如公证合同、委托事项、遗嘱等法律行为效力以及证明文书具有效力等传统公证业务。据统计，2013年我国公证机构所做的知识产权公证事项有108732件，占当年公证业务总量的0.93%，从整体来看，知识产权的公证事项所占比例太少，而在国家鼓励创新的政策下，知识产权会越来越受到大众的关注，类似于知识产权这样的公证事项将是更大的市场，但我国的公证机构还未及时赶上大潮，所做的公证事项更倾向于传统公证业务，若持续为之，会被法律服务这个大行业所淘汰。公证机构应当精准研判市场，积极响应市场变化，不断拓展服务领域，形成懂得与时俱进的公证品牌。

首先，公证机构在实施公证工作的过程中，要组织学习社会热点，注重国家大政方针，注重市场变化。公证服务最终是一种社会法律服务，是以大众的法律需求为出发点的，不顾大众需求、不了解公证市场的变动，所带来的后果将会是被大众所舍弃。虽说传统业务是公证机构的主流业务，但是新型业务的出现，将是实现公证处"二次创业"的契机，以"守住法律底线，满足社会需求"为公证事业发展指引，通过公证机构以服务、科技、专业化为重点发展出新型公证事业格局。除了需要公证处从内部不断自我改革之外，公证处还应当主动观察市场，以供给侧机构性改革精神为指引，注重市场需求。其一是送法上门，公证机构要主动深入企业、工业园区、基层，开展普法宣传活动，深入了解大众公证法律需求；其二是延伸法律服务视角，公证机构在注重大众需求者本身的基础上，要加强与司法局、工商局等政府机构，与律师事务所等其他法律服务机构的交流和沟通，从不同视角了解法律服务行业的市场需求变动，开拓新的业务。以"积极送法上门"和"延伸服务视角"为主要策略，促进公证机构健全服务体系，跟随市场脚步，完善公证服务品牌。

第二，公证机构需不断组织内部公证人员学习最新知识，设立不同业务的专业公证团队，紧跟市场，提升公证技术化水平，实施专设机构策略，提高公

[①] 向海平，曾显东. 创新打造知识产权公证服务品牌[J]. 中国公证，2019（04）：65.

证的专业化水平和公证效率。公证机构还应保障公证人员内部配置的合理性、完善内部激励机制,促进公证人员专业学习,积极开展专题培训、讲座、研讨会等活动,派驻公证人员去高校、律师事务所、其他优秀公证机关学习,以此提高公证团队的活力,使其能紧紧围绕市场变化,不断更新公证技术水平。如知识产权类的新型公证需求的相关证据,其特点是相关信息的时效性强、地域范围广、存证数据大、需求量大,为破解这些难题,需不断升级办证软硬件设备设施,硬件方面配齐专业刻录机、便携式打印机、影像采集设备等便捷化办公设施,选配功能突出、效果稳定的摄影、摄像、录音等设备,并设置专门的影像采集室等办证场地,为现场公证服务提供充分保障;同时,需加大投入建设内部信息化办证平台,在网站、微信等网络平台开通办证申请端口;积极与信息技术公司合作,借助在线证据保全平台、人像比对技术等互联网知识产权侵权类的证据保全工具,对各类影音资料、各种软件和终端通信数据等进行抓取、收集、保存和证明。在科学技术层面,从电话录音、短信保全、网页保全发展到根据当事人需求设计保全方案并提供技术支持,不断顺应科技和市场的变化,与时俱进地发展公证机构的服务,提升公证在大众内心的印象和地位。

第三,公证机关可积极引进外部专业人员,促进人才规模的多元化和壮大化,面向法院、律师事务所、高校、其他专业机构等专门部门招募人才作为专业顾问,指导相关公证业务的开展。组成集研究、开发、办证于一体的专业团队。[1] 把握对市场变动、大众需求的理论和实证研究。例如,成都公证处成立专门的研究机构——金沙公证研究中心,该研究中心积极引入人才作为专业顾问,重点对证据保全类特别是知识产权类公证业务进行系统、深入的研究与探索。[2] 在引入外部力量提高公证机构的整体公证业务水平的情况下,能更有效地正确分析市场,根据市场的最新变化做出及时应对。

第四,公证处应当根据市场的变化,随着公证需求变化,提供定制化和个性化公证服务。公证机构应当根据当事人遇到的实际问题,在掌握事实、了解情况的基础上,不仅为当事人提供专业、严谨的公证办理方案,还可量身设计,为不同的当事人提供问题的整体解决方案。服务理念的转变和服务模式的创新,对有效维护权利人的合法权益,维护公平竞争的市场秩序起到良好的促进作用。例如,若是政府开展的新型产业,公证处需着力于服务政府中心工作,助力政府产业发展和开展。在政府开展工作的园区设置公证法律知识宣传

---

[1] 向海平等. 创新打造知识产权公证服务品牌 [J]. 中国公证, 2019 (04): 66.
[2] 陈文威, 张英. 推进成都公证文化品牌建设工作初探 [J]. 中国公证, 2017 (09): 39.

角,指派公证员为固定联系服务人,第一时间为当事人提供专业服务。加强对企事业单位的公证服务建设。近年来,成都公证处为众多企事业单位在商标权、著作权、专利权等方面维权提供了专业服务,服务对象涉及文化、旅游、出版、游戏动漫、机械制造、信息技术、电气工程、餐饮娱乐等行业领域的上百家大型企业、品牌,为保护企业合法权利、促进市场净化提供助力。将服务广大群众作为公证机构的价值理念。对比企业来说,个体存证取证、法律维权的难度也相对更大。对此,公证处作为专业、中立、权威的第三方机构,成为群众保护知识产权的重要合作选择。成都公证处日常为当事人的个人发明、摄影、设计、影视、文字创作及其他作品等提供公证法律服务,让其合法权益得到有效保护。顺应市场做出相应的公证程序和公证服务,真正做到公证为民、公证便民是提高公证社会信服度的有效途径,也是建设公证品牌的必经程序。

二、筑牢工作基础,提高服务质量

公证质量是公证工作的生命线,是公证品牌能否建设的前提。[①] 公证质量是"建设完备的法律服务体系"的根本要求和基本抓手,公证质量是与公证工作体系改革,公证工作举措实践相辅相成的,保障公证服务质量能有效提高公证公信力,塑造出值得信赖的公证品牌。

(一)坚持公证价值理念,引导公证人员的公证质量意识

思想价值影响着人们的实际行动,确保公证机构及其工作人员的核心思想价值是否正确是保障公证质量的必要前提。随着市场经济的扩展、公证构建体制改革的深化、公证机构内部绩效考核制度的兴起,公证人员利益化思想的兴起趋势也逐步展露,公证人员在办理公证业务时,更加关注公证案件数量和产生的绩效成绩,公证质量和公证服务态度、方式等不再受到公证人员的重视,这会阻碍公证品牌文化的建设。对此,我们需坚持以正确的价值理念做引导,以公证质量作为公证工作的最重要评价标准。首先,坚持"公证质量是第一把关"的首要理念,对公证案件质量水平、公证投诉数量等进行合理考核,将公证数量与公证质量做匹配性考察,建立更加完善的绩效考核和分配制度,在保证公证质量的同时提升公证员的职业幸福感和归属感。其次,需积极开展活动抓引导。江苏省在近年来相继开展"江苏公证十大案件评选""优秀公证卷宗评选"等活动,这些系列活动,以身边事教育身边人,能充分发挥优秀典范的

---

① 陈翔. 从创"广州公证品牌"看如何规范与拓展公证法律服务 [J]. 中国公证, 2004 (09): 25.

引领作用。以优秀典型为学习目标，更能在潜移默化中改变公证人员的思维和工作方式。① 再次，需开展教育抓引导。以讲座、论坛等方式开展公证核心价值观教育，组织公证人员从思想到纪律、从理论到实践，从公证数量到公证质量，深度学习公证服务理念和服务宗旨，保障公证员在公证的日常服务和管理工作中坚持公平正义观念，重视公证质量。最后，需营造氛围抓引导。公证机构可以将公证质量作为单位文化建设的核心，采取在显眼处张贴有关公证质量的名人警句、法律行规等，在办公人员工位放置"公证质量至上"的桌牌以时刻警醒公证员质量问题是关键，在潜意识里加深公证员对公证质量的认同感和敬仰感。

（二）保障公证员执业培训，提高公证队伍执业水平

公证质量高低的决定性因素是公证员专业素质水平，公证员的专业能力强也利于公证机构品牌的塑造。我们需要探索有效的公证员业务培训机制，不断提升公证员专业素质和执业技能。一是以促进全国公证业务水平的发展为建设目标，建立全国性、区域化的联合培训机制。强化不同地区间公证机构的业务沟通和技术互享，整合培训专家、培训技术，弥补资源配备不足地区的困难，促进均衡发展。二是丰富公证员培训方式。摸索建立初任公证员跟班见学制度，以"师傅"对"徒弟"的方式教学，在公证机构内部实行"老带小"的初任公证员学习制度。从整个公证行业出发，积极试点低级别行政区域（县、区、乡镇）的公证处公证人员到高级别行政区域（省、市）公证处跟班学习，推行经济欠发达地区的公证处公证人员到经济发达地区公证处学习，加快初任公证员成长步伐。三是丰富经常性培训。各公证单位需每年开展公证学习培训活动，以专家实地讲课、组织典型优秀案例分享、对公证论文评选和交流、建立网络学习平台等方式，加强对于公证业务技能的培训，提升培训效果。四是强化针对性培训。每年组织全省公证卷宗质量检查后，分析问题，提出解决方案，督促公证处组织全体公证人员认真学习，针对具体问题进行具体分析并进行整改，切实纠正错位的工作模式，避免相同质量问题重复发生。②

（三）注重制度建设，完善监管体系，不断提高质量监管水平

建设全方位、全流程的公证监管体系是保障公证质量的关键。首先，需要注重事前引导。分析过往公证质量检测报告及案件投诉情况，及时研究出问题

---

① 赵志红，李志江. 坚持"四位一体"抓质量努力打造江苏公证服务品牌［J］. 中国公证，2015（02）：04.

② 赵志红，等. 坚持"四位一体"抓质量努力打造江苏公证服务品牌［J］. 中国公证，2015（02）：05.

症结，规划事前预防方案和事后解决措施，领导干部做出专业指导，做到预防在先，出台相关法律意见书来对公证进行指引。其次，注重公证过程中的监管。发挥机构质量管理主体作用，指导公证处建立公证质量检验制度，设立公证质量检验员，加强对公证个案的评查工作，确保核查工作公正公开，确保办证质量；督促公证处严格执行办证程序，做到公证员亲自办理受理公证申请、询问当事人、审查证据材料、报批公证书等办证环节；加强对超执业领域执业问题的监管，督促公证处严格执行公证受理程序规定，严格按照核定的执业领域开展业务。再次，重视公证后的监督。建立常态化质量检查自查、互查机制，公证机构需定期组织"办证回头看"检测，监督已完成公证工作，开展卷宗评查；设置省辖市局每年组织检查的最低次数，完善省辖市局检查质量的制度；需建立省司法厅会同省公证协会组织年度集中检查和专项巡查制度，建立全省质量检查末位约谈和专家对口培训机制。同时，建立健全的对错（假）证、不予采信公证书、公证赔偿案件的定期统计、分析、通报及业务指导制度，及时发现和解决公证工作问题，不断规范公证执业行为。

（四）利用现代科学技术，推进信息化质量监管机制建设[1]

随着时代的发展，我们现在已经进入了信息技术时代，积极推进信息网络技术在公证工作中的应用，能为公证质量监管提供有力支持。加强建设国家级公证业务系统，构建国、省、市、县互联互通的公证专用网，实现线上办证和实时数据管理，能有效提高公证质量监管效率。一方面，利用网络技术实现随机抽取全国各地案件进行评价、集中评审公证案卷材料的客观评价等方式，既实现了检查对公证员和公证机构以及公证事项的全覆盖，又突出了检查重点，增强了监管的科学性和效率，真实全面地掌握了全省公证质量情况。另一方面，依托办证和管理信息系统，实现了足不出户开展日常执业监管，可以根据需要随时调取公证书，实现了随时性、经常性监管体制的建成。依托全国性公证业务系统，还可以做到预防关口前移，实现了对各类办证业务数据精细化管理，对日后办证起到了很大的辅助作用。利用网络信息技术在公证机构中的作用，建立经常性、及时性业务交流平台，可以方便公证员及时就办证中的疑难复杂问题进行沟通交流，互享办案经验和业务技能，能够极大地推动公证质量的提高。

---

[1] 赵志红，等. 坚持"四位一体"抓质量努力打造江苏公证服务品牌[J]. 中国公证，2015（02）：05.

三、打造"公证为民，诚信便民"的服务品牌

（一）创新便民举措，优化民生品质，保障公证为民[1]

公证工作最终目的是服务于人民，要多种措施并举，提升服务含金量，做到落实负责制，真正做到谁的案件谁负责；做到公证要求一次性告知，为人民节省时间，提高公证办事效率；做到限时办结制，提高公证效率，保障人民利益；提供系列服务机制，在公证处设立服务预约、服务办理、投诉业务等窗口，特事急事办理程序灵活，缩短工作周期，提高服务质量，坚持具体问题具体分析，服务于人民。在办公区域及官方网络平台公开公证职责和业务范围、公证收费标准等，将公证工作置于"阳光下"，为群众办事和监督提供良好的渠道。

对于行动不便、行动困难的特殊当事人，需完善上门公证服务，坚持方便群众、服务群众原则。公证机构应积极作为，化被动等待公证当事人寻求公证帮助为主动作为，提供积极性的公证服务。公证机构在送法下乡、送法下基层的过程中，在开展公证法律讲授的过程中，可以在相关地点设立公证机构的派出点，指派公证人员为固定服务联系人，积极了解人民群众的公证需求，主动为其提供法律帮助，在公众内心形成一个好的形象，促进公证机构的品牌建设。明确特定公证业务办理流程，如统一农转非自谋职业协议公证的办证标准，因该公证涉及村民人数众多，村民很难聚齐，因此存在委托办理的现象，此类公证涉及农转非人员的切身利益，公证处应本着严格认真的态度，统一办理该证的标准。

公证机构还需全面规范档案管理制度，运用交叉评卷方式，对办案程序、适用法律、立卷归档等进行全方位检查，细化办证标准及归卷方法，进一步完善档案管理相关制度，切实保障公证质量，做到为群众公证，保障群众利益。在办证标准上，有公证员对每个当事人单独进行询问并制作笔录，不同的公证业务有不同的标准，需切实执行公证标准，维护公众利益，如房产赠予、委托卖房、老人放弃房产继承权等公证业务做询问笔录时都必须录像。公证员在受理案件时要检查公证材料是否填写齐全，每个案件都需留下当事人照片、具体信息等，在归卷方面，公证卷宗文书材料的排列顺序、页码编制、装订方法、卷宗厚度、封条处加盖章都必须严格按照公证标准实施，真正将公证工作做到

---

[1] 中国公证. 北京市华夏公证处打造"公证为民诚信便民"公证服务品牌[J]. 中国公证, 2014 (02): 63.

细致谨慎，公证质量的保障是公证为民的根本要求。

（二）打造诚信便民、提升公证公信力[①]

公证作为一种社会法律服务，公证过程具有法律效力，公信力是公证的最重要的因素，不断提升公证公信力是公证事业发展的必然要求。我国公证事业在1978年后得到了迅猛发展，但是在公证的规范制度规定的制定、公证机构队伍建设、公证机构内外部监督机构设置、公证服务等方面还存在不足和上升空间。

第一，公证机构应当明确公证规章制度，统一公证行业工作规范标准。应由中国公证协会确定整个公证行业统一的工作标准，对公证机构的职责、服务要求及其他相关事项以书面化内容予以统一。第二，公证机构需着力打造公证队伍，提升公证人员素养。公证质量是由公证员专业素养所决定的，通过组织公证人员定期接受专业学习和执业技能培训，加强其对公证服务为民思想的深入学习，打造出一支专业水平高、工作能力强、服务人民的优秀公证队伍。第三，公证机构需加强机构内部、外部协作监察，保障公证的诚信与正义。公证是司法审判外的维护社会公平正义的纠纷解决机制、法律服务机制，影响的是整个社会的道义与公平，要切实保障公证机构的正义性。从公证行业内部监督来看，公证处领导干部要积极发挥监督能力，公证机构人员要发挥内部互相监督功能，公证协会要加强对公证机构、公证人员的监督力度；从公证外行业监督来看，可考虑赋予国家司法机关（法院、检察院）监督公证行为的权利，以国家强制力维护公证的正义性；人民群众应当保持对公证行业的监督，发挥监督公证行为的强大力量。第四，不断强调和深化"公证为民"主导价值观念的学习，将服务群众、公证为民的思想牢牢贯彻在日常的公证工作中，让公证员能以服务为民的心态进行公证。以成熟公证机构设置配套高水平公证队伍，以高品质的服务为核心，有助于提升公证公信力，着力打造出"诚信便民"的服务品牌。

四、创新服务模式，将公证带入基层和农村

现阶段的公证更多的是服务于中产阶级以上的人群，广大群众的认可度和普及度不足，广大社区群众和基层群众才是整个社会的中坚力量，想要树立良好的公证品牌，就需得到广大基层群众的认可。加强公证走入基层，创新社区

[①] 王雄. 试论公证公信力提升的瓶颈与对策[N]. 宁德师范学院学报（哲学社会科学院），2016（01）：84.

公证服务是创立和发展公证品牌服务的必经道路,应坚持把公证带入基层的思想,锻造出纪律严明、作风优良、技术精湛的公证人团队。

(一)展开"送法下基层""送法下乡",促进基层群众法律意识的提高

坚持群众路线,公证服务真正走入基层才是正确的发展道路。山东省德州市众信公证处开展了"送法下乡"的活动,为村民提供了优质的公证法律服务。[①] 德州市众信公证处以设立公证咨询点、发放线下公证宣传资料、提供便民服务卡等方式,以基层人民普遍关注的问题为出发点,将公证法律法规的宣讲作为重点,现场结合实际案例做分析以明示公证流程,向村民讲授了一堂生动形象的公证知识课,将公证真正带入乡村。通过"送法下基层""送法下乡"等活动,不仅可以有效提高基层群众的公证法律意识,还可以促进公证事业的深入开展,促进公证品牌的形成和发展,加强基层群众对于公证的认可度和信赖度。

(二)完善公证工作准则,创新社区服务,使公证工作深入基层

首先,要将"便民、利民、惠民"的公证价值文化作为公证工作的出发点,将"公证为民"的价值理念作为公证事业展开的基本要求,将群众的满意度作为公证工作的根本评价标准。在新形势下,公证机构及其工作人员应当不断加强与群众之间的沟通和交流,以了解群众需求为基本方法,深化改革服务方式,以不断完善公证工作质量和效率,为人民群众提供高质量、高水平、讲诚信、有道义的公证服务。

第二,以"坚持群众路线、创新群众工作"为指导思想,制定公证机构工作目标,明确公证走入基层和农村的具体工作内容。以公证走入基层社区、走入农村、走入企业为重点加以思考,公证机构可通过公证法律知识专场宣讲活动、公证优秀案例宣传活动、公证员深入基层进行走访了解、为特殊人群提供特种公证服务、为弱势群体提供免费公证服务等宣传方式,真正将公证带入群众中。为达到向群众提供良好的公证服务的公证目标,需注重公证员数量与公证案件量之间的合理匹配,保障公证员对每个公证案件的处理有充分时间、良好精力,以高水平、精专业的公证工作实现真正为群众提供优质服务。

第三,要明确公证工作深入基层的工作要求。其一,加强领导,明确责任。加强公证机构领导的带头作用、公证行业协会的领导职责,建立公证员案件负责制、明确公证员具体职责。其二,转变作风,扎实推进。树立以保障群众利益为工作作风,以最大的诚意为群众服务,切实保证对每个公证案件都按

---

① 中国公证. 抓党建带队伍树"抚顺公证"品牌 [J]. 中国公证. 2012 (3): 62.

法定的操作程序进行、对案踏实，以确保公证质量和效率。其三，广泛宣传，营造氛围。以公证宣讲资料发放、公证法律知识宣讲、公证案例公开、公证员走法下乡及利用网络建立公证网络知识平台等方式，把公证带入群众日常生活，以确保公证宣传能取得实实在在的效果。

五、以"抓党建，带队伍"为核心指导，促进公证品牌建设

要树立公证品牌，必须坚持中国共产党的领导，坚持党支部的带领作用，发挥党员先锋作用，坚持习近平总书记的"中国梦"理论，将"抓党建、带队伍"的指导思想融入日常公证工作中，不断提高公证质量、提升公证服务，以早日建成优秀公证品牌。

(一) 不断提高机构领导班子素质、发挥领导带头作用

公证机构的领导班子是公证机构的关键，也是开展公证工作的关键。"火车跑得快，全靠车头带"，公证处的领导班子就是整个公证机构的"车头"，是引领公证机构开展公证工作的重要力量，要想让公证各项工作都做到最优化，就必须发挥好领导班子的引领作用和示范作用。

首先，应当不断提高公证机构领导的党性修养，加强其对国家的大政方针的掌握，制定领导班子的党课学习计划，司法机关以及公证机构需不定期地邀请省委党校、市委党校的教授进行指导和辅导，定期进行党课培训。确定学习目标，全年按照计划严格实施，注重学习政治理论的同时，要结合公证机构的具体工作制定出适合公证机构的具体党政目标。其次，坚持"走出去"和"请进来"相结合的学习方式。"走出去"是领导班子可以到外地学习先进的公证管理经验；"请进来"是通过邀请党校领导、其他优秀公证机构领导、公证专家学者来公证处授课，讲解党的知识、加强党的队伍建设，讲授如何进行公证管理及相关公证专业知识，以提高公证机构领导的政治素养和业务管理水平，促进整个公证机构业务水平的提升。

(二) 发挥党组织的组织领导作用，党员干部的"旗帜"先锋作用

党组织是党的战斗堡垒，公证处党组织需强化"一个党员一面旗"的理念，积极组织全体党员开展党课学习和公证专业知识学习的实践活动。[①] 党组织要积极开展党课学习活动，弘扬以每个党员的先锋带头作用来带动整个公证处的执业活力和执业质量；党支部应当积极组织开展党员活动，以召集党员干部分享日常工作经验、总结工作优缺点、开展集体活动等方式加强党员干部之

---

① 中国公证. 抓党建带队伍树"抚顺公证"品牌 [J]. 中国公证，2012 (03)：63.

间的沟通，增强公证机构党组织内部的凝聚力。

党员干部作为公证机构中的先进力量，在公证日常工作中具有先锋表率作用，党员干部在公证机构党组织的带领下，需不断提升自我，认真学习公证专业知识，积极参加公证质检评比、季度标兵的评比，为整个公证处营造出不断学习、勇于创新的浓厚向上氛围。党员干部是公证处的带头兵，发挥其先锋作用以带动公证处整体队伍的素质提升，提高公证质量，提升公证处的群众信赖度和认可度，对于公证品牌文化的建设有着极大的促进作用。

（三）创新思想，加快树立公证品牌

时代在不断地发展和进步，中国共产党是引导我国进步的核心力量。在我国公证事业的发展中，需在中国共产党领导下，在先进的共产党员的努力中，不断反思公证机构工作的不足、创新发展公证机构进步方式，以促进公证品牌的树立。要坚持以科学技术鞭策公证队伍，科技创新不仅提高了公证办证效率，也提高了办证的透明度，增强了公证机构的民众信赖度，有利于促进公证品牌文化的发展。以公证事业发展的传统精华文化武装公证行业，在引进学习最新的公证知识和技术的同时，要坚持公证传统，坚持公证处内部的团结合作，积极发挥党的组织能力，团结一切可以团结的力量，促进公证处的业务水平提升。要在公证实践中不断反思公证工作的短板，积极组织培训学习保障公证服务质量，以诚信为本，为人民群众提供公证服务。

六、加强公证宣传，重视公证品牌的传播和应用

公证行业是一个法律服务行业，但它与法院、检察院不同，并非是国家机关，其作为一种私力不具有法院、检察院所具有的国家公信力。宣传是让社会了解公证、认可公证的重要渠道。恰当的宣传有利于营造公证发展的舆论氛围、振奋公证人精神、总结公证发展的成功经验并消除公证发展的负面影响。公证品牌需要被推广，让更多的人认识、认知、认可公证，作为一种具有公信力的私力，公证的推广需要加强。推广方式可以学习私企的推广方式，但需谨记公证的最终目的是人民的法律需求服务，而并非是盈利。

（一）鼓励传统宣传与信息化宣传相结合的宣传方式

就公证行业而言，公证宣传的最终目的是为满足当事人的法律需求，提升公众对于公证的信赖度、认可度。对于公证这种特殊行业，不可单单只选择像广告、公关、销售这样的传统宣传方式，还需切实走进人民群众生活，在现实

生活中对公证进行宣传。①

公证品牌的宣传，从线上看，公证机构既可以选择传统的电视媒体、电视广告来对公证活动进行报道，也可以选择互联网等新型媒介（如抖音短视频、微信公众号等）进行介绍，通过这种线上的宣传，将公证的正能量广而告之。互联网时代，公证行业应当善于利用新媒体，从行业内部走向大众传媒，就社会热点、难点问题、行业动态、专业知识等方面发出自己的声音，获得媒体关注，取得公众认可。②与多媒体互动交流，让新闻报道、媒体成为宣传公证正能量的助推器。对参与的社会公益活动等内容进行多角度、多途径宣传，提高群众认可度。

信息化的现代宣传方式有其利弊，如抖音短视频、微信这样的新型媒介拥有传播速度快的优点，这也意味着负面消息的传播速度也是很快的。若公证机构采取这样的方式来对公证进行宣传，就需形成一套成熟的"危机处置"系统，在负面消息传播的第一时间，可以做出不回避、不拖延、依法依规、实事求是地回应，对出现的问题做出合理解释。公证机构需建立和完善属于自己的专业网站，充分利用好网站的自我宣传和网络沟通功能，做好专属于自身专业的网站的版面、专栏、专题等部分，在专属网站上做好公证法律宣传、公证案例宣讲等工作。通过线上的宣传可以有效提升品牌效果，加强人民群众对于公证的认可。

公证品牌的线下宣传，要在不断提高自身公证质量的前提下，采取走访式的实地宣传，送法进基层、社区、农村、企业、学校等人民群众聚集地，进入基层讲授公证的法律效力，将公证实际案例带入实践中。走入基层，将公证服务送入最需要的人手中，开展公证法律讲座，让公证人员切实体会人民群众的感受，成为法律宣传员和法律顾问，采取这样的实地宣传，最大的优势在于拉近了与公众的距离，实际了解人民群众的法律需求，将公证服务体系与社会需求相适应，进一步提升公证服务质量，也有利于维护公证处作为国家证明机构的尊严，为公证品牌的建设添砖加瓦。

（二）学习以销售方式和人际方式推广公证品牌

公证行业的"销售"就是为人民群众提供公证服务。公证人员提供高质量的服务，为人民群众排忧解难，人民群众依法给予公证机构和公证人员相应的劳动报酬，这就是公证的"销售行为"。任何一个品牌都是靠其固有的良好服

---

① 彭久华. 聚合品牌底蕴传播公证能量[J]. 中国公证，2013（08）：24.
② 马立飞. 浅议公证文化建设[J]. 中国公证，2018（08）：36.

务及优秀的产品质量而受到公众的欢迎和喜爱，公证也不例外。良好的公证服务质量将是公证品牌最好的代言人，公证机构应当不断提高服务质量，加深人民群众的公证服务获得感和满足感，提升公证在公众内心的地位，提供有质量有效率的公证工作，这是最有效果的品牌宣传。

人与人之间的直线传播方式是品牌推广的重要方式之一，在公证行业中，人际传播主要是在当事人与公证工作人员之间的面对面交流，进行公证业务办理的过程中，当事人通过公证人员的讲解咨询、办理操作、提供的其他服务等方面产生心理感受，并形成对公证处的评价和印象，这种评价和印象直接影响了公证处的品牌形象。[1] 当然，人际传播想要取得一个好的效果，最为重要的还是要保障和提高公证工作的服务质量，其关键是要提高公证人员的素质，公证员应在遵守公证人员职业道德规范的同时，不断提高服务于民的意识[2]。既要保障公证工作人员的尊严，也要有法律服务工作者的平易近人，让公众感受到公证法律效力的同时又能感受到公证的温暖。只有这样才能发挥人际传播的作用，给人民群众留下对公证的良好印象。

---

[1] 彭久华. 聚合品牌底蕴传播公证能量 [J]. 中国公证，2013（08）：25.
[2] 宋淑华. 用道德打造公证品牌 [J]. 中国公证，2001（12）：21.

第七章 公证管理文化

第一节 公证管理文化的内涵

在辨析公证管理文化的内涵之前，首先，我们要搞清楚公证管理工作的主要内容，当前公证管理工作主要包含司法行政机关的行政管理、公证协会的行业管理以及公证机构的内部管理三个部分。司法行政机关的行政管理与公证协会的行业管理，一般不关涉公证机构的具体内部活动，更多是一种宏观层面的管理。公证机构的内部自我管理属于微观层面的管理，是对本机构内部的人、物、事的制度化、规范化管理，涵盖公证机构的人员、财务、资产、收入分配、年度考核、责任追究等系列管理制度。在笔者看来，无论是行政管理还是行业管理，都是一种共性管理或外部性管理，这种管理是宏观的、指导性的，无法直接对公证机构的内部起到规范作用。而公证机构的内部自我管理，是公证机构立足于本组织的实际情况而实施的有针对性的特色管理，是一种自发的、主动的自我约束、自我规范，这种管理才是真正意义上的个性化管理。事实上，行政管理与行业管理的理念、政策等，也必须依靠公证机构的内部自我管理来发挥作用。若无公证机构内部管理的强化，光强调行政管理与行业管理，公证业务的发展只能是粗放的甚至低端的，最终会导致公证机构的发展越来越弱化，公证的社会作用也无法真正发挥。所以，笔者认为"由内而外"才是正确的提升路径，实现公证机构内部的科学化管理才是促进公证发展的最大内生动力，应该将其放在公证机构建设工作的核心地位，如此才能推动公证体制改革更好更快开展。既然如此，公证管理文化建设的着力点、关键点就是公证机构内部自我管理文化建设，所以本章研究的公证管理文化建设，限于公证机构内部管理所形成的管理文化，不涉及司法行政机关的行政管理文化与公证协会的行业管理文化的相关建设。

其次，要将公证管理文化与公证制度区分开来，二者完全是两个不同的概念。公证制度的内容主要体现在国家立法机关出台的一系列法律法规，是指对公证机构的设置条件、业务范围、公证员的任职条件、公证的程序、公证的效力等内容进行明确规定的制度规范，是对一系列公证活动的阐述与解释。公证制度是预防性司法证明制度，通过预先对相关法律行为和有法律意义的文书、事实的真实性和合法性给予认可，以实现其预防纠纷、减少诉讼的功能定位。这是公证与诉讼的最大区别，公证发生于纠纷产生之前，而诉讼发生于纠纷产生之后。公证具有的预防纠纷、减少诉讼的作用，能够有效地辅助民法、经济法等法律顺畅实施。公证制度是我国重要司法制度之一。而公证管理文化是公证机构为了自身运转能达到高效、顺畅的状态，为了促进公证活动更好地开展，在组织管理的过程中所形成的组织内部规范性文化，主要包括公证机构的财务、人事、后勤保障以及党组织建设等方面的内容[1]，该管理文化能够体现公证机构的整体事业理念，并且约束全体公证人员行为。科学合理的公证管理文化，应当既有刚性的制度管理又有柔性的调整手段，刚柔并济，通过两者的优势互补最大限度地提升公证机构的凝聚力、增强公证机构的竞争力。总而言之，公证制度是国家规定的、所有公证机构都必须遵守执行的规范，其约束力是普遍的、强制的、绝对的。而公证管理文化是每个公证机构主动的、自发形成的自我规范制度，其效力范围是有限的，仅涉及该公证机构本身与其工作人员，对其他公证机构不产生效用。

第二节　公证管理文化的作用

一、保证公证质量

公证质量是一切公证活动的中心轴。公证质量应该体现于公证机构为人民提供公证服务的过程中，更应该体现于服务的结果中，即体现在公证文书中，是过程与结果的双重追求。但是，受认识水平和成本控制等因素的限制，目前主要还是偏重于从结果角度评价公证的质量。公证质量是衡量一个公证机构服务能力、服务水平的重要标准，公证质量与公证机构的社会公信力呈正相关，且直接关系到公证改革成功与否。对于公证机构来说，公证质量也是公证机构赖以生存和发展的基础，公证质量高则竞争能力强，在业务竞争中才能更具优

---

[1] 张宇红．丁龙．打造公证文化新体系推动公证事业科学发展［J］．中国公证，2012（01）：13．

势。因此，进行质量监控是公证机构内部管理建设工作的重点之一。

建设公证管理文化，就是要为公证活动不偏离公证制度的创设目的，在正确的轨道上顺畅运行提供保障，使公证的质量"不掉线"，守住公证的"生命源泉"。加强公证管理文化建设，能够对公证工作在证前、证中、证后进行全方位的质量监管，形成系统的质量管理制度和质量管理流程，在办证环节、调查核实环节、审批环节、质量监督环节、风险评估与监控环节形成良性循环。另外，公证质量标准并不是一成不变的，它是动态发展的，要以社会需求为导向，随着社会的发展而做出相应的调整。所以公证质量管理也应该是一个动态变化的配套的系列制度建设。良好的公证管理文化，使公证机构在不断开拓新业务、增加业务量的同时能够兼顾公证质量管理，使公证机构的经济利益与公证的社会效果保持平衡。

二、提高公证的社会认知度

与其他国家司法机关如法院、检察院相比，公证机构的社会认知度还处于较低水平。我国公证起步较晚，且发展初期不具备独立的公证组织体制，公证事务主要由法院承揽。客观历史因素导致了公证的社会认知度不如其他司法机构。经过多年的发展完善，公证具有了独立的组织体制并且公证业务范围也更加广泛，满足了人们社会生活各方面的公证需求。但是就目前的情况来看，公民对公证制度仍然缺乏足够的了解，部分公民由于不了解公证甚至对公证产生了抵触心理。办理过公证手续的公民对公证有所了解，但从整个社会层面来看，更多的公民只是"听说过、知道"但没有真正接受过公证服务。许多公民不清楚公证的性质、作用以及公证的范围，以致在社会生活中不知道通过办理公证来预防纠纷、减少诉讼，也存在想要公证而不知道如何公证的情况。随着公证体制改革，人们对公证处产生了姓"公"还是姓"私"的疑问，有的还产生了"只要给钱，想公证什么就能公证什么"的错误认识，有的还认为进行公证没有用，不能起到预防纠纷的作用，更甚者认为公证机构，就是借着公权力的旗号赚老百姓的钱，从根本上质疑和否定公证机构的服务性和公益性。加强公证管理文化建设，建立完备的公证行为规则体系，对公证活动的各环节进行严格把控，有利于避免公证错误以及公证腐败的发生，从而确立公证权威，形成正面的、积极的社会认知，使民众对公证产生"权威认同感"与信任感[①]。

---

① 卓廷华. 论公证的社会认知 [J]. 中国公证，2004 (11)：19.

三、增强公证机构凝聚力

所谓凝聚力，就是组织对个体以及个体与个体之间的吸引力，是我们意识层面的东西，在组织建设中有着举足轻重的作用。凝聚力因组织而产生，组织因凝聚力而得以维持，二者不可分离。凝聚力具体表现为组织拥有共同目标、成员相互依赖合作、共同承担责任等组织特征。因此，在公证机构组织建设、管理建设的布局中，凝聚力建设是重中之重。建设公证管理文化是增强公证机构凝聚力的有力途径，有利于为公证行业的发展提供持续的内生动力。建设公证管理文化，使组织内部保持融洽的氛围，能够在一定程度上激发公证从业人员的职业认同感与使命感，提升公证从业人员对自身职业的认同感与自豪感，如此有利于增强整个队伍的团结合作精神和团队向心力，使全体公证人员形成共同的思想基础和价值追求，能够自觉自愿地去遵守它、实践它、维护它，从而最大程度上激发整个公证行业的活力与潜力。[①] 凝聚力使公证人员对公证机构产生认同感和归属感，从而自觉遵守公证机构的各项制度，自觉维护集体的荣誉，并且充分认识团队对自己的重要性，在组织中找准自己的定位，将自己的命运与团队命运相结合，休戚与共。同时凝聚力也会增强公证人员的责任感，使公证人员能够自我约束与自我监督，从而认真负责地对待自己的每一项任务，尽心尽力做好每一次公证服务，并乐于为团队发展尽最大努力。

四、形成有序竞争

《公证法》第六条规定了公证机构"不以营利为目的"的本质属性与本质特征。"不以营利为目的"说明公证机构不同于企业等营利性组织，不把谋求利润作为自己一切工作的出发点或归宿。但是，不以营利为目的不等于不能营利，2000年《关于深化公证工作改革的方案》中规定，改制后的公证机构统一参照企业缴纳营业税和企业所得税。公证机构的正常运作需要人、财、物的投入，在既没有国家补贴，还得纳税的情况下，公证机构营利是现实需要。改制后的公证管理机构，其经费来源主要是公证服务收费，且在实行提成制的公证机构，公证员的收入与业务量挂钩，这就使得公证机构带有了一定程度上的市场化色彩，而市场化就意味着竞争。执业范围相对固定、公证案源相对稳定且带有萎缩倾向的现实情况会进一步加大公证机构之间以及同一公证机构内的公证员之间的竞争。建设公证管理文化，能够避免公证机构以及公证员为争揽

---

① 陆建明. 公证文化建设初探[J]. 经济技术协作信息，2017（16）：16.

业务采取相互压低价格、相互诋毁的不正当竞争手段，避免造成公证公信力下降、公证形象坍塌以及业务萎缩。良好的公证管理文化可以有效地遏制恶性竞争，使公证机构能够通过提高公平自信、提升服务水平、优化服务等合理方式来增强自身的竞争能力[①]，而不是走"歪门邪道"。另外，良好的公证管理文化可以使公证人员认识到，在社会主义市场经济体制下，各自为营、单枪匹马的工作模式已经不能适应社会需要了，团队作战才能生存与发展。只有牢固树立团队精神，加强公证机构成员的相互协作，才能提高公证服务能力，从而提高整个公证机构的市场竞争力。

第三节 我国公证管理文化的历史及现状

一、我国公证管理文化的历史

公证管理文化不是一个完全独立的存在，不能将公证管理文化与公证制度割裂开来。公证管理文化的最终目的是为了促进公证制度的贯彻落实，为了更好地发挥公证的作用，实现公证对于社会生活的价值。公证管理文化必须与公证制度相匹配，因此公证管理文化的样态变化也必然应当与公证制度的沿革亦步亦趋。

（一）人民法院职能时期

新中国成立初期，我国公证机构并未实现根本独立，在组织上仍然是依附于人民法院。1951年9月，中央人民政府委员会颁布了《中华人民共和国人民法院暂行组织条例》，规定由县级人民法院和中央及大行政区、直辖市人民法院管辖公证及其他法令所规定的非诉事件，该条例明确将公证划入了法院的职能范围。随后，一些地方法规的陆续出台，为建立独立的公证组织提供了法律基础和法律依据，使得公证机构在我国大中城市及县级城市相继建立，并开始办理公证业务。这一时期正处于国民经济恢复与第一个五年计划期间，顺应社会发展，公证机构主要办理有关国家机关、国营企业、私营工商业者之间所签订的经销、订货、代销、加工等各类经济合同的公证业务，充分服务于国民经济恢复以及第一个五年计划。

---

① 赵志红. 对新时期新阶段公证管理模式的思考[J]. 中国公证，2013（09）：30.

(二) 国家司法行政机关时期

公证机构依附于法院的这一情形历时较短，1954年9月21日，第一届全国人民代表大会第一次会议通过了《中华人民共和国人民法院组织法》，标志着公证的发展进入了全新的阶段。公证业务正式脱离法院，转由司法行政机关负责，并由其正式开始筹建国家公证机关。从此，公证不再是法院职能，而演变为由国家司法行政机关负责，开始了统一的国家行政机关时期。但是，这一时期不仅没有一帆风顺，反而成为现代以来我国公证机构发展历史中最跌宕起伏的一段时期。脱离法院系统由司法部管理后，公证机构的发展呈现良好的态势，1956年司法部颁布了《关于公证业务范围的通知》，做出了公证机构扩大业务范围的指示，要求各地公证机构在原有业务范围的基础上，还要加大力度办理有关公民权利义务关系方面的业务。从此，遗嘱、继承、收养、房屋不动产权、买卖合同、死亡、亲属关系等也被纳入了公证的业务范围。1959年9月司法部被撤销，作为司法部的下级司法行政机关也深受影响，公证业务基本停滞。公证陷入了长达二十年的空白时期。

直到1979年，司法部恢复重建，公证才再次迎来了曙光。1980年3月，《关于公证处的设置和管理体制问题的通知》出台，确立公证处归属司法行政机关领导，公证工作重新由司法部负责，标志着我国公证走出低谷，全国范围内开始恢复办理公证业务，整个公证事业得到迅速恢复和发展。1982年4月，国务院颁发了《中华人民共和国公证暂行条例》，明确规定"公证处是国家公证机关"，以法规的形式正式确立了公证处的国家司法行政机关的法律地位，我国公证事业进入了全新的发展时期。

(三) 行政体制、事业体制、合伙制并存时期

1993年11月14日，十四届三中全会在北京召开，会议通过了《中共中央关于建立社会主义市场经济体制若干问题的决定》，赋予了公证机构市场中介组织的定位，拉开了我国公证体制改革的序幕。从1994年起，我国部分市、县的公证处开始试行事业管理的模式，或直接将公证处从行政单位性质改为收支自理的事业单位、差额拨款的事业单位、全额拨款的事业单位。进入21世纪，我国社会主义市场经济体制建设取得了显著成就，并对公证机构提出了新的要求，为使公证机构与社会主义市场经济体制相适应、相接轨，司法部向国务院办公厅提交了《关于深化公证工作改革的方案》，方案中要求将现有的行政体制的公证处尽快改为事业体制，成为执行国家公证职能、自主开展业务、独立承担责任、按市场规律和自律机制运行的公益性、非营利性的事业法人，此方案最终于2000年7月31日批准通过，公证体制改革全面推广。在改革的

过渡时期，对于偏远、贫困地区以及近三年人均业务收入不足3万元的公证机构采取灵活政策，允许其可以暂时保留原有行政体制不变，但应实行事业单位的管理模式和运行模式。同年9月，司法部又出台了《关于贯彻〈关于深化公证工作改革的方案〉的若干意见》，提出进行合作制、合伙制公证处试点。2005年8月28日，第十届全国人大常委会第十七次会议通过了《中华人民共和国公证法》，该法第二章第六条规定"公证机构是依法设立，不以营利为目的，依法独立行使公证职能、承担民事责任的证明机构。"正式确定了我国公证机构的性质和法律地位。

二、我国公证管理文化的现状

2017年7月13日，《关于推进公证体制改革机制创新工作的意见》出台，明确规定"现有行政体制公证机构2017年底前全部改为事业体制；事业体制公证机构的编制管理、人事管理、收入分配机制不断健全完善；合作制公证机构试点工作稳步推进。"在司法部的统一部署下，时至2018年，我国公证机构改制的任务基本完成，全国行政体制性质的公证机构基本全部改为事业体制。进行公证体制改革，将公证机构由原有的行政体制改为事业体制模式，是期望事业体制的公证机构比行政体制的公证机构能更具活力，能够进一步发展壮大，从而更好地为自然人、法人、社会组织的公证需求服务。

但是现实情况是，公证机构虽然改为了独立事业法人，但仍然受制于地方各级财政、人社部门的一般事业单位管理方式，缺乏自主权。在用人方面，公证机构编制实行备案制，但备案制是改革中的新生事物，中央层面没有具体的规定以至于缺乏可操作性，地方编制部门仍然按原规定核定编制，公证机构需要招录在编人员只能通过人社部向社会公开招考，需要招录辅助人员也基本按照政府购买服务的形式进行，总之公证机构的用人自主权难以落实。在收入分配方面，在编公证人员的工资均按一般机关事业单位的工资政策核定，并且随着2018年底事业单位车改方案的出台，事业编制的公证人员没有了原有的交通补贴、政法津贴，每年的综合目标考核奖数额也有所下降，如此一来基层公证人员的福利待遇大幅减少，其价值无法体现，严重影响了公证人员的工作积极性。另外，部分公证处为调动公证人员的积极性，实行绩效工资，将公证业务量直接与公证人员的工资挂钩，结果却导致了公证机构内部的无序竞争。在财务支出方面，公证机构虽然属于独立法人，实行自收自支的企业化管理模式，但是其财务支出受到机关事业单位财务规定的限制，无法适应公证行业需要激励公证人员拓展业务的特殊性[①]。

公证体制改革后,公证机构的体制变得多样化,全国公证机构出现了不同体制并存的局面。各地公证机构立足于自身实际情况,制定了个性化的管理制度,由此出现了管理文化的多样性。有的公证机构保留了改制前的管理方式,有的采取宏观管理模式,有的虽然管理方式相同但在内容和程度上存在差异。改制后,公证员的业务收入提成比例、收入标准等都备受争议,无法确立统一标准,增加了公证管理的难度。

第四节　目前我国公证管理文化建设存在的问题

一、对公证管理文化建设重视不足

发展理念是一个公证机构前进的灯塔,然而部分公证机构在发展理念方面还没有树立正确认识,仍然把公证收费数额和业务总量的增长作为衡量公证机构发展情况的主要甚至是单一指标。诚然,收费数额和业务总量与公证发展有着密切联系,但值得注意的是,公证充分发展必然会带来收费总额与业务数量的增长,但是反过来结论却未必成立,即收费数额与业务数量的增长与公证机构本身的发展不能画等号。多年来,全国公证机构办证总量与收费总额都有了大幅增长,但是与之伴随的不是人民的赞扬与肯定,而是各种质疑与负面评价。在追求数量与收费增长的发展理念下,公证的相关问题越来越凸显、越来越严重,各种负面事件不断挑战、削弱公证的公信力。虽然司法行政机关和公证协会持续倡导加强公证管理文化建设,公证机构也响应号召,实际开展了一些工作。但是,由于发展理念一直未得到根本转变,导致公证机构不能在思想上深刻认识和理解公证管理文化建设的重要性,公证管理文化建设未受到足够的重视,公证机构整体上仍然呈现重业务、轻文化的精神状态与工作模式,公证机构的工作主要围绕公证业务展开,未能将公证管理文化建设纳入基本工作范畴。公证管理文化建设存在观念淡薄、形式单一、载体不够等突出问题,公证机构开展相关管理文化建设活动停留于表面,只是为应付上级的要求的短期应景行为,甚至仅表现在书面汇报以及口号上,使公证管理文化建设沦为形式,未得到真正的贯彻落实。从公证员个人层面来讲,公证管理文化建设与自

---

① 王云东. 关于公证机构体制改革机制创新若干问题的思考[J]. 法制博览, 2019 (12): 157.

身业务水平的提高关系甚微，也不能直接带来经济效益，因此公证员个人对公证管理文化建设缺乏积极性与主动性。公证员个体对公证机构而言就像是支撑机器运作的一个个小齿轮，公证员个体缺乏对公证管理文化的意义的认识，自然就会对整个机构的公证管理文化建设带来消极影响。

二、对公证管理文化建设的定位不明确

长久以来，我国公证机构都没有公证管理文化的概念，缺乏对公证管理文化的正确认知，将管理简单地等同于"上行下效、上令下从"，往往将公证管理文化建设看作是对公证人员的管理手段，或者只是把公证管理文化建设等同于开展思想政治教育、业务学习和业务活动，公证管理文化建设从属于、服务于公证业务工作，而没有明确的目标和定位。公证管理文化的独立价值被忽视，这就导致公证机构在公证管理文化建设的过程中不走心、不重视，流于形式，往往引起公证人员的反感，不仅没有达到管理文化建设应有效果，反而还产生了负面效果。在管理体制与业务指标的双重压力下，盲目追求办证数量和收费数量的价值取向逐渐浮出水面。

公证机构的管理者在公证管理文化建设中居于主导地位，起主导作用，管理者的行为方式很大程度上决定了管理文化的形式，并对管理文化的发展产生重大影响。对公证管理文化建设的定位不明确，本质上来说就是管理层对公证管理文化建设的定位不明确，民主化程度再高也无法抹去职位层级的区分，下级往往视上级为领头羊，这也是历来强调管理层要以身作则、率先垂范的原因。公证机构的管理阶层习惯了传统的管理方式，原有的管理思想根深蒂固，一时间难以快速转变思想以适应新时代的要求，甚至某些管理者把公证管理文化建设视为"麻烦事儿"，对创新公证管理方式有所抵触。

三、公证管理文化建设受到不正当竞争的阻碍

对于任何行业来说，不正当竞争都具有不可估量的破坏力，直接危害到其生存与发展。公证行业的不正当竞争表现为公证机构、公证从业人员违反《公证法》《反不当竞争法》等法律法规以及职业道德、社会公德等，采取不正当的途径或手段进行业务竞争，损害其他公证机构以及其他公证人员的合法权益，扰乱公证行业的服务秩序，损害行业的整体利益。公证机构改制后，市场因素、竞争因素等被引入了公证行业中，公证业务量直接与公证员的薪资挂钩，并且直接决定了公证员收入的高低。受利益驱使，公证行业中不正当竞争的现象频频发生。不正当竞争的具体表现形式有多种，在证源取得上主要是利

用各种特殊关系来拉业务、划地盘，或者采用返还收费、给回扣等方式来承揽业务；在业务收费上通过打价格战的方式来争夺客户资源，往往不按照规定收费，随意降低收费标准，一旦通过不正当的手段垄断业务项目后又随意抬高价格；在对外宣传上通过抬高自己贬低别人的手段抢业务，甚至同一个公证机构内部人员也存在拉帮结派、搞小团体的情况。不正当竞争破坏了组织内的和谐有序，有时候还会引发同一公证机构工作人员之间以及公证机构之间的敌对、冲突与纠纷。公证管理文化建设追求和谐友爱的集体氛围、工作作风，而不正当竞争恰恰使公证机构内部关系紧张，与公证管理文化建设形成反效果，严重阻碍了公证管理文化的建设。另外，不正当竞争使得争夺业务成了公证人员的唯一关注点，不利于调动公证人员参与公证管理文化建设的积极性与主动性。公证人员是公证管理文化建设的主力军，若缺乏公证人员的积极参与，公证管理文化建设必定举步维艰。

第五节　公证管理文化的建设

一、落实公证机构的自主管理权

在坚持深化"两结合"（行政管理与行业管理相结合）管理体制的同时，应当给予公证机构足够的自主管理权，以满足公证机构激励其公证人员的特殊需要，充分激发公证机构的活力。有了一定的自主管理权，公证机构可以根据社会需求的变化及时调整工作模式，灵活地回应群众社会生活的法律需求。

第一，赋予公证机构人事管理方面的自主权。完善公证员备案制的顶层设计，将备案制具体化、可操作化。赋予公证机构自主招聘权，可使公证机构改制后公证员缺乏的问题得到有效缓解。有必要时，应当允许公证机构对于高层次、骨干型、紧缺型人才实行差别化的待遇，即突破编制、突破级别、突破资历来招人、用人并给予相应的待遇和地位，实施有差别的收入分配机制。

第二，允许公证机构实行企业化财务管理制度。我国法律对事业单位的企业化财务管理制度还没有明确规定，笔者认为，根据中央四部门（司法部、中央机构编制委员会办公室、财政部、人力资源社会保障部）关于公证机构改革的意见，对于经费自收自支、纳入税收管理的公证机构可以采取企业化财务管理制度，其国有资产同时纳入同级国有资产监督管理部门监管，财务制度执行企业会计制度进行核算，不再执行机关事业单位的财务制度，由公证机构参照

国有企业的规定自主分配。

第三，深化公证机构收入分配制度改革。以往行政体制的公证机构实行薪酬制，公证员在就职前收入就已经基本确定，且会长期维持在一个固定的水平。固定的薪酬制意味着"干多干少一个样"，容易使人产生惰性，不思进取，导致整个公证行业效益低下，机制僵化。为推进公证体制改革的进一步深化，公证机构应当推进建立健全绩效工资分配激励机制，使其工资分配符合公证机构的公益属性和社会功能，体现按劳分配、多劳多得的要求。同时还应当赋予公证机构在核定的绩效工资总量下自主分配的权力。"效率优先、兼顾公平"，只有理顺了公证机构内部各种收入分配的关系，才能最大限度地激发公证人员的工作积极性与主动性。

二、突出以人为本的理念

细观公证机构传统的管理模式，均是围绕"物"展开，往往采取命令式的强硬管理手段，缺乏对"人"的关注，这不利于调动公证员的积极性和主动性，对公证机构的凝聚力和向心力有所损害。进入21世纪后，随着发展模式与发展观念的改变，人的主体意识与主人翁意识逐渐增强，全社会也逐渐认识到"人"才是一个组织发展的关键因素，所以以人为本的管理模式被许多企业、团体、组织机构广泛采用，《公证法》中也蕴含了"以人为本、服务为民"的思想理念。突出以人为本的理念，就是要强调公证人员注重自我价值，做到自我管理，从而提高公证人员的工作热情与服务质量。公证管理很大一部分内容是对人的管理，因此必须树立以人为本的服务思想，建立平等、和谐的人际交往关系网，妥善协调机构内部各方面的利益关系，形成管理有序、充满活力的创新机制，这是公证管理文化建设所要实现的公证机构管理模式。以人为本就是要尊重人、关心人、激励人，在维护组织利益的同时最大程度地满足人的合理需求，充分挖掘人的潜力、施展人的才能，只有这样才能使全体成员保持最佳的工作状态，实现最优工作绩效。公证工作是一种知识型、服务型的职业，实质上是将知识成果转化为服务产品，其本身就具有人本位的属性。在公证行业众多的资源中，人才资源当属第一位，公证队伍本身是由高素质、高水平的专业人才组成，他们的人格需要被尊重，而且他们具有更大的潜力可以激发、挖掘，能够开发出更多的才能。因此，建设公证机构的自我管理文化，必须突出以人为本的理念，体现公证机构的人文关怀，这是推动公证事业发展的必由之路[①]。

三、建立民主管理机制

传统的硬性管理讲求绝对权威、绝对服从，即不管组织的其他成员尤其是下级基层员工的意愿如何，上级的指示就是命令，下级没有反对的权利、没有异议的权利，能做的只有执行。在这样的管理制度下，组织的成员不敢也不能自由地表达自己的想法。随着民主思潮的兴起，民主管理被引入了企业、事业单位、社会团体等组织中，民主管理成为一种管理艺术。民主管理不同于传统的绝对权威绝对服从的管理，民主管理能够使被管理者意识不到自己正在被管理，而事实上积极接受了组织的管理。民主管理不会对被管理者施加强制管理的压迫感，所以不会引发被管理者的抵触与反抗。因此，建设公证管理文化的过程中应当建立民主管理机制，保障机构内的工作人员拥有参与管理、参与决策、参与监督的权利，确保公证机构能够科学合理决策，制定符合机构利益的发展战略。民主管理可以集中民意、发挥民智，让公证机构的决策更加科学合理，减少决策失误对公证机构的负面影响。民主管理提倡和鼓励全体人员参与机构重大事项的决策，有利于增强每一个成员的主人翁意识，强化归属感和认同感，让决策的过程和结果都能够符合成员的心理预期，从而增强其执行决策的积极性和自觉性，使决策能够更加顺利地执行。同时，民主管理会促使成员对公证机构的组织建设、执业活动、质量控制、内部管理等情况进行监督，有效预防公证机构主要负责人搞"一言堂"，减少权力寻租的机会，更好地维护组织的整体利益。

四、加强柔性管理

过去的相关制度一般偏向于权责明确、违规重惩的刚性制度，首先需要将管理制度柔性化，以适应柔性管理的开展落实。利用制度进行辅助，充分体现柔性管理的人性化，以舒缓公证人员的工作压力。比如，建立弹性化的工作制度、营造和谐积极的工作氛围，为公证人员积极工作提供一定的制度基础与环境基础，有助于他们实现工作与家庭之间的平衡，做到"两不误"。再如，实现弹性的工作时间与大额工作量的分担工作等，通过科学的制度设计来实现工作目标的合理责任分配，完善对公证人员工作绩效的检校。确定各岗位员工的职责，使岗位工作人员明确分工，对于工作目标更加清晰化。同时细化完善对

---

① 王惠荣. 坚持以人为本理念，实现公证管理创新[J]. 中国公证，2006（08）：16-17.

员工的工作质量考核，用可量化的工作业绩作为衡量员工能否胜任工作的标准，在充分发挥员工的能力的同时，又能方便管理阶层的管理与考核工作，从而形成保证员工积极工作的用人机制，并且保证在职员工的专业性。实现最大化的使用人才，做到人尽其才，发挥出人才的最大能力，因此合理运用人才是管理人员的一大利器。同时随着社会的发展，管理者也要转变传统观念，检校工作绩效是为了改进员工的缺点、使其学习提升，检校工作本身不是目的，而是以此为手段，发现不足、改进不足，更好地实现发展目标。

制定科学的激励机制。美国杰出心理学家斯金纳提出，惩罚一般是通过附加负强化物，厌恶性刺激或者消除正强化物来使人的行为受到抑制，减少行为出现的概率；令人厌恶的刺激尽管是需要的，却会引起许多不良情绪反应，包括躲避或者报复倾向，并且使人忧虑，惩罚虽然具有立竿见影的效果，但是从长远来看，其降低了团体的工作效率和满意度。诸如惩戒措施的硬性管理机制固然需要，但这只是管理所需的一种手段，只有不同的管理方式相辅相成才能真正达到管理的目的。科学的激励机制正好可以克服硬性管理机制存在的问题。人作为社会的一分子，其行为往往受到外在与个人相关因素的影响，也即是说发挥工作积极性与自主性的程度是时刻变化的，要想使工作人员完美地完成工作任务，就要注重对管理方式的改进。柔性管理以以人为本为核心，通过建立柔性化的激励机制和管理机制，根据工作人员的需求适时进行物质或精神的奖励，通过肯定其工作能力，调动员工的工作积极性①。

柔性管理还要求增强制度执行的灵活性。正所谓"制度是死的，人是活的"，制度的执行也必须学会"审时度势"，这里的"时势"指的是不同情形下如何处理才更为合理。任何事物都不是绝对的，同样的事物在不同的情况下会产生不同的衡量标准。制度是针对大多数情况的一个普遍性规定，但是也存在例外情况，特殊情况特殊处理体现了制度执行的灵活性。但是，这种灵活性不是任意的，必须要有明确的限定，不得随意扩大，否则制度就如同虚设②。

五、加快信息化建设

当代社会是信息化社会，社会的信息化正在以不可思议的速度和效率改变社会的价值观、行为模式、工作方法、管理手段。以习近平同志为核心的党中央准确把握时代的潮流，立足我国互联网的发展与治理实践，围绕什么是网络

---

① 郭乾阳. 探析柔性管理在公证管理中的应用 [J]. 法制与社会, 2019 (04)：168.
② 李宏波. 浅谈公证制度文化建设 [J]. 投资与创业, 2012 (12)：71.

强国、怎样建设网络强国提出了一系列新思想、新观点、新要求，我们要深刻领会党的十九大报告中关于建设网络强国、数字中国、智慧社会的重要精神，加快公证信息化建设步伐，与时俱进提升服务，积极拓展网络服务空间，为公证事业发展加油提速。

2017 年 7 月，熊选国副部长在"部长话公证"系列讲堂中指出了公证信息化建设存在的三大问题：一是公证行业管理信息化程度不够高；二是公证业务数据的信息化进展不够快；三是公证行业内部、公证行业与其他部门之间的信息沟通、信息共享和信息协作远远不够。目前公证信息化还比较落后，必须集中力量大力推进。公证业务数据和信息是一个"富矿"，加快信息化建设，充分挖掘这些"富矿"的作用，对于公证事业的发展将会是一大助力。

必须加强公证执业信息平台的建设，积极推进公证行业信息数据的共享。在行业内部加强资源共享对行业发展来说具有重要意义。公证相关法律法规、公证人员执业规则制度和业务收费标准等资源的共享，有利于提高公证工作的透明度，提高公证服务的标准化和规范化，同时便于公众对公证活动进行监督。另外，借政府"放管服"改革东风，在全国层面建立与公安、法院、民政、住建、外事等执业关联部门的数据交换与对接机制和平台，有针对性地共享婚姻、房产登记、征信、档案等相关信息，通过内外部信息互联共享，进一步减轻当事人调查取证的办证负担。当事人无需亲自前往各个机构收集办证所需的材料，只需要提供基本的证明材料，公证机构就能根据当事人提供的资料，快速完成资料查阅、证据搜集、调查核实等办证事宜，既方便了当事人简便办证的需求，又方便了公证机构顺利、高效地开展公证服务。进一步完善在线受理申请服务功能，使更多的公证事项能够实现咨询、申请、受理、缴费、审查、审批、出证全流程网上办理，并推行向当事人邮寄公证书的配套措施，实现足不出户就能办理公证，极大实现利民、便民。为保障公证信息化工作的顺利推进，各地须加大对信息化建设的人、财、物投入，建立专门的信息化管理部门，聘用专业的工作人员，负责公证信息化的具体规划、应用更新、管理维护等工作，加快普及电子印章、电子签名、电子卷宗等技术，为更多网上办理公证提供技术保障。

第八章 公证价值文化

第一节 公证价值

一、公证价值文化概述

价值文化属于公证行业文化精神层中至关重要的一项内容。公证人对价值的认知形成了公证行业的道德观念、价值准则、职业操守和精神气质等，统称为价值文化，其目的是使公证人在内心树立法律至上和慎独自律的精神，遵从、敬重公证行业的职业道德和职业操守，由此形成公证行业特有的职业精神和职业气质[1]。价值文化涵盖的内容包罗万象，不能简单地概括。本章将价值文化的外部要求与内在表现作为切入点，对公证价值文化进行剖析，对公证价值文化有更为全面的认识。其中外部要求是指社会对公证制度的价值要求，表现为公证价值；内在表现体现公证行业、公证机构、公证人员在公证事业中的自我要求与表现，主要表现为公证价值观。价值与价值观是两个不同的概念，分属于两个不一样的范畴，其内涵与外在表现均有差异，但是两者相互交融共同构建成公证价值文化体系。

二、公证价值

价值属于关系范畴，从认识论上来说，是指客体能够满足主体需要的效益关系，是表示客体的属性和功能与主体需要间的一种效用、效益或效应关系的哲学范畴。[2] 公证价值，是公证制度对社会的作用，是指公证制度能够确保公证机构在公证过程中发挥其本身所固有的满足价值主体需要的属性，也就是指

---

[1] 常承科，李宏波. 公证精神文化建设的构想与尝试 [J]. 中国公证，2012 (1).
[2] https://baike.baidu.com/item/%E4%BB%B7%E5%80%BC/12756903?fr=aladdin

公证基于其属性发挥其功能与作用的理想状态，它体现公证对价值主体的某些效用，也反映公证与价值主体之间的"价值关系"。① 公证是我国法律制度的重要组成部分。公证机构作为依法独立履行法律职责的证明机构，公证机构法律制度应该和各部门法具有共同的价值取向，这是由法律制度价值选择的普遍性决定的。公证的价值，是指公证本身所固有的满足价值主体需要的属性，它体现公证对价值主体的某种效用。公证的价值目标是在平衡国家、社会公共利益的基础上，满足当事人的公证法律服务需求，通过非诉讼的方式，对既存法律行为、有法律意义的事实和文书，依法进行真实、合法的判断，从而实现预防纠纷或者提供符合法律程序的证据，以便于查清事实，提高诉讼效率，保障社会公共利益和当事人合法权益。公证价值主要表现在以下几方面。

（一）实体公正

在我国法理学研究中，实体法主要是指符合特定法律对具体的法律权利义务的规定。在法律体系的框架下，公证机构在坚持实现公证价值理念的同时，需坚持实体公正。实体公正即为结果的公正，达到公证结果的公正，就要求公证员依据我国现行法律、法规及个案事实，独立办理公证事务，不受其他单位、组织、个人的非法干涉，让社会公众在每一个公证案件里都感受到公证机构的不偏不倚、公平正义。实体公正就是要求公证机构以法律为准绳，最大限度地保障法律的正义得以实现，如违反法律将会导致公证书的无效。《公证法》第三十九条指出"公证书的内容违法或者与事实不符的，公证机构应当撤销该公证书并予以公告，该公证书自始无效"。一般而言实体公正应当具备以下两个要素。

1. 事实认定符合客观真相

公证就是"对民事法律行为、有法律意义的事实和文书的真实性、合法性予以证明的活动"，公证制度的一个核心要素就是"真实性"，只有事实的认定与客观真相相符，才能使得后期出具的公证书最大程度上是真实客观的。要达到这一目的，就要求公证机构与公证人员在开展公证工作过程中保持其客观中立性，《公证法》规定："公证机构办理公证，应当遵守法律，坚持客观、公正的原则""公证机构是依法设立，不以营利为目的，依法独立行使公证职能、承担民事责任的证明机构。"一方面，公证机构依照法律独立行使职能，不受行政机关、社会团体和个人的非法干涉。另一方面，公证机构以自己的财产对

---

① https://baike.baidu.com/item/%E5%85%AC%E8%AF%81%E4%BB%B7%E5%80%BC%E8%AE%BA/12576684.

外承担责任，国家不对错误的公证结果承担赔偿责任。公证机构独立行使公证职能是大众认可公证的重要前提。

2. 公证结果符合实体公正

公证结果就是公证机构出具的公证书，学界认为"公证书是特殊法律效力的司法证明书，是司法文书的一种"，这也从一个侧面反映了对公证书司法效力的认可。公证书具有法律意义，并会发生相应的法律效果，如果公证书违反了国家的法律法规、社会公序良俗，则必然会导致公证无效。结果符合实体公正，要求公证员在办理公证时必须在严格遵守法律法规规定的基础上正确使用法律，从而办理公证事务。正确使用法律，一方面要求公证员应当正确理解法律，只有严格按照法律法规的规定办理公证才能使公证书体现出公正的价值理念；另一方面要求公证员秉持公平正义之心办理公证事务——这正是公证区别于律师制度的核心要点，公证员应当是客观中立的。

（二）程序公正

习近平总书记指出："完善司法制度、深化司法体制改革，要遵循司法活动的客观规律，体现权责统一、权力制约、公开公正、尊重程序的要求"。[①] 程序公正是对公证办理过程的要求，《公证法》规定："公证……依照法定程序对民事法律行为、有法律意义的事实和文书的真实性、合法性予以证明的活动。"公证事项的办理是有严格的程序要求的，公证程序公正就是要求公证机构及其公证员的公证服务活动按照法律规定的程序进行。1982 年国务院颁布《公证暂行条例》对公证程序进行了较为笼统的规定，随着经济社会的发展，该条例的规定不能满足社会公证需求，司法部于 2002 年颁布了《公证程序规则》，对公证事项办理进行了规范。2005 年《公证法》颁布后，原《公证程序规则》中的部分内容已不能符合《公证法》的相关规定，2006 年司法部修订了《公证程序规则》，对公证相关的程序进行进一步完善。值得注意的是，修订后的《公证程序规则》也已经不能满足当前社会经济的需求，因而在 2019 年，司法部再次启动《公证程序规则》的修订程序，并发布了修订征求意见稿。从该意见稿来看，在确保公证程序的严格性的基础上，体现出更多的便民、利民理念。

（三）公证效益

社会管理，英文名称 Social administration，主要是政府和社会组织为促进社会系统协调运转，对社会系统的组成部分、社会生活的不同领域以及社会

[①] 习近平. 习近平谈治国理政（第二卷）[M]. 北京：外文出版社，2017.

发展的各个环节进行组织、协调、指导、规范、监督和纠正社会失灵的过程。① 公证作为司法制度的一员，在社会管理过程中有着重要地位。公证效益就是公证在社会管理中所体现的价值，包括以下几点。

1. 预防纠纷

《公证法》第一条规定："为规范公证活动，保障公证机构和公证员依法履行职责，预防纠纷，保障自然人、法人或者其他组织的合法权益，制定本法。"由此可见，"预防纠纷"在公证价值中的重要作用。根据我国《公证法》第十一条、第十二条的规定，公证机构的主要基本业务包括合同、继承、赠予、遗嘱，财产分割、招标投标、拍卖、收养、保全证据、法律、行政法规规定由公证机构登记的事务、提存等，公证在办理上述业务时都是在行使一种纠纷预防职能。

公证机构对遗嘱、继承、赠予、收养等家事法律关系办理公证，能够减少家庭纠纷的出现；家庭是社会的组成细胞，家庭和谐对维护社会稳定有积极作用。公证机构对合同、招标投标、拍卖、保全证据、提存办理公证，都是在纠纷发生前办理，对于纠纷的预防效果显著。例如，对合同进行公证可以确保合同的合法性，同时可以督促当事人按约履行申办公证的事项，保障各方当事人的合法权益，从而减少纠纷。对债权文书赋予强制执行效力公证，一方面可以确保债权债务的真实、合法、有效，促进经济的发展；另一方面，一旦债务人、担保人不履行或不适当履行债权文书约定的给付义务，债权人可以直接依据公证机构出具的执行证书向有管辖权的人民法院申请强制执行，不再经过诉讼程序，可以节省司法资源。因此对债权文书赋予强制执行效力的公证办理，一方面可以督促债务人、担保人按约履行义务，减少纠纷的发生；另一方面，即使纠纷出现，债权人的权益也能及时得到保障，不必再经过烦琐的诉讼程序。对招标投标、拍卖进行公证，一方面是对行为过程合法性、客观性进行确认，确保招投标、拍卖行为符合法律法规的规定并按照招投标公告、拍卖公告预先制定的规则进行，从而维护各方当事人的合法权益；另一方面，也是对招投标、拍卖结果的真实性、公平性、客观性进行确认，让参与招投标、拍卖的各方当事人认可该结果，从而有效地预防纠纷。2016 年出台的《最高人民法院关于人民法院进一步深化多元化纠纷解决机制改革的意见》中第十一条规定："加强与公证机构的对接。支持公证机构对法律行为、事实和文书依法进

---

① https://baike.baidu.com/item/%E7%A4%BE%E4%BC%9A%E7%AE%A1%E7%90%86/4709996.

行核实和证明，支持公证机构对当事人达成的债权债务合同以及具有给付内容的和解协议、调解协议办理债权文书公证，支持公证机构在送达、取证、保全、执行等环节提供公证法律服务，在家事、商事等领域开展公证活动或者调解服务。依法执行公证债权文书。"进一步对"预防纠纷"这一公证价值予以肯定。

2. 促进对外交流

虽然《海牙公约》已经取消文书大使馆公证认证，但我国还未加入该公约，因此，在对外交流过程中文书的法律效力难以得到保障，需要引入公证制度对相关文书的真实性、合法性予以确认。即使在"文化大革命"时期，公证制度基本被废止的情况下，我国仍出具了一百余份涉外公证书，以便对外交流。随着经济社会的发展，对涉外公证书的需求越来越大，当前我国公证机构出具的涉外公证书已经发往了全球一百多个国家和地区，涉外公证的办理在对外交流中发挥着不可替代的作用，有利于一带一路建设，更有利于我国国际地位的提升。

完善立法是实现公证价值的基础。通过立法使公证制度真正成为一种维护国家主权和核心利益、保障国家法律良好实施、顺利实现民事主体合法权益、传承民族优秀传统、弘扬时代价值观的程序性法律制度。在完善立法的同时，要注意公证制度与各相关法律制度的配套衔接，利用当前全面建设法治社会的有利时机，力争在民商事立法中嵌入公证制度，使公证成为民商事法律的重要组成部分。加强自身建设是实现公证价值的关键。要加强公证人员业务培训，整体提高理论素养、专业知识、岗位技能和心理素质。要保持与法制部门的紧密联系，为公证执业提供信息支撑。要进一步完善公证机构自身建设，进一步提高公证机构领导人员的管理水平和业务指导能力，去除"官本位"思想，严格自律，形成民主氛围。有效服务社会公众，加强与社会各界沟通，形成良好的社会认同感和执业环境，是公证价值实现的外部保证。要采取公众喜闻乐见的形式，加强公证知识普及性宣传，经常开展公证普法活动，使更多的人认识公证行业。要充分运用网络技术搭建社会平台，用社会力量推动和完善公证工作。

3. 加强法制宣传

公证制度更多的是一种家事法律制度，其区别于检察制度、审判制度与律师制度，能更好地深入家庭、社区，开展法制宣传工作。法制宣传的目的是让百姓学会用法律知识预防纠纷，保护自己的合法权益，同时在自身合法权益受损时懂得利用法律武器保护自己。如果说以诉讼方式处理纠纷会受到中国人

"厌讼心理"的影响,那么采用非诉讼方式解决监护问题应该能获得百姓的青睐,而现实往往与预期相差甚远。以意定监护为例,从媒体报道来看,选择意定监护的人非常少,不排除是因为现在法律规定的不健全导致选择意定监护的人少,但笔者认为更大程度上来说是因为我国民众在这方面的意识较为薄弱。

为进一步保障老百姓的合法权益,充分运用公证的手段保障老百姓的监护权益,加强相关法律法规及公证知识的宣传显得尤为重要。当前法制宣传主要是以老年人为主,老年群体这一直接服务对象存在年老行动不便、获取外界信息渠道较为单一等特殊情况,现实中仍存在老年人信息接收不及时、政策了解不全面等情况。对此应当结合老年群体的特点,创新宣传方式,作为综合性公证养老试点单位,成都公证处在这方面的宣传很有特色,该处编印《公证知识问答》《便民服务手册》《老年人公益法律服务 DM 单》等宣传资料,遴选出 20 多名公证员担任老年人家庭法律顾问,积极发挥该处爱心联络员作用,与社区、街道、老年人活动中心、老年大学、养老院、福利院等联系合作,针对《中华人民共和国老年人权益保障法》和老年人权益相关法律法规开展经常性的普法宣传活动,提升老年人法律意识和权益保障意识。试点工作开展以来,该处累计到相关单位开展联系、宣传超过 40 场次,共计办理相关公证 5500 余件,提供上门服务超过 6100 次,惠及群众超过 2 万人次。目前,公证普法宣传已覆盖市内大部分街道、社区。

第二节 公证价值观

一、概述

价值观是基于人的一定思维感官之上而做出的认知、理解、判断或抉择,也就是人认定事物、辩定是非的一种思维或取向,从而体现出人、事、物一定的价值或作用;在阶级社会中,不同阶级有不同的价值观念。[1] 核心价值观,简单来说就是某一社会群体判断社会事务时依据的是非标准,遵循的行为准则。[2] 价值文化虽在长期的发展过程中已形成一定精神成果和文化理念,但公

---

[1] https://baike.baidu.com/item/%E4%BB%B7%E5%80%BC%E8%A7%82/2447914?fr=aladdin.

[2] https://baike.baidu.com/item/%E6%A0%B8%E5%BF%83%E4%BB%B7%E5%80%BC%E8%A7%82/6946423?fr=aladdin.

证核心价值观作为公证人灵魂领域的"立法",指引着每一位公证人心灵的航程,[①]其形成不应仅受公证行业特定文化背景和意识形态的影响,更应符合整个行业的长期发展规划和定位。

根据主体不同,可以将公证价值观分为公证行业价值观、公证机构价值观、公证人员价值观,三者之间有区别,但又无法割裂开。公证行业价值观影响着公证机构与公证人员的价值观,同时公证行业与公证机构价值观的形成又依托于公证人员价值观。

公证行业价值观更多的是受公证自律组织——公证协会的影响。与国外公证协会自我管理、约束模式不一样,我国公证协会属于准政府组织,即国家职能的延伸,主要靠国家财政支撑,并且在管理上也受到政府的指导,具有一定的局限性,缺乏自主性。我国在公证管理工作中目前正在实行的是"两结合"模式,公证协会以社团组织的属性履行法定的行业自律管理功能,在优化公共管理和加快法治建设中都有着特殊的重要地位。

二、公证价值观的内涵

(一)培养行业自信

公证员为法律职业共同体中重要的组成部分,与检察官、法官、律师相比,缺少的不仅是社会对其的认知程度,还有公证行业本身的自信感。作为我国准入门槛最高的法律职业之一,[②]公证员的任职条件与其他法律职业者都不一样,按照现行的法律规定,成为公证员除了有一般法律从业者的基本条件外,还有其他特殊要求:成为公证员前要在公证机构有至少两年的实习经验——比律师一年的实习期要长一年;成为公证员必须年满二十五周岁——比任职法官要求的年满二十三周岁要多两年;另外还要求其通过国家司法考试(现已变更为法律职业资格考试)。具备上述所有条件的人员还需通过层层遴选,最后由司法部任命,才能正式成为公证员。可以说,公证员是我国法律体系中从业人员任职制度最为严格的一种职业,在这种制度的保障下,公证员的专业素质是十分有保障的。也正是这样,公证人员的行业自信往往更强,虽然近年来各种政策层出不穷,如国家发改委降低公证收费标准、多部门停开各项证明、房产继承取消强制公证等,都在威胁或吞噬公证的传统支柱业务和办证

---

① 余万利,吴振坤. 论公证精神文化的培育, http://www.pkulaw.cn/fulltext_form.aspx?Gid=335600249,最后访问日期:2017 年 10 月 9 日。
② 段伟,卢一汕. 2007 年以来的公证基础理论研究[J]. 中国公证, 2011 (3).

模式，但正是因为这重重危机带来的紧迫感和危机感，让公证人员不断拓宽领域、延伸服务，在积极探索的同时彰显公证价值。除此之外，"自信源于专业"，为更好地"守住法律底线、满足社会需求"，公证人员应不断更新知识储备、提升专业技能、增强综合素质等，苦练公证的"基本功"。因此，作为公证人员不仅要"修身"增强业务能力，更要"修心"转变办证理念，并注重"修心"甚于"修身"，从基层出发、从小事出发，善于解决老百姓面临的实际问题，使老百姓在遇到问题时可以在第一时间想到向公证处和公证员寻求帮助，使来公证处处理纠纷、立约盟誓、咨询解惑成为一种自觉自愿的社会习惯。[①]

（二）形成核心价值观

随着公证体制改革的不断发展，公证协会的性质也在逐步转变。2017年9月，为充分发挥公证核心价值观在中国特色社会主义公证事业改革发展中的导向、凝聚、激励作用，中国公证协会面向全国公证界、法律法学界征集"公证核心价值观"表述语，将既要遵循社会主义核心价值观、又要体现公证行业独特的价值取向作为要求明确提出，旨在形成公证行业统一的核心价值观，为进一步构建和推行公证精神文化打下了坚实基础。

2018年中国公证协会正式确定以"崇法、尚信、守正、求真"为内容的"公证执业理念"，以通知的形式将该理念下发至全行业，并在通知中指出，"公证执业理念"是一个有机整体。"公证执业理念"的表述，反映出中国公证协会对整个行业核心价值塑造的决心。公证职业理念不仅关乎每个公证人的职业素养，更关乎民众、社会对公证人员、对公证行业和公证制度的信任。

"两结合"模式的管理的背景下，部分地区公证协会与司法行政机关之间仍存在的"一套班子，两块牌子"现象，公证工作受行政管理过多，当然也有部分省市进行了改革，公证协会已实现了人、财、物的独立。以四川省为例，四川省公证协会在2013年就已经实现社会团体法人独立的地位，并全面践行"客观、公正、诚信、专业"的发展理念。四川省公证协会坚持政治引领和党建先行，坚持党对公证协会工作的领导，把党的领导贯彻到公证服务、公证管理的各方面和全过程。在工作中坚持以党建促公证业务的发展，在公证业务活动中不断丰富党建工作的内涵，具体表现为以党建促进公证体制改革、以党建推动"减证便民"服务、以党建助力公证公信力的提升。

---

① 刘崴. 公证价值的重构与中国公证的未来进路——一个法律文化的角度[J]. 中国公证, 2015（1）.

近年来，各地公证机构大多已凝练出具有自身特色的价值理念，如成都公证处的"公信 创新 包容 至臻"八字核心价值，哈尔滨公证处的"传承发展，务实开拓；唯诚是公，立证为信；公行天下，证誉八方；诚信立足，创新致远"核心文化理念等，更有公证机构将价值理念写入歌曲唱出了公证人的信仰与坚持，各地公证机构在价值理念的宣扬形式上百花齐放、各有千秋。

（三）树立执业精神

在改革开放和社会主义现代化建设的实践中，精神文明建设一直占有非常重要的战略地位，在实现中国梦的进程中也承担着非常重要的历史使命。[1] 对于公证行业而言，精神文明建设更是一项至关重要的"铸魂工程"，形成具有中国特色的公证执业精神对于推进公证文化建设、推动公证事业不断向前发展具有重要作用。2017年《司法部关于建立公证员宣誓制度的决定》发布，"为切实提高公证员队伍思想政治素质、职业道德素质和专业素质，不断增强公证员的职业使命感、荣誉感和社会责任感，根据《中华人民共和国公证法》，决定在全国建立公证员宣誓制度。"该决定的发布，反映出国家对树立公证员执业精神的重视。树立执业精神，不仅仅是通过宣誓制度来保障，还包括以下四方面。

首先，质量作为公证的生命线，要求公证人员应时刻树牢质量意识，常怀敬畏心和责任心，严守公证员职业道德规范，清醒地认识"质量决定生死，关乎发展"的深刻意义。公证实务是建立在诚信执业的基础上的，从根源上讲，公证质量问题的原因之一是公证诚信执业的操守缺失，而不诚信行为因成本过低、疏于查处且惩戒措施震慑力不足等原因不免让公证员抱有侥幸心理从而"明知故犯"。同时，目前行业中存在少数公证员因追求眼前利益，而降低对公证质量的把控，无视公证员的职业道德和执业纪律的行为，虽然协会有权对其进行惩戒，司法行政机关也可依职权对其进行处罚，但尚未建立行业通用的诚信执业制度和公证员诚信信息公示平台，无法通过制度以及公示达到警示及惩处的作用。

其次，公证行业能够长足发展离不开创新精神，如果仍固守原来的服务模式和业务领域，公证行业的发展将会停滞不前、陷入困境。[2] 近年来，一些公证机构积极推动创新发展，为公证事业不断向前进步提供了思想动力和智力

---

[1] 孙铁翔，黄小希. 以习近平为同志为核心的党中央高度重视精神文明建设，http://news.xinhuanet.com/politics/2015-02/28/c_127527324.htm，最后访问日期：2017年10月10日。

[2] 蒋皓. 大数据时代用创新推动中国公证发展，http://news.xinhuanet.com/politics/2015-02/28/c_127527324.htm，最后访问日期：2017年10月10日。

支持。

再次，在彰显公证职能的同时也要坚持传递和弘扬正能量，尤其是近几年在各种负面新闻等舆论危机的冲击下，公证的社会形象不可避免受到了一定的影响，正因如此，需要公证人员弘扬正能量、传递正能量的精神显得尤为重要。

最后，切实增强执行力是当下推进全国司法体制改革尤其是解决公证改革中困难问题的重要保障，也是公证行业实现跨越式发展的关键所在，可见不断增强执行力也应成为公证人员不可或缺的执业精神。

（四）承担社会责任

小到个人，大到组织，都是社会的一分子，具有社会属性，都对社会承担相应的责任。构建和谐社会，就是让社会的每一个分子都意识到自己身负的责任，并自觉地承担起来，建立起"我为人人，人人为我"的共同价值观。公证机构具有双重身份，在扮演国家法律服务角色的同时，也在承担着为民服务的社会责任，是国家司法体系中一个不可缺少的法律部门，是具有服务、沟通、公证、监督职能作用的市场中介组织。公证机构不仅是社会的一分子，更是政府职能的社会承担者，如何发挥公证预防纠纷、化解社会矛盾的社会管理职能，促进和谐社会的构建是现阶段整个公证行业所面临的现实问题。[①] 以我国公证行业的特色为立足点，在不断提高服务水平、拓展服务领域、提升服务层次、挖掘服务深度的同时，公证机构还应带领公证人员服务中心工作，助推经济发展奋力前行，护航民生工程突破创新。[②] 目前，各地公证机构在围绕党委、政府中心工作，落实国家"一带一路"和长江经济带战略，服务旧城改造、城乡新区建设，以及助力供给侧改革等方面亮点纷呈，不断强化大局意识。

（五）传承公益理念

公证机构和公证人员在承担社会责任的同时，还应注重公益理念的传承与传播，突出公证的公益属性。公证制度与律师制度最大不同在于公证制度的公益性。《公证法》第六条规定："公证机构是依法设立，不以营利为目的，依法独立行使公证职能、承担民事责任的证明机构。"我国实行的是机构本位主义，对机构的不营利性要求，客观上也是对公证人员的要求。

[①] 王京. 公证社会责任论[J]. 中国公证, 2007（4）.

[②] 叶梦婷. 公证行业社会责任报告——立足本职服务大局勇担当, http://zj.zjol.com.cn/news/611771.html, 最后访问日期：2017年10月11日。

除了在业务领域开展公证法律援助服务、重要节庆期间免费办证服务、举办公益普法活动等，或者制定实施便民服务措施、便民惠民政策之外，还应在公益事业上主动投入、身体力行、率先垂范。通过开展精准扶贫活动、爱心捐助活动、对口帮扶活动等公益慈善，可以更多地体察和关怀社会，同时也通过公益慈善让社会更多地了解公证。[①]

以四川省为例，在四川省司法厅的指导下，四川省公证协会在全省开展了"公证帮扶"活动，旨在加强行业交流的同时，推动全省各地区公证事业的均衡发展。一方面，帮扶活动是经过充分调查研究后才实施的，根据各地的实际情况开展帮扶活动。另一方面，帮扶活动主要是智力帮扶，物质帮扶是次要的。帮扶活动主要集中在以下五个方面以增强被帮扶公证机构的造血能力：一是帮扶公证机构选派年轻的、业务素质好的公证员实地驻点、巡回指导被帮扶公证机构办证；二是为被帮扶公证机构培养人才，被帮扶机构指派公证员到帮扶公证机构挂跟班学习，在学习后通过专项考核；三是由公证协会组织开展专项业务培训，整体提升被帮扶公证机构的办证能力和开拓新业务的能力；四是由公证协会为无人公证处指派托管公证处；五是提供一定物质帮助。通过结对帮扶，做到了全省公证行业需帮扶的公证机构全覆盖。其中，重点帮扶对象为三州地区公证机构，律政公证处与凉山州司法局，蜀都公证处与阿坝州司法局，成都公证处、国力公证处与甘孜州司法局分别签订了帮扶协议；四个帮扶大处向三州地区公证机构捐赠了电脑、摄像机、打印复印传真一体机、网络安全设备、人脸识别仪、身份证信息采集设备等办公设备，并就公证程序规则与公证书格式、继承、赠与、遗嘱及委托等公证实务进行了现场培训。其他相对发达地区的公证机构也结合精准扶贫工作，对欠发达地区公证机构实施了各种形式的帮扶。精准确定对象，分类施策精准帮扶。

以成都公证处为例，成都公证处对口帮扶了甘孜州公证同行，阿坝州马尔康市、凉山州喜德县以及大邑县、宜宾市贫困群众、学校等，并根据其实际需求制定帮扶方案。一是帮扶甘孜州公证同行。成都公证处投入资金超过20万元为甘孜州9个公证机构各捐赠电脑、照相机等成套办公设备，选派公证人员10人次奔赴当地5次开展捐赠、培训、公证业务帮扶、帮带工作，接受当地公证人员到成都公证处进行跟班学习，并帮助当地1个司法所进行规范化建设，为当地1户贫困户捐赠1头奶牛，在提升当地公证业务水平的同时帮助当地群众脱贫致富。二是为困难群众造房修路。针对大邑县邮江镇群众出行难、

---

① 齐祥春. 公益是公证的一扇窗［J］. 中国公证，2012（10）.

当地经济作物运输难的问题，成都公证处投入 10 万元帮扶其修建毛坯路；针对宜宾市高县月江镇贫困户居住在危旧房的实际情况，投入 2.1 万元帮助其修建房屋，切实解决困难乡村、群众的实际问题。三是为困难群众捐赠物品。积极弘扬扶贫济困的优良传统，为贫困群众捐赠米、面、油等生活用品，为贫困学校捐书、捐建爱心图书室。截至目前，已捐建爱心图书室 9 个，捐赠爱心图书 3 万余册。四是为困难群众减免公证费用。成都公证处开展法律援助工作，免费为符合要求的贫困当事人办理公证，持续免费为老、弱、病、残、孕等特殊、困难当事人提供上门服务，持续开展重阳节公益活动，2019 年重阳节共计接待老年人 700 余人次，发放宣传资料 300 余份，提供法律咨询 300 余次，免费为 60 周岁以上老人办理遗嘱公证及遗赠扶养协议公证近 200 件，累计为老年人减免公证费、司法鉴定费共 50 余万元。另外成都公证处自 2018 年入驻成都市公共法律服务中心后，免费为 70 周岁以上的老年人办理遗嘱公证。

做公益慈善事业不仅是履行社会义务，更可以向社会传达公证行业不仅是一个坚决捍卫法律尊严、维护诚实信用、促进社会公平正义的行业，公证执业人员更是一群富有爱心、具有高度社会责任感的人。

第九章 公证理论文化

第一节 公证理论文化概述

任何实践都离不开理论的引导。近年来，各地公证机构在理论研究方面虽各有建树，但就宏观而言，公证理论研究仍属于薄弱环节，且处于势单力薄、孤军作战的局面，难以获得来自理论界、法学家和立法者的关注和参与。[①] 另一方面，"全行业未能自发地形成一定的学术气候和理论氛围，所引进的人才普遍表现出对理论研究的漠视和倦怠，学术性、研究型人才的匮乏令人担忧"[②]。因此，只有将理论研究作为公证文化建设的重点关注和推动对象，才能营造良性互动的理论研究氛围，以理论研究引导行业发展，不断增强行业的自我理论研究能力。

理论是指人们关于事物知识的理解和论述，指由若干人（一人往往不能）在长期内（数年或数十年，一年半载等短期不行）所形成的具有一定专业知识的智力成果。该智力成果在全世界范围内，或至少在一个国家范围内具有普遍适用性，即对人们的行为（生产、生活、思想等）具有指导作用。[③] 公证理论更多的是指针对公证这一制度进行研究以及形成的理论成果，包括论文、课题、著作等多种形式。

习近平总书记说过："把坚持马克思主义和发展马克思主义统一起来，结合新的实践不断作出新的理论创造，这是马克思主义永葆生机活力的奥妙所在"，"我们党之所以能够历经考验磨难无往而不胜，关键就在于不断进行实践创新和理论创新"。这一理念同样适用于公证理论研究，公证制度的发展离不

[①] 段伟，卢一汕. 2007年以来的公证基础理论研究[J]. 中国公证，2011（3）.
[②] 詹爱萍. 卓越的品质尊贵的地位——法国公证制度考察综述（下）[J]. 中国公证，2010（7）.
[③] https://baike.baidu.com/item/%E7%90%86%E8%AE%BA/1732500?fr=aladdin.

开广大前辈同仁在公证理论的方面的贡献，离不开公证人在实践中所做出的努力。加强实践不是简单地从个案得出结论，要求在理论研究过程中深入开展调研，重视过程，通过不断的调查研究，形成有深度的理论研究成果。而制定新的法律制度、对现有的法律制度进行修订，前期应该进行调查探究，并就其可行性进行探讨。以综合性公证养老研究为例，2017 年 4 月中国社会保险学会与中国公证协会合作签订战略合作协议后，我国随即在东、中、西部和北京选择四个省市的公证行业选定公证机构开展了"综合性公证养老"法律服务机制试点工作，该项试点工作在广东省广州市、河南省郑州市、四川省成都市和北京市的部分公证机构进行。2019 年 6 月 29 日，由中国公证协会指导、四川省司法厅主办、四川省公证协会承办的"新时代 新思维 新公证"综合性养老公证高峰论坛在四川省成都市举行。来自四川、北京、河南、广东、上海等 16 个省、自治区和直辖市的公证协会、78 家公证机构的 200 余名专家学者和公证工作实务人士出席此次论坛，总结综合性公证养老工作的经验，对全面推进该项工作具有极大的指导意义，同时提出了综合性公证养老工作中在推进过程方面的问题，深入挖掘问题发生的原因，提出可行的解决方案，从而为更好地推行该项工作做好充分准备。

理论研究不是简单的埋头思考。从现有的公证理论研究成果来看，当前绝大部分理论研究成果属于业内人士基于业务需要而进行的实用型自我释法活动，即便是此类有限的实务性探讨，也仅是蜻蜓点水、浅尝辄止，限于基础性的说理与分析。[①] 虽然理论研究的成果质量有待提升，但是这其中不乏一个很好的现象——实践在其中所起的作用。理论源于实践并作用于实践，而公证作为一种实务性的社会管理制度，决定了公证理论研究要注重实践。

当然公证理论文化包括公证理论研究、公证制度以及公证人才等多方面，并非仅指公证理论研究，它是一个完整的文化体系。

---

① 段伟，卢一汕. 2007 年以来的公证基础理论研究综述［J］. 东南司法评论，2011.

第二节　公证理论文化构建

一、培养理论文化的迫切性

（一）公证理论成果的不足

公证理论的发展，离不开广大公证实践者——公证人员的共同实践支撑。公证制度是一个舶来品，在中国生根发芽的时间并不长，从某种程度上来说，我国的公证理论研究很不足。

改革发展呼唤公证理论研究。公证制度恢复重建以来，公证理论研究取得了很大成果，为公证事业改革发展奠定了坚实基础。当前，公证事业改革发展正处于关键时期，亟须在原有基础上继续深化理论研究。

新中国成立以来，我国公证理论研究一直有很大空白，理论研究的深度与广度都不足。笔者于 2019 年 6 月 26 日登陆中国知网（http://www.cnki.net/），以"公证"为主题进行文献搜索，找到 15199 条记录，具体为表 9-1 中的数据。

表 9-1　文献检索统计表

年份	2019	2018	2017	2016	2015	2014	2013	2012
文章数量	314	757	905	815	821	892	787	771
年份	2011	2010	2009	2008	2007	2006	2005	2004
文章数量	806	655	690	615	691	633	649	543
年份	2003	2002	2001	1999	1998	1997	1996	1995
文章数量	483	499	396	293	261	213	165	262
年份	1994	1993	1992	1991	1990	1989	1988	1987
文章数量	225	90	66	75	61	72	67	54
年份	1986	1985	1984	1983	1982	1981	1980	1979
文章数量	47	43	28	18	17	8	7	3
年份	1978	1977	1976	1958	1957			
文章数量	1	2	1	1	2			

通过对上述表格的数据进行筛选，这些文献中仅有 44 篇是受各项研究资助基金支持的。其中国家社会科学基金 26 篇，国家自然科学基金 7 篇，上海

市重点学科建设基金2篇，河北省自然科学基金1篇，河北省软科学研究计划1篇，电子信息产业发展基金1篇，霍英东教育基金1篇，跨世纪优秀人才培养计划1篇，海南省教育厅科研基金1篇，浙江省软科学研究计划1篇，河南省自然科学基金1篇，国家重点基础研究发展计划（973计划）1篇，浙江省科技厅基金1篇，国家高技术研究发展计划（863计划）1篇。而其中部分论文并非以研究公证为主要内容。

上述表格数据并不能完全反映出我国理论研究的现状，但还是能表现出我国公证理论研究的发展趋势：新中国成立初期公证理论研究寥寥无几，"文化大革命"时期的相关文献几乎空白，司法部恢复公证制度后公证理论研究才开始有所发展，近年来理论研究相对成果丰硕。上述表格数据还可以从一个侧面反映出我国公证理论研究还有极大的空间，需要加强公证理论工作的开展。

（二）公证人才的缺乏

公证属于法学的一个分支，但是从当前法学理论研究成果来看，公证理论研究人才十分匮乏。一方面对公证进行关注的知名学者可谓凤毛麟角，几乎没有理论成果。无论是检察制度、审判制度以及律师制度，都有较多专家、学者进行关注，往往都有较为深刻的理论研究成果，而同样作为司法制度组成部分的公证制度，似乎被广大专家、学者所遗忘。

另一方面各大高校基本没有进行公证人才的培养。当前几乎各大高等院校均成立有法学院，但开设公证相关课程的高校却是寥寥无几，且还有部分高校将公证制度与律师制度合并为一个课程进行法学本科生的教学，出于教学需要，也多将公证制度与律师制度合为一书，作为教材出版。目前专门的公证制度相关的教材仅有中国公证协会于2018年编写的《公证理论与实务》以及成都公证处于2017年编写的《公证理论与实务》。大学本科阶段尚且还有少数学校开设课程，然而我国的所有高校都没有进行公证法学硕士与博士的培养。没有教材、没有专业的教授，我国当前专业的公证理论人才培养制度的缺失使得我国公证理论人才的缺乏难以得到解决。目前我国现有的公证法学博士均为在域外大学进行学习而取得的学位。

当前高校在公证法学方面的教育缺失，客观上影响了高校法学毕业生进入公证行业。虽然这一现象在近年来有所好转，但是由于理论人才的培养并非一朝一夕能完成，因此，当前我国公证理论人才的缺口仍十分明显。

（三）公证实务问题的解决缺乏理论的支撑

由于我国的公证制度建立较晚，公证法律体系还不够完善，因此在公证实践中往往发现很多亟须解决的问题，因为缺乏理论支撑难以尽快得到解决。以公证文书生效要件为例,公证文书是否为司法文书?公证文书的法定生效要件是什么?是出具之日起生效还是申请人领取后才生效?如不能回答这些问题,公证人员和司法机关及有关部门对于公证文书送达的方式、生效与否则存在困扰,公证书在涉诉、涉异议、涉执行情况下的采信度和公信力将会受到质疑。有学者提出公证文书为准公文书,其生效、送达方式不同于人民法院、公安机关等相关部门的法律文书,公证文书的生效是自出具之日起,公证文书送交当事人的方式可根据实际需要采取多样灵活的形式,但这一观点尚无法律支持,亦无理论支撑,对上述问题也没有实质性地解决。类似这样的问题还有很多,如在法律没有规定的情况下,也不能从理论方面有所突破,使问题难以得到妥善解决。

二、建设公证理论文化的途径

公证理论文化是一个完整的体系,结合当前我国公证理论文化的现状,想要更好地取得公证理论文化建设的成果,需要从多个角度出发,共同努力才能成功。除应当有相应的理论成果外,还应当包括公证法律制度的构建、研究平台搭建、研究人才的培养等方面。

(一)构建公证法律制度

公证理论的研究离不开公证制度的构建,制度的构建往往以法律法规体系的建立为表现。纵观我国古代公证制度的发展,无论是秦汉时期还是唐宋时期,抑或是明清时期,公证或多或少都依附于政府或政府官员。我国近现代的公证制度主要是通过学习西方国家的公证制度而建立。作为典型的判例法国家,英国并无统一的公证法规,并且由于更多地保留了传统,在英国本土,除威尔士地区外,英格兰和苏格兰的公证都处于教会管辖之下。美国的公证制度是从英国传来,但是由于美国作为一个新兴资本主义国家,对实权的保护使得公证的职能被大幅度削减。"在公证人原本的职能中,最初的职能转给了19世纪成立的公共记录机构、让与证书的制作要求或文件准备转给了律师、记录的职责转移到了法院。……由大陆法系公证所起到的证明真实功能完全转移给了美国法庭漫长而烦琐的质证。"20世纪30年代的土耳其、意大利和日本等国有时也由司法官员(包括法官和检察官)和其他官吏办理公证方面的事务,但这不是主流,而是在管辖区域内没有公证人或者公证人不能执行职务时,作为补充之用。近代中国的公证制度可追溯至民国时期,1935年国民党南京政府公布了《公证暂行规则》,该规则所规定的公证制度主要借鉴于西方国家。《公证暂行规则》规定由司法行政部门指定法院推事(即法官)专办或兼办公证事务。新中国成立前后的公证制度也延续国民政府《公证暂行规则》的部分规定，公证机构作为法院的内设机构办理公证事务。1946年哈尔滨市人民法院率先开办了公证业务。这种由法院开办公证业务的模式延续至新中国成立初期，北京、天津、上海等大城市的人民法院相继设立公证处，办理公证业务。中央人民政府委员会《中华人民共和国人民法院暂行组织条例》的颁布，更是从法律上将公证工作由市级人民法院和县级人民法院办理的模式确立下来。20世纪50年代末期，大部分公证处随着司法行政机关的撤销而撤销，剩余的个别公证处转归人民法院领导。党的十一届三中全会提出了改革开放和实现社会主义四个现代化的号召，做出了加强社会主义民主与法制建设的决定，给我国的公证制度带来了新生。公证机构重新建立，并作为法院的内设机构开展公证工作。随着有关法律法规的颁布，公证制度的性质得到了明确，公证机构作为国家的行政机关开展公证工作。2000年7月31日，国务院批准了司法部《关于深化公证工作改革的方案》，标志着公证工作改革和发展跨入了一个新的阶段。公证人员职业化制度以规章的形式得以确认，公证机构不再是行政机关，公证员也不再是公务员，公证队伍开始融入法律职业群体。随着公证制度的不断发展，公证机构作为法律服务体系中的重要一员发挥着越来越重要的作用。

2005年《公证法》的颁布宣告我国公证法律制度的构建基本形成，但这仍无法掩盖一个事实——立法部门以及行政管理部门对于公证制度的研究与关注甚少。反观公证法律制度的形成，可以发现公证制度的立法规范在公证制度恢复重建后是以国务院的行政法规——《公证暂行条例》的形式展现的。这与我国当时公证制度的性质有莫大联系——彼时公证机构为公证机关，是国家机构的组成部分，由国务院出台公证管理的条例并无不可。随着市场经济的发展，社会对公证制度的需求不再是简单的政府行政管理部门的作为，而是要求公证机构提供相应的公证法律服务。此时，公证制度的转变必然要求法律制度的进一步完善。公证制度恢复重建二十余年后《公证法》才颁布。在《公证法》实施前的《公证程序规则》在经历过一次修改后已经又过去十余年，其中部分内容早已不适合当前的经济发展，需要对其进行修订。2019年司法部发布《公证程序规则（征求意见稿）》向社会征求意见，以重新修订《公证程序规则》。《公证法》的实施、《公证程序规则》的修订从一定程度上可以反映我国公证制度的逐步完善，其中公证理论研究所起的作用是不容忽视的。

就公证法律体系的完善性来说，我国现行的公证法律制度还需要进一步修订。公证法律体系的建设，离不开公证制度发展的历史原因，更离不开公证理论研究的发展。理论是指导实践的基础，只有通过无数理论专家、学者的不懈努力，公证制度的法律体系才能得到完善。客观而言，当前公证行业内部对公证制度自身功能和前沿性理论的研究较为匮乏，少量的研究多具倾向性且不具备应有之理论深度。[1]

（二）加强导向性公证理论研究

公证理论研究的导向问题是公证界亟须解决的问题，这个问题的解决关系到公证行业的发展前景。受历史原因的影响，当前我国的公证事业属于起步阶段。从立法的层面来看，有很多法律空白；从执法层面来看，业内人士对法律的理解存在分歧。在实践中许多问题往往不能得到妥善解决，法律空白的填补就显得很重要了。面对这样的现实问题，业内人士的应当有所作为。业内人士在实践的过程中应该不断总结经验与教训，在实践中探索公证理论的支撑，在业内获得认同后再让社会其他行业的人士接纳这些理论，从而为相关法律的制定奠定基础。当然，理论研究并不是没有方向的，2018年中国公证协会对公证理论研究委员会进行理论研究提出了"四新"要求：一是要求公证理论研究委员会工作必须坚持以习近平新时代中国特色社会主义思想为指导，深入贯彻中央决策部署，在全面建成小康社会的决胜时期发挥更大的作用；二是要求公证理论研究工作要充分认识和把握公证改革与发展的新形势，在严抓公证质量、深化公证体制改革、提升行业形象等方面加大工作力度；三是要充分认识新时代、新形势对公证理论研究工作提出的新任务、新要求，重点关注并研究公证如何服务金融安全、服务知识产权保护、服务新型社会治理以及公证体制机制改革创新等方面的基础理论问题；四是希望新一届的公证理论研究委员会凝心聚力、勤勉工作，在公证改革和发展的关键阶段做出新的作为。[2] 这"四新"的要求同样适用于所有参与公证理论研究的人员。

（三）加强对域外公证的理论研究

公证制度总的来说是一个舶来品，我国引进公证制度的时间并不长，加上历史原因，我国公证制度的理论基础并不完善。通过研究域外公证，能对我国公证的发展有积极的推进意义。对域外公证的研究主要是对域外公证制度进行研究。加强对域外公证制度的研究，并不是简单的对其公证制度进行翻译，也不是进行生搬硬套，更多的是通过分析其优势，并结合我国的实际情况，对我国的公证制度的完善提出建设性意见，从而推动我国公证制度的完善。

法律制度的制定不是简单的文字修改，也不是凭空想象，每一条法律背后都涉及方方面面的法理知识，要求对社会现状有较为深刻的认识，同时还要求

---

[1] 段伟，卢一汕. 2007年以来的公证基础理论研究综述［J］. 东南司法评论，2011.
[2] http://www.chinanotary.org/content/2018-06/14/content_7570015.html.

制定法律的人有较为深远的眼光——法律制定后应当在一定时期内保持稳定，不能朝令夕改。因此，借鉴他人的经验就显得尤为重要。目前域外公证制度已十分完善，我国可以参考国外的公证方面的法律法规，对我国现有的公证制度以及与之相关联的法律法规进行进一步完善。

鉴于此，笔者认为可以从以下两方面入手。

一是对各国的公证法律制度进行对比研究，重点分析各国法律制度的特点与优缺点，就是否适合我国的国情提出建议。大陆法系公证制度较为完善的是法国、德国等，笔者于 2019 年 6 月 26 日登陆中国知网（http://www.cnki.net/)，分别以"法国　公证""德国　公证"为主题进行检索，显示分别有 478、234 条记录，检索结果反映当前业界对上述国家公证制度的关注度以及认可度。业界一致认为当前法国的公证制度是最为完善的，因此对法国公证制度进行研究与关注的人员相对更多，对其研究的深度与广度也更胜一筹。德国的公证制度则是大陆法系中另一巨头，因此很多研究者将目光聚集在该国的公证制度，"在德国，公证之所以为民众所认同，不仅仅是因为德国法律中诸多的法定公证的规定，更多的是由于公证本身的多种形式、严格的制度、一丝不苟的程序、高度的职业道德、真正独立、公正的第三人身份、国家赋予公证的公信力，使得认证、公证书证有了其他文书不可比拟的证明力"[①]。当然，对于域外公证制度的研究并非仅仅局限于法国、德国等，应当包括所有国家。每个国家都有值得借鉴的地方。譬如，加拿大的意定监护制度，就是非常发达和完善的，其成年人监护制度由三种不一样的制度共同构成，分别是保佐制度、监护制度与顾问制度。另外，虽然我国是大陆法系国家，但是仍需要学习借鉴英美法律的公证制度，以更好地了解公证制度。

二是结合我国现有的法律体系进行分析，对适合我国国情的公证制度相关的法律以及公证法的完善提出修订、制定的方向，对于不符合现实状况的法律及时修订，对于当前法律制度有缺失的及时制定。

只有通过内外相结合的方式，才能够制定、完善我国的公证法律制度，使之能够真正运作，进而更好地保护群众的合法权益。

加强对于域外公证制度的研究，不仅仅是对其法律制度进行研究，还包括对公证制度的起源以及公证理论进行研究。公证制度起源于罗马时期"达比伦"，在经历数百年的发展才形成现代公证制度，在这几百年的历史中，域外公证理论研究也有重大突破。因此，对域外公证理论的深入研究，不仅有助于

---

① 刘懿彤. 德国公证的立法取向［J］. 公证研讨，2008（2）.

对公证有更为深入的认识,同时也能对我国的公证理论研究有更多的启发。

(四)建设理论文化阵地

理论研究不是简单的个人行为就能有很大成效的,需要整合多方资源共同努力才能有所成就,这就要求建设理论研究的文化阵地,主要包括两个方面的内容。

1. 建设理论文化的组织机构

公证理论研究需要有一定的组织机构进行引导,才能取得更好的成效。受当前我国公证制度的影响,公证协会在公证行业的影响力大,成立理论研究机构在行业内的影响较为深远。中国公证协会组织成立的公证理论研究委员会,承担着为公证事业改革发展提供理论支撑的重要职责。该委员会通过制订相应的工作计划,以落实其工作职责。2018年中国公证协会公证理论研究委员会通过《中国公证协会公证理论研究委员会活动细则》,进一步明确了公证理论研究委员会的工作职责和主要任务,为中国公证理论研究再上台阶奠定坚实的基础。受中国公证协会的影响,地方公证协会也组织成立了理论研究委员会,以四川省为例,四川公证协会理论研究委员会近年来组织省内公证人员积极进行公证理论研究,针对司法部关于公证业务拓展的一系列通知文件精神和业务活动中的新情况、新问题,特别是重大公证事项或新兴公证业务拓展中出现的理论和实务问题,每年均组织完成了十余项省级理论与实务课题,并向课题组颁发相关的荣誉证书,以鼓励参与者。

部分公证机构在理论研究方面也投入较大的人力物力,且目前已经有公证机构成立了内部的理论研究组织,这些组织对公证行业理论研究水平的提升起到了举足轻重的作用。例如,昆明市明信公证处成立了拉丁鹰公证研究会、成都市成都公证处成立了金沙公证研究中心、上海市东方公证处成立了公证研究中心,等等。这些公证机构的内部理论研究组织在理论研究方面均有所成就。由于只有极少部分公证机构成立理论研究组织,对理论研究的发展力量还不足。实际上,所有公证机构都应该积极投身于理论研究,对于综合实力稍有欠缺的公证机构,可与其他公证机构合作成立理论研究组织,以期共同提升理论研究水平,从而推进实务的发展。

2. 建设理论文化的展示平台

理论研究成果需要相应的平台予以展示。目前,公证行业的理论成果大多在综合性社会科学杂志上进行刊登,专门的公证类杂志相对较少。中国公证协会带头主办公证理论杂志《中国公证》,各地省市协会也争相建设地区性理论刊物,如北京市司法局和北京市公证协会创办的《北京公证》、四川省公证协会编印的《四川公证》以及成都市公证协会编印的《成都公证》等,已成为各区域公证行业交流工作经验、探讨学术理论、宣传行业形象的平台。同时，公证机构自己创办刊物的也有很多，大多已经初具规模并具有一定影响力，比如上海东方公证处的《公证研讨》、昆明市明信公证处的《拉丁鹰》、成都公证处的《金沙公证》、西安市汉唐公证处的《汉唐人语》、北京市长安公证处的《长安人》、广州市广州公证处的《和谐号》、深圳公证处的《公证理论与实务》等，不尽列数。同时，中国公证协会在其官方网站上开辟了理论研究板块，刊登相关的理论研究成果。受中国公证协会的影响，地方公证协会和部分公证机构也在其官方网站上开设理论研究板块。中国公证行业内部的理论文化建设呈现出一片繁荣的景象。

不可忽视的是无论是中国公证协会，还是地方性公证协会，抑或是公证机构，其主办的期刊、杂志、网站理论研究板块的社会影响力更多停留在行业内——无论是从论文作者来看，还是从期刊、杂志、网站理论成果的影响力来看，这些理论研究成果都停留在公证行业内部，要想理论研究成果更上一层楼，还需要加强其影响力。

（五）加强公证理论人才的培养

基于我国公证制度的发展现状与公证理论研究的现实需求，公证理论人才的培养亟待加强。理论人才的培养应当分为内部培养与外部培养。

1. 内部培养

内部培养主要是指公证行业内部进行理论人才培养。理论源于实践并作用于实践，理论研究对公证事业的发展有着重要意义。公证机构作为公证行业的第一线，能更加直观地发现行业存在的问题、已有的经验以及未来的趋势，由公证机构培养的理论人才进行理论研究时能够更加深刻。公证机构首先应当发挥自身优势，建立公证理论研究机构，形成理论研究成果。当前公证行业内部已有相应的培训机制。中国公证协会成立了培训委员会，负责公证人才的培训工作。地方各省市级公证协会也成立了培训委员会，负责各省市公证人才的培养。除行业内部进行培训外，各级工作委员会积极与高校合作，开设各类研习班，培养公证人的法律思维。

2. 外部培养

外部培养主要是各大高校对公证人才的培养，这需要上级主管部门的积极支持才能完成。虽然我国的公证法律体系基本建立，但是公证法学学科体系还是缺失的，从我国公证制度的发展现状与公证理论研究的现实需求来看，公证理论人才的培养亟待加强。外部培养包括教育者的培养和公证人才的培养。

教师是人才培养的前提，没有专业的教师难以培养出专业的人才。面对当前公证教师队伍的缺失，高校应当认识到公证法学教师培养的重要性。公证法学教师的培养可以从三方面入手：一是鼓励现有教师以公证法学为研究方向，公证法学作为法学体系中的一部分，很多内容与法学是相通的，因此由现有的法学教师从事此方面的研究，是可行的。二是适当引进国外公证法学专家、学者担任国内高校的公证法学教师。由于域外公证制度已十分成熟，且我国的公证制度在很大程度上受域外公证制度的影响，因此，由域外专家、学者担任教师对于公证法学人才的培养也有深远意义。三是引进公证实务中的专家担任教师。由于公证是一个实务性很强的学科，很多问题在实务中才能发现，而深入其中的实务工作者往往才能提出可行的解决办法，因此由公证实务方面的专家担任教师，能让培养出来的公证法学人才具备更强的实务能力。

学科建设是基础，人才培养是结果。当前我国的公证法学学科基本处于空白，虽然公证员、检察官、法官、律师都是法律工作者，且目前也没有针对其他几类法学从业者专门开设的课程，然而由于公证本身就是一个学科体系，在我国这一学科还没有完全建立起来，因此学科建设的路还很漫长。在这样的背景下，一方面应当加强公证法学基础学科的建设，即通过在高等院校开设公证法学课程，填补公证法学人才的培养空白，为公证事业的发展培养基础性的公证法学人才。另一方面应当加强公证法学的专项建设，以培养更加专业的公证法学人才为目标。有条件的高校应当尝试建立公证法学的硕士点、博士点，同时还应当加强对外交流。受当前我国公证人才培养的现状所限制，可以通过与域外大学合作培养、聘请域外公证理论专家等方式进行公证人才培养。

（六）开展校企等跨行业交流合作

为促进公证机构文化与其他行业文化的交融互补，一些公证机构广泛开展了与高校或企业的文化交流与合作，形成了良好的文化交流氛围。例如，成都市成都公证处与四川师范大学共建教学实践基地，为公证人才的培养提供条件，与四川大学合作开设公证专业课程并编印专门教材，加强公证机构在高校人才培养中的作用；厦门市鹭江公证处出资与厦门大学共同成立了公证法律与信息化研究中心，这是公证行业内首个集产学研于一体的研究中心，并在研究中心下设厦门法信公证云科技有限公司，有投入、有产出，从而确保研究中心的持续发展；成都市律政公证处和西华大学、中国政法大学知识产权研究院、跨国知识产权研究院共建知识产权公证服务中心，从公证的角度为知识产权保驾护航。跨行业的合作与交流，不仅可以为公证理论人才的培养提供新的渠道，还可以吸纳不同行业的人才聚焦公证理论研究，让公证理论研究的深度与广度都有质的提升。

第十章 公证文化建设的现状

易经有云,"刚柔交错,天文也;文明以止,人文也。观乎天文,以察时变,观乎人文,以化成天下"。其中,人文则指人们对自然现象等进行认识,进而改造的活动过程。文化是精神层面的集大成者,故而公证文化也是在公证历史发展过程中,经过千锤百炼,秉持精益求精的精神,不断发展、不断总结而来的精神产物,直接作用于推动公证人员、公证机构、公证行业的发展,又在发展过程中提炼更深层次内容,经过反复论证,形成的独有文化。看当代公证文化建设,发展是整个大环境的应有之义,凝结而成的文化精髓正是与国家的发展、行业的管理、社会大众的认同密不可分的。本章笔者拟着重分析公证文化建设的现状。

第一节 我国国情对公证文化的影响

一、法治社会的深化推进公证文化发展

《古罗马法》中曾写道:"法是一种自然的权利,是理智的人的精神和理性,是衡量正义与非正义的标准。""真正的法律,是广泛流传于所有人之中的、永恒不变的、与自然和谐一致的健全的理性。"由此可见,从古罗马时期开始,法律所追求的就是正义,并且普遍适用于每一个民众,从"法制"到"法治",法治社会的推进建设,使法治理念深入每一个民众心中,是法律精神的一脉相承。法律为人民所服务,维护社会公平正义,保障每一个个体的基本权利不受侵犯。在2017年党的十九大报告中,明确将"坚持全面依法治国"作为十四条新时代坚持和发展中国特色社会主义的基本方略之一。报告中指出:"全面依法治国是中国特色社会主义的本质要求和重要保障。必须把党的领导贯彻落实到依法治国全过程和各方面,坚定不移走中国特色社会主义法治道路,完善以宪法为核心的中国特色社会主义法律体系,建设中国特色社会主

义法治体系，建设社会主义法治国家，发展中国特色社会主义法治理论，坚持依法治国、依法执政、依法行政共同推进，坚持法治国家、法治政府、法治社会一体建设，坚持依法治国和以德治国相结合，依法治国和依规治党有机统一，深化司法体制改革，提高全民族法治素养和道德素质。"同时报告中还指出："全面依法治国是国家治理的一场深刻革命，必须坚持厉行法治，推进科学立法、严格执法、公正司法、全民守法。成立中央全面依法治国领导小组，加强对法治中国建设的统一领导。"由此可见，自党的十九大之后，会掀起法治建设的新一轮浪潮。法治建设文化对于法律共同体中的各个环节的文化都处于指导作用，并且处于常做常新、常发展的状态。法治大环境的发展影响的是法治理念的传播深入，以及法律相关行业文化的深化发展。法治社会发展热潮中，公证人作为专业法律人，公证作为法律共同体的重要一环，其文化发展深受影响。

另外，值得一提的是，2016年6月29日发布的《最高人民法院关于人民法院进一步深化多元化纠纷解决机制改革的意见》，其中着重强调了加强与公证机构的对接，指出在送达、取证、保全、执行等环节，和家事、商事等领域加强公证与法院的对接合作。究其根本，其强调了各法律环节形成良好互动，其实也是公证与法院职能的追本溯源的一次探讨，也是对业已形成的公证角色、公证文化的一次探讨。各部门之间对于社会可能产生的争议纠纷有着天然的联系，若公证仅是站在事前预防纠纷的位子，不主动在解决纠纷中站位，就不能够满足当事人的需求和社会的需求。

二、经济发展促进公证文化繁荣

中国自改革开放后，从计划经济到市场经济，到如今所呈现出的大国包容之势，可以说是"海纳百川，有容乃大"。中国近几十年的发展史跌宕起伏，不仅经济发展模式的多样性日益明显，而且涉及范围越来越广，经济发展也在不断扩展，经济发展中不可避免地会出现摩擦、争议，人们需要寻求事前的纠纷预防，也要追求事情发展过程中的有效解决方法。依法治国方针的不断深化，推进了法治事业的发展，也推进了公证文化的发展。在计划经济时期，公证是由国家直接行使权力，而在市场经济阶段，公证则发生了一定形式上的变化。计划经济时期，交易是发生在计划之下，而不能自由为之，计划将大部分我们可能进行的经济活动都囊括其中，而使公证难体现其作用，公证文化相应较为单调匮乏。从计划经济时期过渡至市场经济时期，私权领域内更注重个人意愿的实现，也更注重市场经济活动的自由，充分尊重个人、双方甚至多方的意思自治，而在经济发展过程中就可能出现以下几方面的问题。

（一）诚信制度建立的落后

我们的制度、法律、法规等的规定总是有一定程度的滞后性，缘于只有当社会、市场发展到某一个阶段的时候，相应的问题才会发生，而现有的法律法规是针对业已出现的问题而提出的预防和解决方案，以及具有威慑性的规定，因而在新问题出现的时候，问题和解决办法常常不能一一对应匹配，需要不断完善，不断更新，不断修订，才能对社会的发展有促进性的发展意义。市场经济下，私人领域内的活动空前繁荣，新形态公司的组建，或者以个人的形式参与到市场经济活动当中，当这些活动越发频繁之后，就会带来最直接的经济活动，也就是合作交流。双方的合作，要保证相应的合同被切实履行，保障双方权利义务，那么诚信成了其中的一个关键要素。而我国经济的发展过程当中，会遇到一定程度上仅追求利益而违背诚信原则的情况，基于此，对诚信制度的建立和依赖也就造就了公证制度的发展，也是直接促进公证文化发展的原因之一。近年来，诚信体系的建立也在逐渐被重视，是社会经济发展过程中需要去解决的关键问题。社会诚信体系的建立不仅需要从政府方面，顶层设计上着手，同时还需要用相关法律手段进行规制，让各个经济活动主体有一定的行为底线。经济的发展必然会面临违约，相对大的活动上可能会遇到，在自然人之间的活动也可能会遇到。而公证作为一种积极有效的事前预防制度，对于各个主体来说，公证作为第三方，作为监督方，能够保障经济活动的有限实现与完成，从而促进公证文化中的诚信文化的发展。以公司之间合作签订的相关合同办理公证而言，双方一般涉及资金数额较大，时间较长，在合作期间，如何让双方遵从诚信原则，那么公证作为中立第三方在其中发挥着十分重要的作用。再以2019年来人们在公证理界论讨论较多的预约合同为例，之所以对预约合同进行公证，以及在预约合同中加入提存公证的涉及，是因为双方在还未完成正式合同的签订情况下，签订预约合同风险较大，为了避免违约，坚持诚信，引入了公证介入其中。从诚信方面来看，诚信原则作为民法领域的一大重要原则，公证无疑是顺应这一原则的，同时诚信原则是公证在介入市场经济活动，不断去尊重的原则，也直接指导实务办证，直接影响公证人员在办理实际案件中如何与当事人沟通，如何扮演好自己的角色。

（二）对外合作促进公证文化融合

自我国实行改革开放政策以来，对外的经济合作日益繁荣，人类命运共同体是现在倡议的主题。在对外经济发展过程中，中外合资、中外合作、外商独资等方式的公司模式都在大规模增加，原有的《中华人民共和国中外合资经营企业法》《中华人民共和国中外合作经营企业法》《中华人民共和国外资企业法》，以及在2015年由商务部发布的《中华人民共和国外国投资法（草案征求意见稿）》，都表明经济发展模式在不断丰富。

中国社会科学院社会学研究所所长、研究员陈光金在《社会蓝皮书：2019年中国社会形势分析与预测》中提出："社会的发展和经济的发展，总是紧密联系在一起的。"2018年的国民经济运行稳中有进，新动能的增长是比较突出的。我们中国的对外贸易由于国际形势的变化，一直处在不太稳定的态势。近两年来经过多方努力，包括我们的"一带一路"等一系列战略的实施，整个外贸形势还是趋好的。随着"一带一路"的进一步深化，对外经济的不断发展，对外开放合作文化深入各个行业。就公证而言，涉外公证是公证机构的一项传统业务，在传统的涉外公证办理中，公证也扮演了一个对外交流的桥梁的角色。基于各国之间的文化、制度等的不同，人们在前往不同国家的时候，往往需要对一些特定的文件及事项进行公证，公证成为必不可少的部分，对外的发展伴随文化的碰撞和融合，对外经济活动的日益活跃直接促进了对外公证文化的繁荣。包括现在所倡导的"国际营商化环境"的创造，也直接促进了公证对外兼容文化的发展。

三、传统文化促进公证文化发展

中国传统受儒家思想影响较深，自秦朝以来，就是一个中央集权制的封建主义国家。诉讼往往与传统的集权统治相违背，而统治者为了加强自己的统治，使得纠纷发生时，人们难以采用诉讼的方式进行解决。传统中国社会实行宗族群居生活，家族之间以及与外族之间的纠纷多采用的是纲常礼教等方式作为调解纠纷的方法。由此，"无讼"思想成为中国传统文化、传统思想的一大特点，人们在发生纠纷时鲜少对簿公堂，而多采用调解的方式解决。但是在宗法制的环境下，商品经济从西周经过春秋到战国中期得到发展。[1] 然而在中央集权制度之下，商品经济的发展依然受到国家行政权力的干预。春秋战国时期，随着私人经济一定程度上的发展，周代实行"籍"，春秋实行"税亩"，早期的私权中体现出公证。可见，公证是伴随着社会发展过程中私权经济的发展而产生的。

"无讼"思想一直延续至今，在发生纠纷的时候，人们希望通过调解的方

---

[1] 詹爱萍. 中国封建社会的证明制度（二）：唐——公证文化的复苏与私证文化的勃兴 [J]. 中国公证，2006（12）.

式解决，而不愿意通过诉讼的方式解决，如果能够通过事前预防和事中调解的方式解决，也是目前所希望的节约司法资源，减少诉累的方法。这些文化和思想直接影响公证作为有法可依的事前预防纠纷方式，并对如何服务大众、满足当事人需求有一定的指导意义，从这个层面上讲，公证文化的发展与传统文化息息相关。中国受传统"无讼"思想的影响颇深，但是随着经济的发展，对外交往的加深，双方甚至多方的摩擦日益增加，在面对一些无法解决的纠纷时，更多的当事人主体也会选择通过诉讼这一法律途径，以此保障自己的权利。在法治理念的深入下，"无讼"思想有一定程度的变化，法律文化有所发展，也就促成了公证不仅可以在事前提供法律服务解决问题，在纠纷当中，也可以对于证据的保全等提供服务，公证积极介入纠纷当中，作为纠纷解决机制的重要一环，也是公证文化的一大发展。中国文化影响较深，在公证发展过程中，文化的更新与沉淀也是与整个国家和社会的法律文化密不可分的。

第二节　公证文化发展现状

公证文化发展是近年来受到公证机构和社会大众关注的一个问题，公证文化的建设是公证机构在整体发展中的基石，也是引导公证发展方向的重要内容，其在发展过程中整体趋势向好。

一、公证业务发展建设

公证服务于社会，服务于社会大众最直接的体现就是公证业务的精进和公证业务范围的拓展，以此满足社会需求。根据《公证法》的相关规定，公证是立足于预防纠纷的一种法律途径，在实际公证业务办理过程当中，公证机构也秉持多方位发展，尽可能满足社会需求；文化的包容性、业务的全面性也是目前发展趋势。在业务方面，公证可以在家庭之间、不同经济主体之间预防纠纷，如常见的夫妻财产协议、婚前财产协议等其实就是公证在家庭方面预防纠纷的一个很好的体现。公证在日常业务方面，与各当事人的家庭事务接触较多，因而在处理家事问题上有经验上的优势，并且加入公证中立第三方确定的方式，对于当事人来说也是更具有保障性的一种方式。当然除了对于纠纷的预防，在纠纷的解决方面，保全证据公证，或者现在大力发展的和法院对接的司法辅助事务工作，其实都是公证在纠纷解决当中扮演一个积极的角色的体现，介入纠纷解决当中，是公证在新时代对新角色的一次探讨。又以涉外公证为例，公证处在办理涉外公证的过程中，为两国公民之间的交往从一定的层面搭建桥梁，解决不同国家之间因为政治、经济、文化的不同而造成的对于某些证件或者某些情况难以认定，无法使用的问题；并且现在因为"一带一路"倡议的号召，为努力打造"国际营商化环境"积极献力，公证也积极地在对外交往活动中发挥作用，注重外籍人士在中国的生活便利，以及归国顺利，公证机构不断提升自我业务能力，响应"便民减证"的号召，积极配合"最多跑一次"文件精神，对公证事项进行梳理，在最大程度方便当事人的情况下办理公证事项。

公证机构不仅注重业务上的延展和便民服务措施上的突破创新，同时注重在业务上的精进和开拓创新。公证业务的大类型基本是确定的，但是在每一个大类型之下会面临不同的问题，在面对不同的特定问题的时候，公证人员应该敢于面对，敢于创新，以传统方式为办理依据，以法律为准绳，在"老办法"上钻研，以创新姿态积极应对问题。以现场监督公证为例，现场监督公证最早呈现在大众面前，甚至在大众心理中，最为直观的感受则是开奖类活动的现场监督公证，特别是彩票类开奖的现场监督公证，并且这类活动通常会以电视直播或转播的方式进行，普通大众会通过电视这一媒介了解现场监督这一公证活动，并且也会非常直观地感受现场监督公证带来的公平正义。但是开奖类的活动现场监督公证只是我们目前所办理的诸多现场监督公证中的一种。许多竞赛类、选举类的活动引入现场监督公证，在坚持"房子是用来住的，不是用来炒的"这一方针下的买房公证活动，这其中涉及的现场监督公证与传统现场监督公证有相应的不同。在全国范围内多个城市出台了相应的房屋限购政策，随之而来的就是引进公证制度，为刚需购房者提供相对更优惠的购房机会，保持商品房市场的稳定。成都的买房摇号工作，需要保全证据工作与现场监督工作互相配合，贯穿从购房者登记信息到摇号，到选房的整个过程，这是成都的买房摇号公证工作与其他城市不同的地方。从购房者登记开始，开发商根据要求公示相关规则，在报名结束后，由房管部门出具复核名册，再到公证机构依据复核名册进行摇号，最后购房者根据摇号结果进行选房。整个过程会办理两次公示保全证据公证，一次现场监督公证，以及最后的选房保全证据公证。在这个相对特殊的公证工作中，我们可以看到公证文化有所变化，有所创新，其在于公证工作中不同类别的公证可以相互融合，通过不同的公证方式完成同一件事情，这样的创新思维较以前的传统公证模式有很大的不同。另外，买房摇号中的现场监督公证，是采用电脑软件摇号方式进行，是现代化的现场监督方式。所以，公证业务的多样性促进公证文化的多样性，同时公证文化的多样性又反作用于促进公证业务的多样性,二者是相互推进,相互作用的。

二、公证宣传文化增强

实际办证当中,笔者发现大部分当事人愿意接触公证这一法律形式,也希望通过公证第三方对自己的行为以及自己与他人的契约加持。但是大部分情况是当事人对于公证仅仅有一个模糊的概念,而没有对公证有更深一步的了解,也没有对于公证所能够真正对自己的问题起到的作用有更直观的认识,或者是在问题纠纷发生之后,才想起来有公证这种方式,思及此,公证之所以不被大众所熟知的原因之一就是公证宣传力度不够。公证作为法律共同体中的重要一环在大众的认知上,较之法检部门和律师相对较弱。大众对于公证的认知,更多停留在以证办证、盖章办事这个层面,而对于公证真正在纠纷中能够如何积极介入,保障当事人的权益方面,所接受到的讯息较少。甚至一些与公证机构合作的机构,对于公证的业务了解也相对狭隘。公证需要发展,那必不可少的是能够不断面临新的挑战,解决新的问题。如果对于新出现的相对棘手的问题,当事人更愿意选择类似于诉讼或者寻求律师调解的方式解决,而不选用公证的方式,则公证在这类问题上,难以在实战中总结经验,实现创新,所以只有当公证通过宣传的方式深入更多主体的心中,公证才可能会不断遇到新情况,进而得到发展。

思及此,近年来各公证机构相继开始重视宣传文化的发展。宣传主要还是通过线上及线下结合的方式进行。首先来说,线下的宣传方式是相对传统的方式,但是传统的方式中也有创新的元素。公证机构会定期开展相关的论坛、沙龙、讲座等,宣传可以走向社区,可以走向合作机构,通过不同的方式与更多的人和群体进行面对面交流,在交流主体上有所创新。比如,深入社区宣传,虽然大众普遍认为社区内家事类公证业务较多,但是随着社会经济活动的增加,如经济类公证的普及对于社区民众的意义也在日益增大,对可能发生的经济活动中如何预防纠纷有指导和宣传价值。对于公证机构的合作机构,比如一些经济机构,在宣传中应多以经济类公证为探讨主题,但在这个过程中,如果只对经济相关的公证活动进行宣传,那么宣传主题及对方对公证的认知会有很大的局限性。近年来,公证线下宣传活动增多,内容形式增多,与不同的自然人、法人都形成了良好的互动。

与传统宣传不同的是,结合现在网络传播和自媒体的兴起,公证被更多的社会大众知晓,自媒体发挥了不可替代的作用。自媒体是各个公证机构目前都在自主经营的平台,公证机构可以通过这个平台自主发声。对于一些社会热点问题，在传统方面，多会引起律师或者法检对于案件的讨论，公证很少发表意见。但是，公证从经营自媒体开始，更注重对新问题的探讨，可以是对具体案件的分析，也可以是对一些热门事件、电视剧中的事件，从公证角度进行分析。对如何避免纠纷，如何减少风险，如何运用公证的方式保障自己的权益进行发声，要求公证应采用传统媒体与自媒体宣传的方式，以便将公证相关知识推向大众。通过公证的努力，传统媒介近年来对公证的报道日益增多，并且内容形式多样化，包括对公证案件、社会反馈等多方面的报道。自媒体是一种不同于常规性媒体的传播方式，公证机构可以通过自身的公众平台对日常办证进行经验分享及法律风险提醒，在人们关注的热点问题上指导其如何用公证的方式进行有效避免。通过这些宣传，更多的人开始关注公证，在遇到纠纷的时候想到公证，也希望通过公证能够高效低成本解决问题，满足自己的需求。自媒体宣传文化氛围浓厚，为公证走进千家万户提供助力，是公证文化发展中的一大突破。

三、便民为民文化的发展势头强劲

公证从根本上来说是非常贴近社会大众日常生活的一种法律方式，当事人也往往可以通过较少的资金成本获得相对专业的服务，并且当事人也可以通过电话、上网或者直接前往公证机构进行咨询的方式，将自己所遇到的法律困惑向公证员进行咨询。在咨询方式上，传统的方式则是当事人需要自行前往公证机构进行当面的咨询，但是随着信息社会的发展，公证机构也在根据社会大众的需求，增加多种方式，为当事人提供多种途径。现在，采用电话咨询的人数正在增多，当事人只需要一个电话就可以联系公证员，对自己的疑惑进行咨询。咨询结果可能是可以通过办理公证的方式解决当事人的需求，也有可能是并不能够办理公证，但是这种方式无疑大大节约了时间成本。除电话外，现在通过微信号、微信公众号、微博账号等，都能够联系公证机构，这些方式其实都是便民服务措施下的新途径、新方法，也为当事人搭建了一个对话交流的平台。

现今在公证行业所倡导的"最多跑一次"，宗旨就是便民利民。在日常工作中，我们发现在很大一部分当事人心中，仍然认为公证对于办证的一些要求是不必要的，经常出现证明"我爸是我爸"的问题，甚至出现网上热议的需要当事人提交墓碑照片等情况，其中最难证明的被认为是"亲属关系证明"。"亲属关系证明"普遍难再开具，当事人也难以理解需要相关证明材料背后的道理是什么。随着便民思想的深入、办证思路的转变，公证机构也在采用不同的方式来办理案件，尤其显著的变化是继承类公证事项的办理。办证中普遍以当事人的需求为第一考虑要素，多地公证机构也专设调查小组，采取调查工作由专人负责的方式。虽然调查小组并不是只调查继承相关案件，但是继承类的调查确实是调查工作组的一大工作重点。采用专人负责、多地走访调查，在当事人无法提供相关资料的时候，用一种变通的方式，完成对被申请继承人的所有继承人的调查。这些举措对公证在民众心中树立便民形象和树立公信力有很大作用。

四、公证文化呈更丰富多样发展

上文所描述的如今公证文化的表现，是公证文化在新时代、新形势下的更新变换，总结起来，公证文化是集大成者，以更丰富多样的表现形式进一步发展。公证机构的发展经历了很长的阶段，我国的公证制度也多受到大陆法系国家公证制度的影响，再结合自身国家的法治环境，不断发展，不断深化，公证文化有纵向和横向两个方面的深入发展。

从纵向上而言，前文所述的对公证业务的深入研究，我们发现公证影响力增强的同时，社会矛盾也愈加复杂，公证是否能够解决纠纷，直接影响了公证公信力是否能够树立的问题。公证公信力是一个常论常新的论题，而公证公信力的一大来源是公证机构对于新问题的出现保持积极的态度，能够不断转变方式进行探索，当公证机构以这样的态度来面对社会大众的时候，公证文化纵向丰富的趋势增强。如果公证的传统业务、传统态度、传统管理为一个点，那么在发展过程中的创新、深挖、跨界合作、多部门联动发展、管理规范、制度上的转变都是将公证向纵向两端延伸的推力。相对在公证作为法院的分支机构的阶段，公证文化相对单调，对于公证究竟能办什么还处于探索时期，甚至在近十年的公证办理当中，公证也有很大的变化。例如，在收养方面，公证曾经在收养中发挥着很大的作用，特别是在外籍人士收养中国小孩这一类案件中，公证曾经是整个程序中不可或缺的一环。但是随着《中华人民共和国收养法》规定的修改，公证在收养中并不是必须的程序，这样就造成了相关公证业务减少甚至不再需要公证介入。我们可以看出相应的法规政策等在发生变化时，会给公证带来一定的冲击，但是公证在涉外业务中依然发挥着重要作用，涵盖了对外交往过程中的工作、学习、旅游等方面。创新的精神文化是在公证中日益明显并强调的，如在 2016 年 7 月 5 日发布的《司法部关于废止〈司法部建设部关于房产登记管理中加强公证的联合通知〉的通知》中，强调了《司法部建设部关于房产登记管理中加强公证的联合通知》的废止，最直接的影响则是在房屋继承过程中，公证不再是必须的，不动产登记中心等房屋管理部门可以直接依据当事人的申请办理房屋继承过户相关手续。因为政策上的改变，公证的业务类型会受到一定的影响，但是公证机构的继承业务依然是相对较多的。究其原因，就在于公证机构受创新文化影响指导，因为继承公证相较于其他的方式更能节约时间，资料的准备上可以有变通方式可循，公证机构更能提供专业的法律服务，这些是其他的方式所不能替代的，也是公证在面临新形势下，创新发展的一大表现。公证机构是专业的法律机构，公证人是专业的法律人，其所能提供的法律服务、法律问题的解答，对于当事人来说是可以获得增值服务的。所以从这些例子可以看出，其实公证所办理的案件，起基石作用的内容是一致的，不同的是在已有的方式上的开拓创新可能带来新的发展机遇。丰富不仅体现在业务上的丰富，还体现在公证机构的管理上的丰富。市场经济的发展，影响了社会很多行业，公证也是在市场经济中发展，公证机构相较于其他的法律专业机构和部门有很大的不同，公证机构同时存在多种形式，多种形式同时在市场经济中发展，必定会存在一定的市场经济竞争。那么如何确保竞争属于良性，又如何保证公证质量，都需要公证管理文化所带来的秩序和力量。管理的根基在于使公证机构有序发展，促进公证行业良性发展。从横向上看，公证行业的文化是在以点向面的方式发展。公证行业在解决相关的法律问题上，不再是单一的公证机构自身解决，有可能会形成多个部门之间的良性互动，包括在信息资源上是否可以分享，也是目前希望能够实现的顶层设计。公证在横向上的文化发展总体体现在更大程度上的融合，这样的融合能够影响公证对待不同的案件、不同的制度、不同的部门采取一种什么样的态度。就目前公证发展态势而言，更多的是能够对不同的事件采取理智的态度，同时能够以融合的态度指引公证办理，前文也有提及公证机构积极与法院对接，完成司法辅助相关事务的合作。这些相对"跨界"又"同界"的相互协作，加深了多个方面的发展，也同时解决了法院一定程度上的诉累问题。公证发展中，经历了风雨，也经历了光辉，不停往前走的道路上，公证所呈现的是开放、包容、勇敢、创新等多种文化的结合，这也将成为指引公证往前继续前进的动力。

第三节 存在的问题和阻碍

公证机构文化发展虽然较多年前有很大的变化，并且整体呈上升式发展，但是我们发现公证机构要向前发展离不开公证文化的繁荣，在这个发展过程中，若要取得突破性的发展，必然要克服内外的问题和阻碍。

一、公证行业向心力有待加强

公证行业得以发展，很大程度上源于公证背后可以提供的法律服务和能够让社会信服的公信力，以及公证代表的证明力。公证机构同其他的法律机构有很大的不同，其中一点在于公证机构的制度与其他法律机构有所不同，公证机构从行政体制向事业体制转变，那么相对的，公证机构存在着多种形式并存，并在未来向更多的方向发展，当同样效用的一种法律制度有多种不同的存在形式的时候，必然面临向心力的问题。

首先是对于公证根本的价值观理念的挑战。《公证法》第六条规定："公证机构是依法设立，不以营利为目的，依法独立行使公证职能、承担民事责任的证明机构。"从这一条看出，公证机构的立足点还是要"不以营利为目的"，也就是说公证更多追求运用自身的法律服务为民众提供便民措施。但是由于体制上的不同，必然会导致的一个问题则是竞争，将公证完全放置在市场经济中，对于公证是否能够发挥效用，如何发挥效用，如何把握公证的本质价值是一把双刃剑。一方面，竞争机制下可以激励公证的创新发展，如何拓宽、拓深办证水平、办证能力和办证范围是在竞争中能够得以发展的有效性因素。但是同时也要看到的是，在市场竞争环境下的公证，容易"迷失"。具体而言，则是公证应当是专注自身能够为社会带来的效益，以及能够在法律共同体中如何扮演好自己重要一环的角色。公证对于社会最好的回应和反馈则是尽可能满足社会的需求，严把公证质量关。公证机构向心力不够，公证质量就可能受到极大的挑战，当一味追求经济效益时，公证就可能牺牲掉一部分的公证质量，但是公证质量又是获得社会认同的重要因素。如果公证成为追求经济效应的"工具"，则与我们现在通过不同的便民服务措施所希望达到的社会价值是相违背的，舍弃公证质量而满足市场竞争需求是公证长远发展的绊脚石。所以，把握公证质量，反馈社会，才是真正体现公证价值的地方。

其次是团队精神文化有待加强。正如前文所述的公证之间存在的竞争，也是造成团队文化相对较弱的原因。我国的公证制度虽然普遍认为最早成型可以追溯至西周时期，有较长的历史，但是我国的公证制度整体受大陆法系国家的公证制度影响，发展有一定的局限。在整个发展的阶段，团队文化是公证制度的重要因素。公证机构作为专业的法律机构，公证人作为专业的法律人，法律是其做出相关活动的信仰，而只有团队协作发展，才能够充分发挥主观能动性，积极创新。但是在竞争中，各成员不能以相对一致的姿态协助，不能正确

对待竞争，对于团结创新有所忽视，是目前公证行业面临的难题。公证是在法律共同体当中专业人士参与较少的一环，但是会直接面对千家万户，解决家庭的大小事务，也就是说公证在发展过程中，需要有更多的人参与其中，需要有更强大的力量，因此团队型发展尤为重要。

二、公证品牌建设有待加强

如何树立品牌文化是现在每个行业都面临的问题，公证的品牌文化建设也是近年来被公证机构重视的发展方向。但是我们也认识到社会大众对于公证机构的认识相对较少，难以对公证有一个全面的认识，或者对公证有品牌意识，而品牌价值的充分发挥也是公证可以不断发展的内生动力。从外部环境来说，公证其实能够提供的能满足社会需求的法律服务有部分会和律师行业重合，但是由于公证文化发展较缓，以及社会对公证的了解相对较少，使社会大众在一些情况下会首先想到寻求律师的帮助。现在的公证品牌文化发展正处于上升期，公证品牌文化目前缺乏统一的发展方向。首先，公证究竟能解决什么，公证怎样以更直观的方式走进社会大众心中，一改以证办证的传统刻板印象，这是公证目前需要主要解决的问题，这也是构成公证品牌的核心要素。而在这个核心要素上，目前的发力点相对较分散，没有完成系统性的梳理，也就造成公证品牌核心价值未形成。其次，公证的品牌文化应该还有其特殊的方面，也就是说需要突出公证与其他法律纠纷解决方式的不同及优势，而现在的公证品牌价值中还缺乏独特性。对于社会大众而言，认为公证体现的价值其实是"国家"赋予的权利，并不是公证本身能够实现的价值，但是能让公证真正能够在社会中长期发展的绝不仅是公证背后隐藏的权利，而是作为中立第三方以及专业法律人能够在当事人面对纠纷时给予专业建议，为当事人排忧解难，这才是公证发展的根本及源泉。当然公证的发展确实是有目共睹，但要让公证以后的发展被社会知晓和认可，那么品牌文化中独特性的发展则尤为重要，也正是目前的公证文化品牌中所缺乏的。公证品牌文化中共同性与独特性并存，在品牌文化的创造及向社会推广方面还存在一定的困难。

三、理论研究文化滞后

公证虽同属于法律知识体系的一部分，但是我们不难发现对于公证理论的相关研究少之又少。"一少"是在高校的研究较少。高校的法学体系教育当中，除去对法学基础知识的教学，基于高校老师与相关律所的工作关系，也会有相应的关于律师知识的选修，而鲜少有关于公证工作的课程选修，这是高校教学的一个现状。高校法学专业学生在校的公证知识构建相对较难，公证知识贫乏，这也就直接导致公证文化在构建过程中的前端过程难度较大。高校的公证知识研究较少，对于法律基础知识及相关法律体系中的法律与公证的结合探讨较少，公证理论研究文化在高校中发展滞后。"二少"是公证机构的理论研究较少。公证机构从本质上来讲，更靠近一个业务单位，在传统发展中，更注重实际业务的拓展，而在实务工作中，公证员很少将工作进行总结并形成理论文章，也没有对新问题进一步思考，这是公证发展过程中所面临的一个大问题。公证工作由于直接面对更多的大众，在发展当中，就会遇到不同的问题，也会遇到不同的挑战，在这些问题的解决过程中公证人员会不断总结经验，对新问题进行思考，但是真正能形成相关理论文章的较少，有关公证的著作匮乏，可以说公证理论文化较为年轻。"三少"是公证理论探讨开展形式较少。虽然从2019年开始，公证机构在全国范围内开展了不同的研讨会、沙龙等，但是相对覆盖业务范围较小。公证机构涉及的业务可能从大类上来说相对是比较恒定的，但是大类之下的细分很多，特别是随着经济社会的发展，面临的问题会更有特点，对业务能力要求精细化更高，如果在平时的工作中没有进行系统化整理，再遇到难题时，很难形成具有指导意义的方法。单纯重业务，轻理论，是业务部门容易出现的问题。

四、创新文化有待提高

前文已经论述在公证发展当中创新文化起到了举足轻重的作用，现在的公证环境，创新还是有很大发展的，在公证的制度、管理、业务方面都有体现，但是我们也应该看到这样的创新还没有达到更高的层次。首先是制度方面的创新，中国的公证依托于专业的公证机构，是以公证机构为主的制度，与国外的公证有很大的区别，国外有全职的公证人以及兼职的公证人，是以公证人为主的制度。我国的公证机构又较为特殊，有多种制度并存。近两年全国范围内的公证机构开始由行政单位体制向事业单位体制进行转变，这也是在制度方面的一个创新突破，结合公证机构的特殊性以及在经济市场中的地位，由行政单位体制向事业单位体制改变，以及对于合作制公证机构的支持，都是在制度上的创新。制度改革的创新相对较快，但是在这个过程中必然会有一个阵痛期，特别是一些偏远地区的较小的公证机构，行政体制的改革可能直接带来的结果是公证员流失，难以吸收新鲜血液等。也就是说，公证人员的创新精神如何与公证机构制度创新相匹配是目前的一个难题。公证机构的制度创新势在必行，也是公证能够获得长远发展的不二选择，但是公证制度的改革会冲击不同的公证

人员，身份的转变也会变成公证人如何抉择的一个关键要素。创新文化的推进需要时间的沉淀，公证机构的改革推进尤为明显。公证人在之前发展当中相对守旧，在面临大改革时，需要有创新精神，才能推进长远改革。与公证制度的改革相匹配的是公证管理制度的改革。公证机构的制度转变，势必会面临人员组成上的大变动，为改革注入新的血液，那么管理上的转变也需要创新。人员配置上的变动，业务制度上的变革，都是需要管理上解决的问题，现在的转变首先是在管理人的选择上需要慎重选择，其次是管理制度上向其他业已形成的公证机构形态进行学习。同时，对于已经是事业单位或者已经是合作制的公证机构而言，如何在现有的公证机构管理模式下进行创新，也是管理创新的一大问题。公证业务在变化，公证人员也在变化，面对社会的快速发展，公众对于公证的需求增高，管理需要整体规划。宏观管控也是现在公证管理创新的难点。

其次公证业务方面的创新文化较弱。公证在之前的业务办理过程中，确实存在以证办证、坐堂办证的情况，但是社会问题的复杂、家庭关系的多样性，直接推动公证要以更积极的姿态参与其中。然而，公证在一些重难点问题上依然存在一些畏难情绪。公证从事前预防纠纷走进纠纷解决的整个过程，就是创新文化的一种体现。在一些办证过程中，公证员会遇到一些实际问题的认定，公证员是否可以做出认定，是否可以真正做"非诉领域的法官"，公证是否可以往前一步，这是目前需要进一步解决的问题。但公证会因为一些案件的风险评估值较高，而避免办理这些案例，这也是由于公证创新文化不够使公证业务和质量受阻的一个体现。

第十一章 公证文化建设的发展展望

公证文化的建设是一个长期且艰难的过程,但是我们也坚信公证文化可以欣欣向荣的态势发展,以公证文化的发展促进全行业发展,重新在法治建设中定位,并发挥应有的作用。

第一节 努力营造创新文化

公证人员是公证机构得以发展的主流力量,也是文化构建的主体。公证文化的未来发展必定与公证人员密不可分。公证人员对公证文化建设的重视,最终会推动公证人员从中获益,得以成长。在此,我们想特别分析的是公证的创新文化和理论文化,它们对公证人员的发展至关重要,需要在今后发展中更重视。

一、公证人员的创新

创新是公证发展的动力源泉,是公证文化不断发展的保障,也是近年来公证员在极力营造并努力向社会展示的。公证人员是创新主力军,在营造创新文化中需不断积极作为。

首先,公证人员应该真正热爱公证,了解公证,加强学习,深入思考。风雨公证四十年,虽有艰辛,却充满希望。公证经历市场变更,我们看到的是公证在不断创新,以满足社会需求,同时守住法律底线。热爱与了解奠定了成功的基石,因而我们在谈到创新文化的未来时,应先谈论的就是公证人员对于公证事业的了解与付出,需要意识到公证人员的坚持与付出是最终能够营造创新文化氛围的关键。

其次,公证的创新体现在业务的创新,需要重新对公证需求进行审视,进行系统化整理,对问题解决提供不同方案,不断进行公证业务的创新。由于相关法律规定具有一定的滞后性,一些新型问题出现后并不一定就能够马上找到相对应的规则，那么现有的相关规定和问题的解决之间如何画上等号就要考验我们公证人员能力了，我们需要倡导的创新能力是能够在有限的模式里解决尽可能多的问题。我们发现，在面对不能解决的问题时，一般有两种情况：一种是复杂问题下可以通过现有的某种公证模式完成，达到预定目的，即在既定模式下创新，解决新的问题；另一种就是并不能通过当事人期许的公证方式实现，而是要通过变通方式或者系统化方案才能解决。面对这两种情况，公证员就应考虑如何保障当事人的权利，如何尽可能减小风险。当然不可否认的是，公证员受传统思维的影响，存在规避风险，拒绝办证的情况。目前社会发展速度较快，很多时候都会遇到更新、更复杂的问题，也会遇到更多的当事人前来寻求公证帮助，希望通过中立第三方介入的方式来保障自己的权益。创新在这类新问题、难问题的处理上就显得尤为重要。这就要求公证人加强自身学习，能够综合运用知识，而不局限于某一单一的公证类别，公证人员要有足够的积累，才能真正实现创新。另外在目前公证发展过程中，创新不够还体现在一个方面，那就是公证人员缺乏主动出击，没有主动去发现一些特定问题或者新问题，也没有主动去研究解决问题的方法。在长期的公证一线工作当中，我们知道每一个案件都会存在差异，也会存在不同的情况，需要我们特定问题特定处理。我们在常年的办证过程中，可以从成功案例，也可以从一些有瑕疵案例甚至是撤证案例中进行总结，在不同点中找出相同点，再进行有效创新。除了公证办理内容上以社会需求为导向进行创新，在公证业务办理方式上需要推陈出新，敢于接受新方式、新途径。

以互联网下的公证为例，传统的公证模式是当事人来到公证机构申请，在公证机构对材料审核无误之后，再进行公证办理。随着互联网的发展，人们对于办事的便利性要求越来越高，公证员坐堂办证思路的转变其实也需要体现在提供服务模式的创新上，包括畅通上门办证渠道，最大限度满足当事人的需求，并且通过网上预约、网上办证等方式满足当事人需求。随着"互联网+"生活的深入，公证的信息化程度要求更高。例如，在公证电子数据证据保全方面，证据借助网络存储，这就对公证传统的保全电子数据方式有很大的冲击。怎样保证证据的合法合理取得，都关系办证模式的转变，也是公证员需要不断思考、不断做出改变与创新的方面。

前文已述，办证方式的转变还表现在从单一办证到系统性办证。公证人员是专业的法律人员，放眼现在当事人的需求，公证人员可以做的更多，具体来说就是根据当事人的需求提出合理的法律建议，再通过公证的方式提出解决方案。在这个过程中，面更广、度更深，为当事人提供全方面的法律解决方案，不局限于公证，但是公证又是其中的一种重要解决方式。目前，公证人员已经逐步认识到这一问题，但是真正要实现这样的转变，还有很大难度。公证人员在面临问题时对于系统性建议相对局限，因此，需要提升自身的业务素养和创新能力。这也是在今后的公证文化营造中公证人员需要注重的实务发展。公证人员应该运用创新的思维跟上改革，避免因循守旧，对改革制度存有抵触情绪。

二、公证机构的创新发展

为了让公证人员实现业务创新、思想创新，我们要营造浓厚的创新文化氛围。在这样的环境中，创新能成常态，公证人员的创新带动公证机构的创新，公证机构的创新带动公证行业的创新。三者的创新侧重点有所不同，公证机构是其中起关键作用的引路人，从机构的创新推动整个创新氛围尤为重要。

公证机构能够创新与公证机构的管理密不可分。公证机构的管理与公证机构的定位有关，市场经济中的公证在面临竞争、高速发展时如何管理，才能更大限度发挥公证作用，推动公证发展，公证机构的管理创新是值得深思的。对公证机构管理的创新我们主要谈论三点。

一是单位各部门设置管理创新。首先是公证机构的人员选择变更。公证机构是专业的法律服务机构，需要的是法律专业人才，秉持专业人士办专业事的发展理念，吸收更多法律人才，运用综合法律思维，对公证可能面临的挑战及难题进行全面考虑，从单一办证转变为系统化办证。其次，公证机构的人员配置，除了传统意义上对于公证人员的需求，还应该认识到公证机构要作为一个整体，还需要其他岗位人员，如人事专员、行政人员等组成。因而公证机构的人员配置、部门需要依照职能科学配比，实现各部门联动发展，才能推动单位规范前进。俗话云"不以规矩，不能成方圆"，反映到公证机构的管理文化上就是需要制定公证机构的规章制度。规章制度是单位意思自治的表现，是需要各员工共同遵守的准则。规章制度是管理文化建设的重要方面，是管理文化发展需要刻不容缓形成以及完善的部分。公证工作区别于一般的行政工作，工作方式较为灵活，管理上如何做到宽严相济、松弛有度，是管理文化丰富内涵的表现。单位规章管理制度涵盖人事管理、公证质量管理、公证业务管理、行政管理等多个方面，在公证机构中，存在一定的重业务、轻管理的情况。固然公证业务是公证机构的生命线，是公证发展的重中之重，但是公证机构的有效管理是公证业务发展的关键。公证机构的管理文化的营造，直接关系公证业务、公证质量的有效结合。公证质量高是公证机构发展过程中的重要目标，但是公

证业务多并不代表公证质量就能得到保障。我们非常清楚公证文书的出具背后包含的是多个部门的协调配合，因而保证公证质量这一生命线，需要的是协调管理。可见，公证机构管理制度的建立是文化建设的重要部分。

二是注重单位各下设部门的相互独立和相互合作。前文所述，公证机构的正常运转需要不同部门的合作，厘清每个环节，探索出如何在各个环节配合，恰到好处得形成相互契合的状态；但在合作中又需要清楚各个下设部门的具体职责，根据自己的特点规划工作，达到相互融合又各自独立的状态。

三是创新流程。公证机构始终是一个面向广大群众，与便民利民政策贯彻息息相关的一个单位机构，公证机构与多方沟通，在法律服务中是其中一环，也是大众在办理一个具体事项时所涉及的多个部门之一。在办理流程当中，要让公证人员面向大众，在工作环节中充分发挥自己的作用，那么公证机构在管理流程上的梳理与畅通就显得十分重要。公证要维护自身公信力，公证机构要维持严肃又亲民的形象，便需要不断创新，以满足人民及社会的需求。也就是说，在管理当中公证人员不仅要考虑在单位内部的发展中制定规则，同时要有相匹配的规则，以此满足社会需求。在此举一例，2019年4月4日中国银保监会、司法部联合发布《关于简化查询已故存款人存款相关事项的通知》，其中规定了已故存款人的配偶、父母、子女凭已故存款人死亡证明、可表明亲属关系的文件（如居民户口簿、结婚证、出生证明等），以及本人有效身份证件，公证遗嘱指定继承人、公证遗嘱受益人凭已故存款人死亡证明、公证遗嘱及本人有效身份证件，可单独或共同向开户银行业金融机构提交书面申请办理存款查询等业务，无需办理公证机关出具的《存款查询函》。这一项新规定改变了原有的办证思路。公证人员在面对不知情的当事人时，怎样才能按照要求开展工作，同时做好对当事人的解释工作，是公证人员日常必须面临的问题。认真落实好政策的执行以及在相关部门还未完全实行时，和有关部门积极配合，才能够及时调整工作。但如果管理部门流程出现混乱，导致各部门配合滞后，无法满足当事人的诉求，便会造成不好的社会效果。因而，公证流程上的管理创新是今后发展中需要被重视的。

第二节　推动理论文化发展

客观来说，公证目前存在一定的业务恐慌，究其原因，在于公证的发展过程中长期存在重业务、轻理论的现象，公证人员理论基础不够夯实，导致其对于新问题、难问题难以运用公证思维去思考、解决。公证是实务部门，公证人员会面对不同的当事人，解决不同的问题，公证业务相对繁杂，公证人员在这样的工作环境中容易过于关注实务而忽略理论研究，这也是公证在理论文化发展的绊脚石。在今后的公证文化发展中，理论文化毫无疑问是一个重点关注方向，需要公证人员、公证机构、公证行业共同努力。

一、公证人员加强自我学习

"学在苦中求，艺在勤中练"。公证员需要通过法律职业资格考试，同时在公证机构实习满两年，经司法部批准才能执业，也就是说公证员的执业条件相对严苛。但是，公证人员在公证理论方面仍有待加强，原因有二。一是公证知识属于相对"小众"的学科知识，在学校的法律系统学习内容涵盖较少；二是在繁杂的业务工作中，容易造成业务第一，理论滞后的情况。面对这些问题，在之后的公证文化发展中，公证人员作为推动理论发展的主力，可以说任重而道远。公证不是单独存在的，而是整个法律体系中重要的一员，公证人员应当加强法律知识的系统性学习，理解深挖公证知识，钻研公证案例，并能做到实务回归理论。公证机构是专业的法律服务机构，公证人员是专业的法律人，在公证工作当中，如果缺乏对公证文化的系统化深思和考虑，就难以做到常学常新，常新常学。公证人员应该对公证实务中遇到的疑点、难点进行整理，再从实务回到理论，最终找到解决办法，而不是在出现问题时采取回避的态度。

同时我们也意识到，理论文化是推动创新文化的动力，随着理论文化的发展，我们最终希望达到的目的是公证创新解决法律问题，介入各公司、家庭的法律服务。以意定监护公证为例，它是公证人员在研究各项法律法规后，与公证结合，然后创新性介入家庭事务的成果。区别于传统家庭事务公证，意定监护公证是通过多个公证事项以及公证人员、公证机构主动作为来规划家庭、个人事务，这样的创新取得了良好的社会效益。但是这些创新业务的开展，缺乏理论，是难以支撑的，丰富的理论知识、理论文化才是真正奠定创新文化的基础。公证人员接触到的当事人众多，了解当事人需求也最为直接，如何静下心来去学习，去总结经验，再回归实务，形成良性循环，是公证人员要加强自我学习的目标。

同时，公证人员需要加强理论成果的完成及转化。目前的公证人员对于一些问题的讨论并没有深入，也没有形成系统的理论成果。系统的理论文章是公证人员对于具体问题进行深入分析的总结成果，有助于公证人员提升自我，同时也是公证人员之间交流的一种有效方式。

二、公证机构提供学习平台

公证机构作为业务机构，在提倡公证人员自主学习的同时，还需要搭建学习平台，营造学习氛围，督促公证人员学习。目前，公证机构内部会计划性、定期性地开展讲座，号召公证人员参加。这类的培训学习需要系统性的规划，内容不局限于某一类型，应当包括公证知识、法律知识、与其他合作单位的业务探讨，同时也可加入综合性内容讲座。囿于公证培训的兴起与重视时间较短，这项制度及文化需要继续发展。

公证机构的学习除了内部的学习，还有走出去的学习。近年来，公证机构不断加强组织继续教育，创造不同的机会，让公证人员能回归学习，为精进业务充电。同时，倡导各公证人员对实务案例进行梳理和经验总结，形成理论成果，并通过创办刊物等形式提供发声平台。我们相信理论文化的繁荣离不开理论刊物、书籍的不断涌现，也希望在未来的公证文化建设工作中能够有平台可发言，有理论可参照，能坚持创新，服务民生，提升公证影响力。

三、公证行业营造理论文化氛围

公证机构在我国发展起步较晚，经过历史变迁，发展成为独立机构。公证机构的性质各有不同，但是理论文化的营造需要全行业共同努力，通过理论发展推动公证行业发展。当然，目前的公证行业的互通交流不断增多，分享学习方式多元，为公证行业理论文化发展提供了有力支撑。今后的公证理论文化发展，离不开全行业的重视，需要行业提供平台，需要行业与高校或其他行业进行合作。行业需要营造浓厚的理论及文化氛围，重视理论人才培养，对理论发展有倾向性扶持政策。通过对理论文化发展的重视，鼓励每一个公证人员提升自身理论素养，为行业创新发展奠定基础。

第三节　着力提升公证品牌文化

公证行业的发展最终落脚点在于扮演好自己在法律共同体中的角色，服务好社会民生。但公证并不是一种最大众的法律纠纷预防方式或者解决方式，究其背后原因，公证品牌文化建设薄弱是亟待解决的问题。在公证文化构建的大框架中，发展品牌文化需要提升公证本身价值，打造亮点产品，同时加强公证宣传。随着公证文化品牌树立，以及公证品牌文化的发展，可以提升公证实力与公信力，打造核心竞争力，保障和维护社会信用，加强公证作用。

一、公证机构重新定位，重塑公证公信力

由于公证机构的特殊性质，导致其在市场化的关系中，难以认识到品牌的效力与作用，同时折射出公证机构的定位混乱，未能实现精准发力。所以，公证品牌文化的建设，首先需要对公证机构进行精准定位，这也是着力打造品牌文化的基石。公证的立足点是预防纠纷，但是随着社会环境的变化，公证也在积极介入纠纷之中。但是公证究竟是否可以作为非诉领域的"法官"，是存在争议的。在此以一案件说明，若A公司为B公司的分公司，在A公司出具的股东会决议中明确表示同意B公司进行借款，而未明确以书面形式表现出同意接受强制执行，那么在B公司违约时，是否可以将A公司作为被执行对象是值得思考的。传统观念中，公证仅是作为见证或者提供证明的一方，但是出于对新时代法治社会的评估，以及公证机构组成特点来看，编者认为这样的角色定位是远远不够的，公证的定位应当往前一步。对公证定位的重新认识，会直接影响公证品牌的重新打造。展望品牌文化发展，公证的定位中需要追求"同"，更要追求"不同"。公证需要加强以统一的形象面向大众。从市场化角度而言，在市场中提供法律服务，就会接受市场的监督和检查，同时也需要向市场展现自己的办证能力和服务本领。品牌意识不强可能直接导致社会大众对于公证的接受程度不高。因而公证是什么，能够做什么，是公证在发展过程中需要向大众展示的。随着法治社会建设进程的推进，人们愿意寻求法律的途径保障自己权益。不可否认的是，"无讼"思想在中国社会一直存在，人们追求"以和为贵"，但是随着风险意识增强，公证就成为人们更愿意去选择的预防纠纷以及解决纠纷的方式。在公众对公证了解和信任后，公证则需要进一步指引当事人去寻求"适合自己的公证"。我们所希望的是针对不同的业务类型，不同的公证机构、公证人员需对自身定位，有不同的侧重点。解决定位问题是能够塑造有信服力的品牌文化的重点、关键点。

二、公证质量、服务新追求

公证质量是保证公证公信力的重要因素，在近年发展中，公证机构已经通过建立定期检查机制、惩罚机制、亮点案例分享机制等，将公证质量放在公证建设中的重要位置。各公证人员已把公证质量常挂心中，并付诸行动。

公证的发展应更多想侧重于公证服务方式、质量的转变，以此构成公证品牌的重要部分。以成都公证处为例，在坚持为当事人带来便利服务的理念下，

整理出"四张清单":重新梳理办证流程,精简办证材料,实现"24小时出证"、严格实行"最多跑一次",向社会大众进行公示,取得了良好的社会效应。在之前的公证实务工作当中,可能存在坐堂办证,造成当事人来回跑路的现象,容易在大众心中形成公证机构仅是以证办证的"盖章"机构这一刻板印象,更难谈品牌建设。以办理继承公证为例,亲属关系证明是否还需要当事人自行提供是整个社会所关注的事情。亲属关系证明一度被认为是需要当事人提供的"奇葩证明",在办理继承公证时,这一问题如何解决是公证机构需要去思考的。基于此,公证机构督促公证人员寻求其他办法,走出去,主动调查。越来越多公证机构通过建立专门调查小组等方式满足当事人需求,获得了社会的高度评价。在之后发展中,类似的服务措施、创新行为,是值得提倡和精进的。公证价值以及附加价值都是品牌文化能够成功树立的重要保障。

三、以宣传带动品牌文化深入发展

公证立足预防纠纷,其所能实现的法律意义重大。反观大众对公证的接受与理解,仍然处于较为初级的阶段,而公证走进社会大众,宣传预防纠纷相关知识,意义斐然。在宣传中凸显品牌价值,能带动品牌文化深入发展。公证着力于事前纠纷解决机制,对于社会大众做出某一行为时首先运用法律的思维进行思考有重要意义,由此可以避免纠纷,减少诉累,节约司法资源,可见公证宣传文化的构建是法治社会发展的要求。公证宣传文化的构建需要深化面对面宣传。公证的宣传较之前而言,面向的对象更广,内容更深。公证机构应印制相关宣传资料,分类分情况整理,并且组织公证人员前往社区等地点进行宣传,与社区等形成良好互动关系,定点定期组织宣传活动,以便更大范围覆盖群众,制定有普适性又有针对性的宣传方案;同时加强"公证法律顾问"概念,扩大公证服务范围,不局限于办理公证相关事项,以法律人为站位高度,运用法律思维全方位帮助当事人解决纠纷;引入"公证法律顾问"概念,加强公证与不同家庭、不同公司的对接。公证作为顾问加入并不与业已形成的律师法律顾问相冲突,而是实现互补关系。例如,在公司可能面临的招投标工作中办理公证,在出现侵权行为时办理保全证据公证等,公证员作为顾问可以提供专业意见,公证的前期介入可以帮助当事人或企业及时采取措施避免纠纷。

公证的宣传不仅体现在让社会大众能够知晓有公证这一预防纠纷的方式可以使用,更是追求公平公正的一种体现。就公证机构而言,我们可以发现在其发展过程中,公证业务在原有的基础上,不断深化拓展,如在摇号购房、升学摇号等关系到社会大多数人的利益的事件上,要求有公证这一中立第三方力量的介入，旨在通过这样的方式实现公平正义，也对公证正面形象的宣传和品牌的树立至关重要。

在信息化时代，宣传方式的增多，自媒体平台的搭建，让社会大众有了对某一事物更多的认识渠道。公证也应抓住这一机会，有意识地加强宣传，分重点、分门类进行归纳整理，从当事人需求出发，对公证能够起到的作用进行宣传，从宣传中加强品牌建设。

第十二章 公证机构文化建设典型案例

文化铸魂

——培育有思想的公证员 建设有灵魂的公证处

四川省成都市成都公证处 刘梅梅[①]

文化是人类社会特有的现象,是由人所创造并不断传承、发展的产物。英国19世纪人类学家泰勒认为:"文化是包括知识、信仰、艺术、道德、法律、习俗和任何人作为一名社会成员而获得的能力和习惯在内的复杂整体。"[②] 文化体系不仅决定人的价值观念,也构成人的行为准则。党的十九大报告明确指出:"文化是一个国家、一个民族的灵魂。"文化的力量,深深熔铸在民族的生命力、创造力和凝聚力之中。由此可见,文化建设工作关乎着人民幸福感、获得感的强弱,经济社会发展的快慢以及国家发展的兴盛等。

文化建设工作对一个行业、一个组织同样重要,加强文化建设工作,在其发展历程中应当具有战略地位。作为在全国具有一定影响力的公证机构,成都公证处长期将文化建设工作摆在重要突出位置来抓,取得了良好的工作成效。司法部公共法律服务管理局副局长(正局级)施汉生在调研成都公证处时认为,成都公证处在文化建设等方面独树一帜,已然跻身公证行业"仰望星空"的领军者行列。

成都公证处以"培育有思想的公证员,建设有灵魂的公证处"为文化理念,按照"内蓄文化底蕴、外塑品牌形象"的思路,将文化建设工作打造成为全处"铸魂工程",培养"物质文化、管理文化、行为文化、精神文化"四种文化,实现文化建设与公证服务、机构管理、形象塑造以及队伍建设等工作有

---

① 刘梅梅,大学本科学历,四川省成都市成都公证处行政部副部长。
② 爱德华·泰勒. 原始文化[M]. 上海:上海文艺出版社,1992.

机融合，以"出思路、出精品、出人才、做标杆"为文化建设工作目标，将全处创建为一个集学习型、责任型、效率型、服务型、廉洁型为一体的公证机构。经过多年的辛勤耕耘和不断创新突破，全处文化建设工作呈现出欣欣向荣的繁荣景象，文化自信和发展自信进一步提升，机构软实力和新动能持续增强，发展活力被全面激发。

一、道阻且长——加强文化建设工作面临的挑战

在全面加强文化建设工作前，成都公证处对行业和机构文化建设工作的现状及面临的挑战进行了充分研究，找出了关键问题，以期找准症结、对症下药，从而打破工作闭环、突破发展桎梏。

（一）面临着"变"的问题

1. 人民需求的转变

进入新时代，随着社会主要矛盾的变化，我国人民对美好生活的需求已经发生了深刻的变化，由主要注重物质需求转化为主要注重精神需求。在这个背景下，只有加强文化建设，才能更好地满足人民群众多层次、多方面、多样化的精神文化需求。

2. 公证需求的转变

社会发展、科技进步、生活习惯的改变使得当事人对公证服务的需求发生了质的变化，已经从简单的"公证能解决我的问题"转变为高级的"公证服务能力强、服务态度好、服务水平高"等综合性的需求。主要包括要求简化办理公证的手续，精简办理公证所需提交的证明材料；提升办证效率，在办理公证时能够实现"最多跑一次"甚至"一次都不跑"；进一步精简办证流程，缩短办证花费的时间；降低办理公证的费用成本等新需求。

（二）面临着"缺"的问题

1. 物质文化的缺失

公证行业在多年前普遍存在物质文化发展不够，存在服务场所装修设置不规范、环境老旧、功能不全，公证人员着装不统一、不规范等问题。成都公证处曾经也面临着这些难题，其原位于青羊区东城根街2号的服务场地购置时间较为早远，办公场地存在面积较小、空间狭窄、房屋老旧的情况，导致存在环境设置不规范、场所功能不健全的问题；同时由于行业对公证人员着装没有统一的要求，全处员工在着装方面也比较随意，常常出现部分员工着工作制服、部分员工着便装的现象。

2. 行为文化的缺失

由于公证行业早期对宣传工作重视力度不强、方式方法不新、稿件质量不高、媒体曝光度不够、普法活动敷衍了事等，造成了公证行业社会知晓度、认知度以及影响力不高的情况。同时，还存在职业礼仪不规范，服务过程中语言生冷、动作粗鲁，未将"公证为民"理念落到实处等现象。这些都是公证行业行为文化缺失导致的。

3. 管理文化的缺失

在对行业进行深入研究发现，公证行业中疏于管理、懒于管理的情况时有出现，有的管理制度不细不严，奉行"以人管人"的理念而不是"以制度管人"的科学思维。有的规章制度制定了很多，但是在制度执行力度上大打折扣，制度执行不到位，员工对管理制度和规则没有敬畏心理，导致违规违纪的情况时有发生。

4. 精神文化的缺失

由于不重视思想政治教育、职业道德教育等，导致出现公证人员重经济效益、轻公证质量，闭门造车、思维不开阔，没有政治意识、大局意识等问题。同时还不重视理论研究工作，出现公证行业理论研究成果数量不多、质量不高、知名度不够等现象。笔者在知网以"公证"为关键词进行搜索，显示仅有15481条结果，而以"仲裁"为关键词进行搜索，显示有35416条结果，以"律师"为关键词进行搜索词则显示有55367条结果。

二、行则将至——加强文化建设工作的具体做法

成都公证处紧紧围绕物质、行为、管理、精神四个层面，实施"形象展示、导向引领、效能提升、铸魂聚力"四大工程，提出"十五个一"工作法，内容涵盖形象文化、宣传文化、品牌文化、管理文化、价值文化和理论文化六个方面，系统构建起机构文化体系。

（一）实施"形象展示工程"，建设精品物质文化

物质文化主要体现为形象文化，是指由公证机构、公证从业人员个体形象有机结合而形成的公证行业展示给社会的外在视觉形象和内在感知形象，包括行业形象标识、业务办公环境、人员职业形象等。成都公证处围绕工作重点，将物质文化打造为展现机构形象的精品。

1. 坚持一套系统，强化行业识别

成都公证处全面遵循中国公证行业标识制作使用规范，在青羊区凯乐广场5楼业务用房装修过程中，使用全面统一规范的中国公证行业徽标、中国公证

行业室内外标识，加强规范化建设，进一步强化行业识别性；设计VI标识系统，在新业务用房办公环境营造以及日常办公物品和宣传用品制作、普法资料编印、书籍刊印等工作中全面应用，统一宣传风格，不断加深品牌文化印象，在促进标识系统规范性的同时营造浓厚的文化氛围。

2. 打造一种形象，展现专业属性

成都公证处严格按照中国公证协会要求规范员工着装和徽章、名牌的佩戴。严格着装考勤，拍摄男性和女性员工各个季节着装标准和徽章、名牌佩戴示范图片，并通过QQ工作群、微信工作群及公示栏等渠道在全处进行公示，要求全体员工严格按照标准着装和佩戴徽章、名牌；在对外开展业务工作和参加集体活动时，严格要求员工按规范着装，开展上门服务时佩戴工作牌、穿着标志服装，展现并传递全处专业、严谨的职业形象。

3. 优化一个环境，营造浓厚氛围

在青羊区凯乐广场5楼业务用房装修过程中，结合实际，建立了党建活动室、员工图书室、荣誉室、员工活动室等文化阵地，因地制宜优化打造环境文化；在办证服务大厅全天候、高频次播放《公证进行时》《信仰》《文化铸魂》等普法视频和文化建设视频，在办公区域摆放《便民服务手册》、办证DM单等普法资料以及《金沙公证》《印迹》《足迹》等书籍刊物，在全处营造良好的法治文化氛围。

(二) 实施"导向引领工程"，建设精准行为文化

公证行为文化主要包括公证宣传文化和公证品牌文化，是指公证机构为扩大社会影响力开展宣传工作及品牌塑造工作，以及在履行公证职责，参加社会实践活动中体现的文化。成都公证处从塑造良好的品牌形象、规范职业礼仪、践行服务理念等方面建设行为文化。

1. 塑造一个品牌，扩大社会影响力

全面强化品牌宣传工作，与新华网、法制网、中国公证网、法制日报、四川法治报、四川电视台、成都电视台等网络、报纸、电视公共媒体保持良好的联系，并不断加强合作，主动提供普法信息、文章、案例等，增强品牌曝光度，率先在地铁上投放广告，让"成都公证处，就在您身边"深入人心；近年来，成都公证处累计刊发报纸专栏近500期，发布信息700余条，其中，被市级以上媒体采用超过400条，被省级以上媒体采用90余条，被国家级媒体采用80余条，强有力的媒体宣传进一步提升了社会对成都公证处的认知度；成都公证处利用好官方网站、微博、微信等自媒体，及时处理后台信息，回复留言，保持与粉丝的互动交流，增强品牌黏合度；在"3·15"国际消费者权益

日、全国助残日、"8·28"公证法颁布纪念日、重阳节、"12·4"国家宪法日等特殊节庆、节点开展主题普法活动、开放日活动，成立共产党员服务队、共青团员服务队进社区、街道、学校、企事业单位等开展"法律七进"活动，通过平均每年开展近10次主题活动、40余场普法活动进一步扩大宣传效果，将"成都公证处"塑造为一个大众认知度、认可度和选择度均较高的品牌。

2. 遵循一种礼仪，提升职业素养

公证队伍的职业礼仪关系着整个行业在社会中的形象，将公证从业人员的行为准则和礼仪标准进行具体、细化的规定和要求，有着重要的意义。成都公证处一贯重视职业礼仪的培养和执行，制定了《十项服务承诺》《文明服务规范》《公证窗口值班管理办法》《接待服务规范》等操作性强、具体明确的规范性制度，对服务礼仪进行约束；定期邀请专业讲师开展礼仪培训、化妆造型培训等，对接待文明用语，接待表情管理，接待语气、语速、站姿、坐姿、手势，以及外出核实访问基本礼仪进行全面细化的讲解和要求，提升员工礼仪素养，进一步促进全处整体形象的塑造。

3. 践行一个使命，公证服务为民

从服务范围、服务质量、服务水平等方面将"公证为民"理念落到实处。按照"守住法律底线，满足社会需求"的业务发展理念开展公证业务工作，结合社会需求，打造出强制执行、证据保全、知识产权保护、涉外公证等拳头公证产品，配套制定相关业务操作指引，根据案件实际情况量身定制公证服务方案，在提升业务办理规范性水平的同时充分满足当事人的个性化需求；实施预约、上门、节假日无休等"十大便民服务措施"，畅通网络预约、敬老服务、公证法律援助"三条绿色通道"，为当事人提供代办邮寄等便捷、实用、省心的证前证后"一站式"服务，持续深化便民服务举措；组织成立公证到家共产党员服务队，推进24小时不间断上门服务，成立调查核实工作小组，代当事人调查核实及取证，促进提升便民服务水平；在全国行业内率先推出微信线上公证服务，开通微信公众号便民办证通道，满足市民便捷办证的服务需求，引进房产信息自助查询机、涉外公证自助办理机，定制开发"e视界"远程视频办理公证服务软件，持续推进办理公证"最多跑一次"和"减证便民"工作；结合公证工作实际，全方位、高效率、高标准推进服务国际化营商环境建设工作，制定公示主要公证事项办证材料清单、125项公证24小时出证清单、让当事人办理公证"最多跑一次"清单、公证办理流程清单等"四张清单"，并配套制定管理制度，严禁超时限出证、超范围收取材料等情况，提升服务质量；严格执行各项公证质量标准，将公证质量放在首要位置，强化质量检查，将每一件公证办成经得起检验的铁证，不断提升当事人满意度。

4. 创作一批作品，展示工作成果

将文化建设工作和理论研究工作有机结合，总结公证文化建设工作经验，编写并出版发行公证文化建设专业书籍，进一步扩大公证行业影响力；与成都电视台联合制作深度普法节目《公证进行时》，连续播出 60 期，引起强烈社会反响；拍摄形象片、《信仰》微电影、《文化铸魂》《"最多跑一次"让公证更有温度》工作经验视频片，创作处歌《成都公证人》并配套拍摄歌曲 MV，对各类视频片进行对外播出，以直观形式展现公证工作成绩，提升公证工作社会认知度。其中，成都公证处策划拍摄的业务视频片《文化铸魂》被司法部、中国公证协会评为了"全国优秀公证业务视频片"。

（三）实施"效能提升工程"，建设精细管理文化

管理文化是指以规范、高效、廉洁、自律为核心的行业内部管理制度和管理手段。成都公证处从管理制度建设、管理方式应用、管理制度执行等方面不断建设管理文化。

1. 健全一种体系，强化源头防控

根据实际工作情况，制定、完善和更新党建管理、公证业务及档案管理、行政管理、人事管理、安全保障管理等五大板块管理制度共计 60 余项，形成科学合理的制度管理体系，并将管理制度编印为《管理制度汇编》，分发至每一位员工，让人人熟记、人人遵守，不断规范内部机构设置及各项工作标准、工作流程，提升工作效率；各部门每年签订《目标责任书》，年底综合考评，部门内部实行员工岗位 KPI 关键绩效指标考核，层层分解工作目标、压实工作任务，形成标准明确、奖罚分明的考核管理体系；根据工作分工，将全处划分为党总支办公室综合部门、业务部门（8 个）、理论研究中心，形成"一办公室八部一中心"的内部机构设置结构，同时规范各项工作标准，梳理形成以"研究、拓展、办证、制证、出证、归档、质量回访、复查投诉、后勤保障"为脉络的工作流程，明确职责分工，提升工作效率；成立党总支，下设六个党支部，成立工会、妇委会、团总支，在强化内部机构设置、管理制度、目标考核等硬性管理机制的同时，不断完善党建和群团等柔性管理机制并促进其作用发挥，形成刚柔相济的科学管理体系。

2. 推进一项建设，提升管理效能

全面推进制度执行效能建设，将管理制度的落实和执行工作与员工 KPI 关键绩效考核、部门年度目标绩效考核挂钩，不断强化管理制度奖惩机制；健全督查督办工作机制，明确督查督办范围、突出督查督办重点、创新督查督办

形式、完善督查督办程序，持续提高管理制度建设和执行质量，杜绝发生有章不循、有规不执、有禁不止等现象，形成崇尚制度执行，用制度管人、凭制度办事、令行禁止的管理制度文化。

（四）实施"铸魂聚力工程"，建设优质精神文化

精神层包括价值文化和理论文化，是指公证机构在组织管理过程中长期形成，全体公证人员自觉养成而引以为自豪的精神成果和文化观念。成都公证处突出文化建设核心、强化理论研究工作，不断加强精神文化建设。

1. 坚持一个导向，提高政治站位

牢牢把握意识形态工作的领导权，坚持党对公证工作的绝对领导，树牢"四个意识"，坚定"四个自信"，坚决做到"两个维护"，坚持文化建设正确导向；通过开展党总支会议、党支部会议、党员大会等深入学习宣传马克思列宁主义、毛泽东思想、邓小平理论、科学发展观和习近平新时代中国特色社会主义思想，用以武装头脑，指导实践；强化政治理论学习，坚持开展"两学一做"学习教育、"不忘初心、牢记使命"主题教育，运用好蓉城e家、学习强国等新媒体学习平台，创新举措，丰富学习内容，提升学习成效。

2. 弘扬一种传统，加强爱国主义教育

传承发扬党的优良政治文化和中华民族的传统美德，促进传统文化与时代发展的交流融合，将处内公证案例改编排演为情景剧节目《公正与尊严》，参演四川省公证协会"庆祝中华人民共和国成立70周年暨公证制度恢复重建40周年文艺晚会"，获得了上级领导和媒体的一致好评。结合庆祝中华人民共和国成立70周年，按照上级管理部门工作安排，成都公证处梳理处内在新中国成立前参加革命工作的老战士、老同志和新中国成立后涌现的优秀人物先进事迹进行上报。经评审，成都公证处退休公证员吴兴富获得庆祝中华人民共和国成立70周年纪念章，谢刚同志获得四川省执业三十年公证员纪念奖杯和荣誉证书。成都公证处对先进事迹适时进行宣传，加强了对大家的爱国主义教育。

3. 践行一种精神，贯彻核心价值观

成都公证处突出文化建设核心，丰富文化内涵，强化精神之钙，将"培育有思想的公证员，建设有灵魂的公证处"文化理念贯彻到各项工作的始终。党总支带领工会、妇委会、团总支组织开展"红色七月·公证人向党献礼"主题朗诵比赛、"迎建国70周年"读书分享活动、"诚信执业、廉洁自律"主题演讲比赛、"美丽成都·环保徒步行"公益活动、"成证青年杯"辩论赛等丰富多彩的主题文化活动，大力弘扬践行新时代社会主义核心价值观，践行"忠诚、为民、尚法、担当"的四川司法行政精神，同时践行本处文化精神，适应新时

代公证工作的精神文化需求。

4. 养成一种素养，提升职业品格

按照《公证员职业道德基本准则》要求规范全处公证人员职业道德行为，强化公证人员法律红线意识、执业风险意识，提高公证人员职业道德水平，强化公证员遵法、学法、守法、用法意识；根据实际情况持续完善接待、值班等服务规范，邀请业内专家、高校教授开展公证专业知识培训、职业道德教育、职业礼仪培训等，引导全体公证人员养成崇尚法治、恪守诚信、公平正义的职业品格。

5. 树立一分荣誉，发挥榜样力量

通过多种形式和方式提升公证人员职业责任感、荣誉感和自豪感。每年组织新任职公证员进行入职宣誓、宪法宣誓等，为退休员工举办光荣退休仪式并评选终身成就奖、终身贡献奖、终身荣誉员工，增强公证人员职业认同感；组织开展"十大金牌公证员""身边好榜样"优秀共产党员、"身边最美党员"等专项评优活动，并每年组织开展内部评优评先活动，推荐优秀员工参加上级管理部门和行业协会组织的评优评先活动，选树榜样和模范，发挥先进的示范引领作用，形成正确的行为导向。

6. 加强一项研究，指导工作开展

成立金沙公证研究中心，搭建起公证人员理论研究、业务研讨和提高专业能力的平台，依托中心培养一批理论研究带头人对业内热点、难点及各种前沿问题进行探索，专注公证理论研究，为全处业务更好开展提供理论支撑和学术保障；金沙公证研究中心建立公证案例收集和展示机制，将公证工作中的典型和新型案例进行梳理，形成案例库，指导实际工作，以促进公证实务工作开展；编辑出版发行公证专业课程教材《公证理论与实务》，兼备教学培训和研究参考的作用，出版发行专业期刊《金沙公证》，对最新的公证理论和实务以及相关前沿法律问题进行深入探讨，切实推进实践与理论的融合；梳理全处2015—2018年理论研究文章，编印理论研究文集《印迹》，集中展示理论研究成果；开展金沙公证讲坛、公证沙龙等，形成理论研究工作交流沟通机制，创建公证业务和理论研究工作交流平台；与四川大学法学院、四川师范大学等开展校企跨行业交流合作，到四川大学法学院开设公证专业课程并选派资深公证员进课堂讲公证，促进公证文化与其他行业文化的交融互补，形成良好文化交流氛围。成都公证处截至目前已主持完成9个省市级课题（其中，省级课题3个，市级课题6个），在省级刊物上发表文章59篇，以强有力的理论支撑指导公证实务工作。

三、做则必成——加强文化建设工作取得的成效

加强文化建设工作与提升员工素质之间，具有根本的、不可忽视的内在逻辑关系，加强文化建设能够构建被社会广泛接受的认同感，可以大大提高机构治理水平。成都公证处通过全面加强文化建设工作，为事业发展提供了有力保障，取得了良好的工作成效。

(一) 增强队伍凝聚力，激发队伍新活力

文以载道，以文化人。文化建设具有凝聚激励的重要作用，通过加强文化建设工作，成都公证处现在处处都能感受到浓厚的文化氛围，全体员工在潜移默化中受到机构文化的熏陶和滋养，对单位的认同感和归属感不断得到提升，集体凝聚力和向心力不断增强，员工团队精神不断强化。文化认同，让全体员工思想统一、团结一致，心往一处想、劲往一处使，形成了推动机构发展的强大合力。现在，全处干事创业的精气神更加强劲，呈现出人心更齐、队伍更活、干劲更足的良好发展态势。

(二) 提升员工战斗力，全面焕发新朝气

通过系统文化建设工作，组织员工开展系列主题活动、讲座培训、思想教育活动、先进展示活动等，以破旧立新的姿态，促进员工进一步转变思想观念、丰富知识储备、掌握新的工作技能和工作要求，强化创新意识和创新能力，员工的竞争力、战斗力得到有效提升，全体员工的精神面貌焕然一新，工作状态焕发出了新的朝气、新的活力。员工个人发展与机构整体发展的相互融合、相互促进，使得其对机构、对行业未来的发展信心更足、理念更新，全处焕发出新的生机活力。

(三) 加强管理约束力，适应社会新常态

成都公证处充分发挥文化建设工作约束教育的作用，搭建管理体系、完善管理制度、强化制度执行，重视对公证质量的管控，对公证办证流程进行梳理、优化，对办理环节进行精简，促使业务流程运转更加高效流畅，内部管理进一步规范。成都公证处全体员工亲身参与物质文化、管理文化、行为文化等工作的建设，进一步提升了其对机构文化价值的感知和认同，形成了自觉遵守规章制度、自觉维护公证公信力的良好习惯，从而能够更加快速的适应社会的各种新需求。

(四) 强化工作执行力，树立公证新形象

一系列的文化建设工作使得全处公证人员的公证质量意识得到进一步加强，通过管理制度、工作环节的优化完善，员工定岗定责，增强全体公证人员的思想自觉、行动自觉，强化工作执行力，自觉维护公证工作公信力。全处质量管控力度越来越大、举措越来越多、措施越来越细，使得公证质量更加过硬，近年来，全处未出现错证、假证，复查投诉不断减少，当事人满意度不断提升。员工加强对"公证质量是公证事业繁荣发展的基石，是公证工作的生命线"的理解认识，公证工作的整体形象得到不断提升。

（五）提升机构创新力，注入发展新动能

成都公证处将文化建设作为推动全处创新发展的新动力，通过全面加强文化建设工作为高质量发展提供强大精神动力和智力支持。文化建设工作激发出成都公证人的新活力、新思维和工作新机制，他们敢为人先，敢闯敢试，让成都公证处成为全国首批让当事人办理公证"最多跑一次"、公证参与司法辅助事务、公证服务知识产权保护、公证服务金融风险防控等几项工作的试点单位，在全国范围内率先参与街道（社区）依法治理工作；同时，成都公证处转变服务理念、改进服务方式、丰富服务辅助设备、推广"互联网＋公证"服务模式，促进全处服务能力和服务水平不断提升，机构发展动力更加强劲。

（六）扩大社会影响力，形成工作新合力

文化建设工作让成都公证处在社会中的影响力日益提升，市民、企事业单位通过对成都公证处的深入了解，愿意相信成都公证处、选择成都公证处，形成了遇到法律疑问找成都公证处的习惯；成都公证处不仅在市民中具有良好的口碑，在行业中，同样具有一定的影响力，近年来，成都公证处主要负责人围绕"公证转型发展的问题与对策""文化铸魂"等主题，受邀为全国公证管理干部培训班、浙江省台州市公证员综合能力提升培训班、山东省聊城市司法局公共法律服务培训班、太原市市级公证机构人员综合素质提升培训班、四川省公证协会"三州"业务培训班等近300人授课；近年来，成都公证处还被司法部、国家工商行政管理总局、国家版权局和国家知识产权局评为"全国知识产权公证服务示范机构"，被司法部评为"全国公共法律服务工作先进单位"，先后获得全国"敬老文明号"和四川省第一届、第二届"敬老文明号"，四川省三八红旗集体、四川省司法行政系统先进集体、四川省司法行政系统"汤洪林"党支部、四川省优秀公证处、成都市民族团结进步模范集体、市直机关先进基层党组织等荣誉称号，连续四年被成都市司法局评为"优秀公证处"，多次被成都市司法局评为"优秀党支部""先进集体"；多名员工获评四川省三八红旗手、四川省优秀公证员、成都市优秀公证员、成都市司法局优秀党务工作者和"我最喜爱的普法员"等称号。

谦谦君子　温润如玉　汉唐公证　与您同行

——陕西省西安市汉唐公证处的价值文化

汉唐公证处　贾英[①]

成立于1993年的陕西省西安市汉唐公证处，原系经司法部批准的陕西省公证处，2006年依法更名。多年来，汉唐公证处坚持以人为本、以德待人、依法治处、科学管理的经营理念，在党建、人才队伍建设、制度建设、公证质量管理等方面取得了有目共睹的成绩。曾获得司法部授予的"部级文明公证处"，共青团中央授予的"青年文明号"等荣誉称号，连年获得"陕西省公证质量优胜单位"，员工个人获奖更是不胜枚举。"谦谦君子，温润如玉，汉唐公证，与您同行"，这是汉唐公证处核心文化价值的简明表述。正是这一文化价值，为汉唐公证处各项工作的开展凝神聚力，提供源源不断的精神动力。

在中国公证机构的地理版图上，汉唐公证处具有得天独厚的历史文化底蕴与地标性特点。陕西省是华夏文明的发源地，炎黄子孙在这里发展形成了中国最早的农耕文明。西安，以十三朝古都享誉中外，是"一带一路"的起点，背靠着具有"中国地理南北分界线"之称的大秦岭。可以说，汉唐公证处自诞生之日起，便深深浸润在中华民族传统文化中。深厚的人文底蕴赋予了汉唐公证处根植于传统的文化自信。

"谦谦君子，温润如玉"，出自《国风·秦风·小戎》。《国风·秦风》是《诗经》十五国风之一，为秦地民歌，歌曰："言念君子，温其如玉"。汉唐公证处的核心价值文化以影响最为广泛的"君子文化"为本源，在实践中赋予传统文化以新的时代内涵和行业特色。"谦谦君子"是汉唐公证处价值文化的人格化内涵，"温润如玉"是汉唐公证处文化的外在特征与表现。"汉唐公证，与您同行"，强调了其面向大众提供公证法律服务的根本任务。

党的十八大以来，习近平总书记就文化建设特别是传承和弘扬中华优秀传统文化发表过一系列重要讲话。习近平总书记曾在中共中央政治局第十三次集体学习时的讲话中指出："培育和弘扬社会主义核心价值观必须立足中华优秀

[①] 贾英，女，1984年11月出生，2007年毕业于武汉大学，主修经济与管理学院金融工程专业，辅修法学专业，陕西省作家协会会员。现任陕西省西安市汉唐公证处办公室文员。曾供职于媒体多年，获"陕西好青年""陕西省优秀新闻工作者"等称号。

传统文化。牢固的核心价值观，都有其固有的根本。抛弃传统、丢掉根本，就等于割断了自己的精神命脉。博大精深的中华优秀传统文化是我们在世界文化激荡中站稳脚跟的根基。中华文化源远流长，积淀着中华民族最深层的精神追求，代表着中华民族独特的精神标识，为中华民族生生不息、发展壮大提供了丰厚滋养。中华传统美德是中华文化精髓，蕴含着丰富的思想道德资源。不忘本来才能开辟未来，善于继承才能更好创新。"党的十九届四中全会指出："坚持以社会主义核心价值观引领文化建设制度。"本文将从根植于中华儿女血脉当中的文化共识——"君子文化"出发，深入剖析汉唐公证处如何赋予传统文化以新的内涵，并紧密围绕社会主义核心价值观，积极践行"崇法、尚信、求真、守正"的公证执业理念，不断创新和积淀，形成符合自身特点的价值文化。

一、让求真成为基本职业素养——"自强不息"的君子之道

随着社会的不断发展，公证服务日益深入人心，公证事项的办理越来越趋于人性化、个性化。公证服务对办证人员的素质要求也趋于专业化和复杂化。那么，如何让公证法律服务为当事人解决各种各样的实际困难，从而有效保证民商事的正常运转，维持社会稳定，提高人民群众的满意度、幸福度呢？答案就是以求真务实的态度，为百姓提供创新的公证法律服务。

公证人员的求真本质在于不断创新，创新就需要动力，创新动力不应仅来自其在办理公证的过程中遭遇的外部压力，公证机构还应积极从文化价值理念的角度，组织引导和帮助公证人员变被动创新为主动创新，将其提供公证法律服务中的创新作为一个重要部分，与自身的职业追求紧密结合，从而内化为职业自觉，将求真精神与创新意识升华为其实现人生价值的途径。

在君子文化中，求真务实与不断创新本就是一种自觉意识。《周易》中提道："天行健，君子以自强不息。地势坤，君子以厚德载物。"意思是说，宇宙正在为我们不停地运行着，人活在宇宙当中，也是其中的一分子，古老的先贤就已经看到，生命的意义在于顺应宇宙，发奋图强，自强不止，才能生生不息。

"谦谦君子，温润如玉"，自强不息的君子文化基因在秦人的血脉中流传至今，在这样的价值观的影响下，汉唐公证处的创新力不再源于被动被迫，而是源于文化自觉。

汉唐公证处能够走在全国公证工作的前列，源于汉唐人自强不息、厚德载物的自觉意识。全处员工团结向上，不断学习提高自身的业务水平，在工作中

遇到困难不会退缩而是迎难而上。

2018年，汉唐公证处成立了全国唯一的"知识产权公证研究中心"。这一平台的搭建，能够使公证人员在实际工作中发现问题时，够不回避问题而是正视问题。知识产权的保护是近年来我国越来越重视的一大法律领域，汉唐公证处所在的陕西省西安市是全国较大的高等院校集中地，科研、军工、能源工程等均处于领先水平，因此在知识产权的保护方面涌现出许多全新的困难。公证人员在工作中发现问题后，本着求真的态度，收集案例，整理思路，经过全处业务骨干的多次研究讨论，与相关单位的几轮磋商，终于达成共识，通过整合资源、多方协作来解决问题。

"知识产权公证研究中心"正是在汉唐公证处价值文化影响下，结合各方优势资源的产物，形成了产学研一体，以公证处为前段触角，以高校为后方阵地，公证人员与科研人员以及知识产权相关政府资源深度结合的产物。这一平台将从公证法律服务的角度，积极拓展知识产权保护的方式和方法，融入陕西省"一带一路"建设的事业当中。求真与创新不断拓展公证服务知识产权保护的范围和力度，提高服务效率和质量。下一阶段，汉唐公证处力争将该知识产权公证研究中心打造成全国示范机构，推动陕西省的知识产权公证事业步入全国先进行列。

二、发挥组织力 提供归属感——"和而不同"的君子之风

"和而不同"是君子文化的重要思想。西南政法大学国学经典与人文教育中心主任董卫国曾在《人民日报》发表文章《彰显和而不同的时代意蕴》称："和而不同是中华民族的重要的文化基因。习近平总书记提出，'和而不同是一切事物发生发展的规律'，强调'促进和而不同、兼收并蓄的文明交流'，指出'要秉持和而不同理念'，赋予和而不同崭新的时代意蕴。"

任何一个组织的文化都不会是一蹴而就的，而是一个长期培养逐渐形成的过程，汉唐公证处的价值文化建设涉及公证处的所有方面，"和而不同"的思想可以有效促进组织管理，有助于内部与外部各种关系妥善理顺。

总体来说，君子文化中的"和而不同"，其核心着眼点是人。汉唐公证处的管理就是以人为出发点和落脚点。汉唐公证处为每个员工提供平等的发展空间，只有在平等的环境中，员工充分获得了个人尊严，才会将单位作为他们家庭之外的更为宽广的精神归属之地。这样不仅能够让人才各尽其能，还能留住人才，当人才的个性可以在这个集体中得到包容时，人的才干就可以顺利地浇灌为集体智慧。

大量的传统经典哲学著作表明，中国人所讲的君子之道的融洽，一定是"和而不同"的。在和而不同的思想统帅下，集体所追求的大的方向是一致的，在公证处，那就是要为大众提供优质高效的法律服务，同时，作为可持续发展的事业，公证工作还要满足公证人员的个人发展需要。大家不仅需要吃饱穿暖，还要追求执业理想。公证执业理念"崇法、赏新、求真、守正"为公证人员指明了理想境地，作为公证处，则要通过组织的艺术，促进公证人员将理想落实于实际工作。

汉唐公证处现有138名员工，其中执业公证员49名、公证员助理56名。全处人才济济，拥有硕士学历的员工近三十人，其余均为本科学历，多来自全国各大重点高校。汉唐公证处部门分工细化，协同创造明显，拥有独立公证人工作室6个，业务部、业务保障部（制证部与核查部）、审批部、业务研究部、党务办公室、行政办公室、财务部和网络部等15个部门。在一个较大的组织机构里，团队就是集体的正面抽象概念，团队力量远远大于个人的力量，所以只有团队和谐才能创造奇迹。而团队是需要大家集体合作的，大家要相互信任，只有这样才能发挥出团队精神，也有利于这个集体对外进行交流与合作。

如果"同而不和"人际交往方式在公证处的人际关系中大量存在的话，那么也将自觉或不自觉地渗透到业务领域。其结果，便是把独立的专业见解变成势不两立的门户之见。我们知道，一家公证处想要在发展中立于不败之地，就要始终做到顺应千变万化的实际情况，以不断创新去谋求新的发展。大众对公证法律服务的需求在每个阶段都会有不同的特点，公证法律服务者如何用专业智慧去满足大众的需要？不同的公证从业者会有不同的观点。作为一家以公证员为核心智力资产的公证机构，公证处要从管理层面去将不同的专业思想进行融合，要通过不同观点的交流与碰撞去伪存真，促进公证处的发展；而门户之见则是无原则地坚持和捍卫自己派别的观点，将观点之争演变为利益之争。

个人就同一个具体问题的看法并不是完全相同的，因此相互合作才有了必要。汉唐公证处为员工提供的"和而不同"人文环境，可以帮助不同的个性和个人思想和谐共融。人与人之间既能保持个性，又可以互相帮助，发挥专长。汉唐公证处所形成的"和而不同"价值文化，以中华文明中的重要思想儒家思想为基础，以君子的人际交往之道为准则，对内通过精简高效的合作方式来提升员工的满意度。利用收入分配、员工福利等多种方式强化全体职工的主人翁精神、参与意识和服务意识，让党员充分发挥带头作用，大胆推进改革。在提高部门之间的协同效率基础上，对外着力优化办理流程，依法依规降低办事门槛，减少办事资料，提升当事人的满意度。

三、促进理想内化为性格的长效机制——"温润如玉"的君子品格

玉石是君子文化的重要象征物，君子爱佩玉，并以美玉比喻理想的人格境界。《国风·秦风·小戎》出现："言念君子，温其如玉"，影响华人世界的现代武侠小说大师金庸在其开山之作《书剑恩仇录》中写道："强极则辱，情深不寿，谦谦君子，温润如玉。"这表明，温润如玉的品性是中华儿女血脉当中的共同特征。

汉唐公证处的员工是价值文化的创造者。"谦谦君子，温润如玉，汉唐公证，与您同行"，这是汉唐人对其生命状态的美好向往。在汉唐公证处，员工通过专业历练、团结合作，其性格也将呈现出成熟圆润的光华。在此共同价值取向的潜移默化影响下，员工不断调整着其个人目标，向大局靠拢。汉唐公证处所构建的"和而不同"的文化，可以减少员工个性摩擦产生的压力，并用更高更宏大的社会目标给员工以归属感。

汉唐公证处为人才创造深造的条件，积极、系统安排人员学习，通过司法部、中省公协、案例研讨会、法律大讲堂、青年论坛等各种方式，使人均集中学习每周不少于一次。计划每月与法院、金融机构、大学院校、人民群众等开展研讨会一次，讨论解决热点前沿问题。同时，积极参与省协会组织的公证行业实训基地建设，加强同行之间的培养、学习与交流。

汉唐公证处的"青年公证人论坛"已经连续举办了数届。每年的论坛，都要设置一定的主题供年轻人发挥。温润如玉的君子品格始终引导着年轻人思想，提倡个人品性的养成比外部压力更能帮助他们在成长为优秀的公证人过程中感到有集体可以依靠，把握集体的宏观发展方向，在大的发展框架下构建自我的发展规划，从而能够逐渐进步，更好地为大众提供专业的公证法律服务。公证处所组织的"青年公证人论坛"在其中发挥着不可估量的作用，主要表现为：

第一，在党建、团建之外，为年轻人提供专业的组织平台。"青年公证人论坛"的举办，提供了党建与团建活动之外，更加专业的年轻人组织平台。在汉唐公证处，党建活动主要抓思想统率，团建活动主要增进青年公证人互相了解与信任，而论坛活动则是专业法律范畴的探讨，区别于由业务骨干主导的业务讨论会。

"青年公证人论坛"倡导理性、温和、开放、包容的君子性格的养成，通过话题设置与讨论，让年轻人在公证事业的起步阶段便养成较好的思维习惯、学习习惯和自觉成长的习惯。在论坛话题设置上，开放度和深度同时兼具，如

"如何提高我们的服务质量""如何做一个合格的公证人"等，和工作与年轻人的个人体会息息相关，年轻人的参与热情很高，主观能动性被充分调动。

第二，由论坛引申出的公益活动，帮助年轻人将理念付诸实践。在论坛交流的基础上，年轻的公证人的想法还需要落地，在实践中接受检验，经过检验以后，才能促使理念内化成性格，并反过来作用于其日常工作。

汉唐公证处积极开展多种形式的公益法律服务活动，旨在为年轻人创造条件积极实践，在实践中贯彻老中青各年龄层的公证人传帮带的良好作风。每年，汉唐公证处都要组织公证进社区活动，多年来，汉唐公证处的中青年公证员已经走遍大大小小数十个社区，提供免费法律咨询，送出普法资料5万多份，累计服务近10万人次。2019年夏天，汉唐公证处的公证人员在酷暑难耐的三伏天走上街头为行人送上解暑饮料。重阳节期间，举行为70岁以上老人免费办理遗嘱公证的活动。这些公益活动，无不是从传统的君子文化中来，生动地展现出"谦谦君子，温润如玉"的立身态度，展现出公证人员服务大众的立业态度。

在公益法律服务活动中，汉唐公证处所提倡的价值文化通过一件又一件掷地有声的案例传递给年轻人，让他们明白崇高的追求并非一句空谈，而是实实在在发生在他们身边的事，是他们力所能及的事，也是他们的前辈走过的路。这样的工作氛围，将有效地促进价值文化中的理想状态内化为员工的性格。传统的君子之风在汉唐公证处的实践中有了新的时代内涵与公证行业特色，并在公证人员中不断薪火相传，成为稳定持续激励汉唐公证处发展的思想动力。

多年以来，汉唐公证处在陕西省司法厅党组的正确领导下，以深化公证改革、坚持公证为民、服务法治建设为目标，积极发挥公证的职能作用，不断加强公证人员的管理，严格规范公证人员的执业行为，努力提升公证服务质量，在打造科学、规范、优质、高效、为民的"汉唐品牌"上取得了一定的成效。

服务社会是每个公证从业者的责任，形成公证处的价值文化，无论对内还是对外都将会促进社会的发展，实现人的内在与外在的和谐。这是一项永无止境的工作，是每位公证管理者及每位公证处员工的责任。多年来，汉唐公证处一路发展，逐渐沉淀和积累了符合自身特点的价值文化。这是全体员工的智慧结晶与思想共识，为汉唐公证处提供着源源不断的发展动力，让汉唐公证处的内部管理与外部交流能够充分发挥人的潜力，达到精诚合作，众志成城，共克时艰，共谋发展的和谐局面。

"谦谦君子，温润如玉，汉唐公证，与您同行"，这是汉唐公证处价值文化，它发源于对秦人乃至所有中华儿女产生深远影响的君子文化。汉唐公证处紧紧围绕社会主义核心价值理念，大力弘扬中华传统文化，通过励精图治不断实践让传统在新时代焕发出新的生命力。汉唐公证人在实践的不断检验中逐渐发展完善着其价值文化，多年来，汉唐公证处一路发展，逐渐沉淀和积累了符合自身特点的价值文化。这样的价值文化是全体员工的智慧结晶与思想共识，为汉唐公证处提供着源源不断的发展动力，让汉唐公证处的内部管理与外部交流能够充分发挥人的潜力，达到精诚合作，众志成城，共克时艰，共谋发展的和谐局面。在今后的发展当中，汉唐人还将继续秉承以君子文化为思想基石的汉唐公证处价值文化，为公证事业做出新的贡献。

集智公证新文化　赋能公证新作为

四川省成都市国力公证处　王云筠[①]　张　玲[②]　桂承道[③]

　　公证作为一个行业，在我国发展历程还不到百年的岁月，随着我国社会的进步、经济的发展，公证事业同样也得到了长足的发展。公证历经了行政、事业、合作制等组织形式，但公证文化在改革开放前的发展相当缓慢，改革开放后，特别是2017年张军担任司法部部长后，全国公证事业的发展有了一个崭新的飞跃，中国公证事业迎来了一个明媚的春天。行政性质的公证机构相继退出历史舞台，事业性质的公证机构成为当前公证主流，合作制公证机构成为当今公证发展潮流。什么是合作制公证机构？目前合作制公证机构还没有准确的定义，根据司法部相关文件可以看出，合作制公证机构由五名公证员自愿组合，按照公证章程约定的出资比例出资，一起参与公证机构管理，依公证章程按出资比例承担机构风险，公证机构对外独立承担风险；公证员有过错的，公证机构对外独立承担风险后，可以对有过错的公证人进行追偿。公证处已进入了新时代，合作制公证机构作为公证新兴的组织形式，历经20年的发展，集中国公证全行业的智慧，自然而然形成了自己独有的新文化，这是在原有公证文化传承的基础之上创新改革的结果，赋予合作制公证机构新内涵，赋予合作制公证机构新的发展机遇，实现合作制公证机构新作为。合作制公证制度尽管走过了20个春秋岁月，至今仍未成熟、仍未定型，其实合作制公证制度就是一个动态的成长过程。下面就合作制公证处如何在实践中淬炼公证文化，进行有益的探索。

[①]　王云筠，男，1965年3月出生，法学本科学历，中共党员。现任四川省公证协会副会长、四川省成都市国力公证处主任。1986年至1995年在四川省屏山县检察院任检察官，先后任书记员、助理检察员，税务局检察室主任，反贪局副局长。1995年至2002年，先后在乐山市公证处任公证员、副主任。2002年至今，先后在成都市国力公证处任公证员、副主任、主任。

[②]　张玲，女，1969年12月出生，中共党员，本科学历，毕业于西南政法大学法学专业，1990年取得公证员资格，具有国内民事经济，涉外，涉中国港、澳、台地区业务资格。现任四川省公证协会常务理事，四川省成都市国力公证处副主任、工会主席。2000年至今，先后在成都市国力公证处任公证员、副主任、工会主席。

[③]　桂承道，男，1972年11月出生，本科学历，汉语言文学专业毕业。现为四川省成都市国力公证处理论研究室成员，2013年至今系四川省成都市国力公证处公证员，具有国内民事、经济、涉外等业务资格。

一、以公平正义为公证文化中心，质量是根本

（一）公平、正义是公证文化的核心价值所在

合作制公证机构的未来在哪里？公信力从何而来？服务质量是否会在激烈的业务竞争中出现下滑？公证公信力对公证有多重要，如果没有公信力，公证这个行业就根本不可能存在。公信力对于合作制公证处来讲，确实没有具有行政性质的公证处和事业性质的公证处那么强，笔者作为合作制公证处的践行者，多次遇到当事人发问："你们是私人办的公证处，还是政府办的公证处？"还有更甚者说："办一个公证处多么赚钱，就一张纸，现在都用电子印章了，公章都不需要盖了。"这样的问题表明，合作制公证处的生命似乎更加脆弱，短期内特别是合作制公证处成立之初的一段时间里，合作制公证处很可能让人民群众产生"信任危机"，这一点是挑战可能也是机遇。只有以人民为中心，为人民服务，牢固树立公证为民的初心，强化公证机构和公证人的管理，防止法律赋予的证明权成为个人盈利的工具，彰显公证的公平、正义、合法、有效的核心价值，才是合作制公证机构试点的重中之重。无论公证机构采取哪种组织形式，公证机构的核心价值稳定不变才是永恒的，这将是逐步消除公众对合作制公证处认识偏差的有效办法。

（二）公证质量仍是合作制公证机构文化成长的主题

合作制公证机构该向哪里出发，又该走向哪里？公信力谁给予谁赋能？在公证业务竞争激烈的大背景下，公证质量仍然是公证文化的基础。时至今日，合作制公证机构数量已逐步增长，公证质量不因合作制公证机构数量的增加而降低，如果哪一个公证处视质量如草芥，那么这个公证机构将被岁月淘汰。合作制公证机构的成长没有别的捷径可走，只有用自己的汗水浇灌它，狠抓质量让合作制公证处健康成长，也许这就是合作制公证处发展的未来。公证质量是公证立身的基础，若公证质量被公证机构和公证人忽悠，那么公证机构和公证人将被无情的岁月湮灭殆尽。在发展的道路上，合作制公证机构没有退路，重视公证质量是它提高公信力的唯一办法。换而言之，公证机构的证明权不是国家赋予的权力，而是来自公信力。公信力来自哪里？公信力来自群众的信任，来自公证人自身的专业知识和职业道德规范。公信力与公证处形式无关，与公证质量和公证人的修养息息相关。正是因为合作制公证机构没有退路，需要自己养活自己，因此合作制公证机构只会更加重视公证服务和公证质量，公证员将会更加勤勉更加尽职守则。合作制公证机构服务以人民为中心，公证质量以提升公信力为目标。从公证意识到现代化办公硬件投入，从制度规范到业务培训，从事中监督到事后抽查，必须层层落地落实。在合作制公证机构近 20 年的实践中，合作制公证机构在其成长过程中，已逐渐丰满了公证质量管理体系。

二、涵养年轻公证员的探索精神，是公证文化接续发展的最强保障

公证理论与公证事业齐飞，是公证机构和公证人最美的期盼。公证理论与其他科学的探索一样，都没有想象中的那么浪漫和惬意，理论探索者也不可能像影视剧里那么美轮美奂，光彩照人。像苦行僧那样艰辛地付出，可能才是公证理论探索者的真实写照。

（一）公证文化从理论出发，让青年遇见未来

公证要发展，理论要先行。公证创新理论指导公证新实践，新实践成就公证理论创新，公证创新理论的高度决定公证事业发展未来走向。在现实中，从事公证理论研究的人少之又少，究其原因，主要是这个行业本身的重视程度不够；还有一个很重要的原因，90％以上的公证机构和公证人轻理论重实践，为什么会这样呢？利益至上蒙蔽了许多公证机构和公证人的慧眼，做一个课题，需要花很多时间去调查、去实验，时间可能是三个月或半年或一年或更长时间，得到的经济报酬可能微乎其微，甚至没有；如果把时间花在眼前的业务上，可能一天办的业务的报酬，远远大于你一年或更长岁月研究理论的报酬。这就是制约公证理论飞跃发展的现实客观原因。

根据笔者观察，比较重视理论的公证处主要集中在规模较大的合作制公证机构集群里。例如，成都的蜀都公证处、国力公证处，昆明的明信公证处，上海的东方公证处，厦门的鹭江公证处，北京的长安公证处，他们都是中国公证事业的脊梁，从某种意义上讲，他们就是中国公证发展的方向。要问公证改革的符号在哪里？他们奋斗的姿态，可能就是新时代公证事业最美的公证符号。

公证处对理论研究的重视程度，某种意义上体现了一个公证处的发展程度。一个公证处要想发展久远，就必须重视理论探索。公证处对理论研究的重视程度主要体现在人财物的投入，就拿国力公证处来说吧，在 2017 年以前，全处除了业务还是业务，只谈业务不谈理论，就是那个野蛮生长年代的真实写照。2017 年以来，新的领导班子高度重视公证理论发展，充分认识到，公证理论是公证业务发展的最根本动力。成立了专门的理论研究中心，公证处副主任刘晓红担任理论研究中心主任，资深公证理论专家邹丽丹任副主任，成员 12 人，平均年龄 38 岁以下，队伍年轻化、专业化，全都是具有较强理论研究水平的中青年。以理论研究的方式，发现问题、分析问题、解决问题，这就是

国力公证处理论研究中心的主要任务。研发公证新事项，指导公证新业务，用实践反哺公证理论。公证处每年投入重业务额的千分之五，作为课题研究和理论创作发展基金，公证处用这种激励方式提高全处公证人员的理论水平，理论水平提高了业务水平自然也差不到哪里去。公证专家哪里来？理论中来，实践中去，反复实践、反复理论，千百次历练后，你就是专家。年轻公证理论专家的阵地在哪里？在《中国公证》、在《四川公证》、在《国力公证》，还有公证人著书立说别开洞天，另有一番天地。人人探索公证理论，人人深入公证实践，公证处每个公证人都可能成为公证专家。这是国力公证探索公证理论最原始的想法，当初并没预见到，理论能够推动公证业务发展。其实理论水平提高了，业务水平上升了，我们公证人的工作能力强了，公证质量上去了，业务就自然拓宽了，量自然而然就上升了，同时提升了公证人和人民群众的获得感，这样的公证理论探索是一个多么令人愉悦的工作啊！国力公证处2017至2018年的公证业务收费数据足以诠释这一点，2017年、2018年公证业务收费分别为6000万元、8000万元。虽然公证理论在国力公证处才呱呱坠地，但昭示着国力公证处阳光明媚的未来。

（二）公证文化小讲堂进社区，共享共建法治社会

每一个公证员就是一个公证文化讲师，亦是一个公证实务专家。三百六十五天，几乎每天我们都有公证员活跃在成都某一社区，他们一边在办理实务公证，一边在公证普法。每一次办理实务公证，就是一次普法，每次普法就为中国法治建设贡献了一分力量。即使这份力量可能微乎其微，但涓涓细流足以成就汪洋大海。这里的汪洋大海就是中国法治，我们每一次办理的公证实务就是涓涓细流之一。公证是人民群众的事，群众的事无小事，公证的事更无小事，必须办好每一个公证案件，努力让人民群众在每一个公证实务中感受到公平正义。

新时代呼唤卓越的公证专家，呼唤优秀的公证法律人才，同样需要更多的路径来历练公证法律人才，公证实务与教学相结合，更有利于公证法律人才的成长，公证事业之花才可能绚丽绽放。中国公证法律专业教育和中国公证理论探索，方兴未艾，正面临前所未有的发展机遇，当代年轻的公证人恰逢其时。我们公证人倍感荣幸，信心满怀，不负新时代，以习近平同志全面依法治国新理念新思想新战略为指引，根植中国公证法律服务实践，努力探索人民群众对公证法律服务的新需求。公证法律服务是中国法治建设不可或缺的组成部分，致力于中国公证事业的实践与探索，就是投身中国现代法治建设的具体行动，就是习近平同志全面依法治国新理念新思想新战略的落地成长。要让中华法系

再次登上世界舞台，作为现代中国公证人决不能袖手旁观，必须不懈努力，这里需要我们公证法律人的智慧和力量。

三、坚守底线，提升公信力，是公证文化的根本特征

（一）公证员亲自办理公证事务，是公证文化底蕴之魂

"在我的面前"是公证活动客观真实的现实证明。没有"在我的面前"就谈不上公证的客观真实，这样公证行业就没有存在的现实意义，从而失去公信力，失去生命。

我国公证法第二条明确规定：公证是公证机构根据自然人、法人或者其他组织的申请，依照法定程序对民事法律行为、有法律意义的事实和文书的真实性、合法性予以证明的活动。这里所说的真实性就是指公证员亲自办理公证事务。公证员亲自办理公证事务必须遵循以下三点：首先，公证员要亲自与申办公证的当事人、利害关系人及其他相关人员进行有效交流，必须亲自对当事人权利能力和行为能力进行审查，判断当事人办理公证的具体内容和他们的真实意思表示是否一致；其次，公证员必须亲自了解、分析、审查和调查申办的法律行为、有法律意义的文书和事实及有关材料；最后，对公证事项的真实性和合法性必须由承办公证员进行判断，做出最终决定。

我国现行通用的公证词里，一般这样表述："兹证明张××于××××年××月××日来到我处，在我的面前，在前面的《××书》上签名、捺指印，并表示知悉××的法律意义和法律后果。""在我的面前"是证明活动中的第一要件，其中的"我"指的是承办该公证事项的公证员，而不是其他工作人员。"面前"指的是近距离的视野内，承办公证员能够清晰看到当事人在相关法律文书上的签名、捺指印；当事人指的是站在承办公证员面前的当事人，而不是视频图像之类的当事人。更准确地表达，就是表明承办公证员亲临现场为当事人办理公证事务。

（二）公证员亲自办证是国力公证文化最为生动的实践

"在我的面前"是公证员亲自办理公证事务三原则的高度实践概括，公证员亲自办理公证事务三原则是"在我的面前"的实践细则。国力公证处三分之二以上业务都来自银行的按揭贷款，为了满足金融公证业务的需要，我处一直坚持每一个银行公证办理点，公证员轮流值班，确保每个公证案件均是公证员亲自办理；不仅如此，国力公证处还有一条铁律，规定复杂疑难公证案件必须有公证员和当事人的同框公证照片，如果承办公证员没有和当事人一起照相，公证处不予审批、不予出证。正是这条铁律的坚守，国力公证处最近三年基本

没有错证假证，这对国力公证处来说真是百益无害，为公证行业公信力的提升提供了现实的示范样本。只有不折不扣坚持亲自办理公证事务三原则，才能确保公证质量，才能维护公证机构和公证人员的良好信誉，让公证的公信力更为丰满坚实，让公证的公信力在公证事业中永放光芒！

"在我的面前"是办理公证的底线，不能突破，只能遵守，还要监督全体公证员共同遵守。公证人就应当从公证法开始普及法律，树立法治意识，培养法治思维，共建法治中国。

无论科技多么发达，只要公证存在，"在我的面前"这条公证底线是不变的。如果改变了"在我的面前"这条公证底线，那么公证就也完成了它的历史生命，不复存在了。

公证员亲自办证是公证赖以发展的基础。公正的程序是建立法律权威的基础，如果"在我的面前"这种公证程序都没有了，哪还有什么实质内容的公正可言呢？《公证程序规则》第五条规定，公证员受公证机构指派，……办理公证业务，并在出具的公证书上署名。……在办理公证过程中须公证员亲自办理的事务，不得指派公证机构的其他工作人员办理。

公证底线在，公证文化核心价值就在。无论从实体法还是程序法的视角去研判，只要公证有存在的岁月，"在我的面前"就不会褪色，她永远是公证的灵魂；无论当下互联网科技多么发达或未来科技多么灿烂辉煌，"在我的面前"在社会诚信建设的长河里永远是一颗熠熠生辉的灯塔，引领法治社会不断前行！

总而言之，合作制公证机构在新时代形成的独有的公证文化发展现象，我们称之为公证新文化。这种文化不是某个公证处独有的产物，它是中国公证改革创新发展的新生事物，是中国公证行业集体智慧创生的成果。涵养年轻公证员的探索精神，是公证文化接续发展的最美明天；坚守底线，提升公信力，是公证文化的根本特征。这些都是公证新文化的核心元素。创新公证新文化，赋能公证新作为，让亿万人民在公证新时代新作为中感知中国法治的灿烂光芒！

精美的石头会唱歌

——谈泸州市诚达公证处文化建设

汪相平[①]　唐正康[②]

文化是民族的血脉、人民的精神家园，也是一个行业发展的动力之源。习近平总书记在党的十九大报告中指出，文化是一个国家、一个民族的灵魂。文化兴国运兴，文化强民族强。没有高度的文化自信，没有文化的繁荣昌盛，就没有中华民族的伟大复兴。公证行业作为我国司法体制中的重要组成部分，具有预防纠纷、保障交易安全、监管经济民事活动、沟通媒介的功能。在推进依法治国、稳定社会秩序、促进经济社会协调发展方面具有独特的作用。高度重视公证文化建设，就是贯彻落实习近平总书记提出的中国特色社会主义文化自信的重要举措，也是公证行业实施管理创新、促进科学发展的客观要求，更是公证行业健康发展的助推器。近年来，泸州市诚达公证处顺应时代发展，将长江石精神融入公证文化中，提炼出"抱实守真，烙印天地，诚信为本，达证至精"的服务理念，以文化求发展，以理念促创新，成为公证行业的一个亮点。

一、以石化文，打造诚达独具特色的形象文化建设

所谓形象文化，是指公证机构给社会公众的外在视觉形象和内在感知形象。泸州市诚达公证处地处长、沱两江环绕的泸州市，泸州位于长江上游，沱江之滨，盛产长江奇石，地理环境盛独特。

泸州长江奇石多以图面石著称，晶莹圆润的石面上，或飞禽走兽，或山林湖泊，或人物肖像，或高山江河，千姿百态，妙趣横生。有的如山水墨画，意境深长，有的如浮雕木刻，直击心灵。泸州人爱石、藏石，奇石文化源远流长，蔚然成风。因此，长江奇石是泸州文化的另一张名片，使泸州有着"长江奇石文化城"的美誉。长江石生于天地之间，集大自然的灵气，聚日月之精华，经江河千万年的浸润哺育，沙磨水雕，经过千万年的挤压碰撞，造化出它质朴的外表和丰富的内涵。泸州市诚达公证处依托泸州奇石文化优势，以独特

[①] 汪相平，1960年10月出生，法律本科，四川省泸州市诚达公证处公证员。
[②] 唐正康，1968年3月出生，法律本科，四川省公证协会副会长、泸州市公证协会会长、四川省泸州市诚达公证处主任。

的文化视角将长江石精神融入公证文化建设中，将长江石作为诚达公证处独具特色的形象文化载体，向社会公众及全处员工传递公证精神如长江之石：长江石坚韧质朴，坚定忠诚、风雨不摧、宁碎不屈。以石喻业，昭示公证行业亦如长江石一样，崇法尚信，秉承着诚信为本的信念，固守着法律至上的准则，不办关系证，不办人情证，在权贵面前不弯腰不谄媚，坚持客观真实、公平公正，以工匠精神严格执行公证程序规则，以当事人的真实，发现法律之事实。长江石谦虚低调，乐于奉献，自信淡定，宁静致远。以石喻人，提醒公证人应像长江石一样，在平凡的公证岗位上，勤勉谨慎，忠于职守，踏踏实实地履行自己的职责。在物欲横流的当下，拒腐蚀，不虚浮，不夸耀，胸怀老百姓，甘当铺路石，在平淡中守望信念，在平凡中追求卓越。

走进诚达公证处，长江石文化元素无处不在，迎面一方威严的镇处之石，黑亮的石身镌刻着八个鲜红的大字"诚信为本，达证至精"，这是诚达公证处的处训，也是诚达公证处全体员工共同追求的价值取向和行为准则，表达了诚达公证人"唯诚是公，立信为证"的服务理念。在诚达公证处二楼公证形象墙下面，是由小鹅卵石铺成的一块园地，衬托着墙上"四川省泸州市诚达公证处"标志，给人以厚重、质朴、庄严之感，寓意公证业务要以实（石）为基，抱实守真，坚持以事实为依据，以法律为准绳，守正求真；寓意公证人要淡泊名利，谦逊敦厚，忠诚实在，无论身处何岗，都乐观豁达，恪尽职守，甘于奉献。在诚达公证处的会议室兼党支部活动室，有一面展示墙，陈列了许多有关泸州长江奇石的图案，公证处员工们在观赏这些大自然杰作的同时，深切地感受着奇石文化博大精深的文化内涵。以石装点的办公环境，情趣高雅、朴素端庄，不仅给人以美的享受，更能激发员工们敬业爱岗，拼搏奉献的"鹅卵石精神"。细观诚达公证处，你会发现，公证处的门牌标识、室内装饰设计，甚至员工名片、胸牌无不融入长江石文化元素。诚达公证处以石化文，以石陶性，以石励志，以石作证，营造出优美、清新、舒适、和谐的公证环境，寓意深刻，成果丰硕。

二、以石铸魂，推动诚达精神文化建设，造就一支"崇法、尚信、守正、求真"的高素质公证队伍

泸州市诚达公证处将石头精神作为公证处文化建设的灵魂，把长江石坚韧不拔、忠诚笃定、踏实宁静、可以平凡绝不平庸、追求卓越的精神贯穿在各项工作中，以石践行，推动了诚达公证处的健康发展。

（一）开展系列育人树德活动，在全处员工中树立爱岗敬业、诚信为民、立证为公、甘于奉献的宗旨信念和服务理念

1. 把党性教育融入文化建设

诚达公证处在全市公证行业率先成立党支部，公证处充分发挥党支部的领航作用和党员的先锋模范作用，将便民、利民、惠民服务作为公证服务承诺制度的核心，把坚持"执业为民，奉献社会"作为党性教育的目的。把党性教育融入公证队伍建设和公证文化建设中，精心打造了支部活动室、党建文化墙，建立了员工图书室，组织开展了系列党建主题活动，提升队伍的政治信念，树立公证人员正确的人生观、价值观。公证工作中，党员公证员公开身份，亮牌上岗，主动作为，先锋示范，苦活累活党员先行已成习惯，树立了诚达公证处的价值标榜和行为指引。

2. 开展丰富多彩的文体活动，增强团队的向心力和凝聚力

近年来，诚达公证处组织开展了乒乓球赛、趣味体育活动、摄影、野外拓展运动、公证征文活动、演讲比赛、文艺演出、经典传承等文体活动，通过活动展现诚达人的风采，提高员工们的境界、情趣、品位，培养员工乐观豁达、理性宽容的品性和自尊自信、从容平和的心态。

3. 营造争先创优氛围

每年年终，诚达公证处都要举办表彰大会，对在德能勤绩各方面表现优秀的个人和部门给予充分的肯定鼓励，激发全处员工的积极性和创造性，激励大家追求卓越、争创一流，自我加压、及时充电，不断提高素质、提升能力、增强本领，为公证事业发展拼搏、奉献。

（二）实施关爱行动，增强员工的归属感、责任感和使命感

诚达公证处将关心职工的切身利益和实际困难作为管理工作的一部分，制定了员工生日祝福、生病（生产）看望制度；对员工超时工作、节假日加班给予一定报酬；对通过司法考试，在泸州城区无房，通过 A 证的公证执业人员每月补贴房租 600 元至两年，通过 C 证的公证执业人员每月补贴房租 300 元至两年。职工们在得到相应的利益中认识到自己的责任，把自己视为集体的一员，把单位当成自己的家，把岗位作为发挥潜能、施展才华、建功立业的舞台，把公证事业的兴衰成败同个人的前途命运紧紧地联系在一起，做到思想同心、目标同向、工作同步、事业同干，团结一致为发展壮大诚达公证而努力奋斗。

（三）强化业务素质教育，重视公证人员服务能力的提高

市场经济的快速发展和日新月异的信息化时代，不断发展的新形式、新情

况，都给公证法律服务行业提出了新的要求。基于此，泸州市诚达公证处提出了"强化员工学习培训，增强适应新时代公证服务能力"的学习理念，要求公证人员积极进取，勇于创新，加强知识更新能力，准确把握社会发展的脉搏，为社会提供富有针对性的公证法律服务。在这一理念的影响下，我处很多员工都将提升自我、做高素质公证人员作为提升自我的目标追求。

理念先行，全处重视。泸州市诚达公证处建立健全了较完善的学习培训机制，并结合公证工作实际，切实开展了一系列业务学习培训活动和以培养红线意识和底线思维为目的的"公证质量安全"警示教育活动，并形成制度坚持每周五下午四点以后的业务学习会；出台了员工学习成长激励机制，积极支持和鼓励员工钻研业务，更新完善知识，提高办证技能，对积极参加各类培训学习、通过司法考试、发表业务文章的人员，实行奖励制度；创建了诚达公证处员工成长档案，将公证人员的学习培训、业务绩效、服务优劣、案卷质量、劳动纪律、公益活动、素质教育、业务拓展等现实表现装进档案，列入考核机制。

在学习形式上，注重实效，不拘一格，即有处内培训，也有外出考察，还有请进来走出去的学习方式。2018年以来，诚达公证处走进格局商学院泸州分院跨界学习，让公证员们聆听专家、学者、企业家们讲国学、讲历史、讲营销、讲管理。同时，请专家学者来处授课，助力提高；向行业精英学习看齐，先后到成都律政公证处、成都公证处、昆明明信公证处、厦门鹭江公证处、上海东方公证处、深圳前海公证处、哈尔滨公证处、杭州钱塘公证处等先进公证处学习取经。通过创新学习方式，有效拓宽了员工们的思维，升华了其格局，提高了其素质，提升了公证人员服务社会的能力和水平。

（四）坚持"执业为民，奉献社会"的工作理念，践行便民利民、惠民承诺，加强公证公信力建设

诚达公证处紧紧围绕泸州经济发展大局，主动践行公证行业"放、管、服"改革举措，在泸州两江四岸打造、沿江旧城改造、园区、新区、港口、机场、高铁等重点工程建设中，靠前服务，现场办证，积极作为，办理了大量房屋拆迁证据保全、补偿款送达保全、财产清点、定向限价商品房抽签选购房现场监督等公证事项；积极服务我市酒企、民企经济发展，办理了大量企业融资贷款、知识产权保护、证据保全等公证事项。在传统公证业务萎缩的困境下，转变服务模式，优化服务质量，调整服务方向，积极探索新形势下人民群众多元化的法律服务需求，制定了弱势群体法律援助帮扶办法，开辟了公证服务绿色通道，推出了"减证便民八项工作承诺"和部分公证业务零证明服务模式，

实行节假日值班工作制和上门办证工作制；敞开公证大门，让企业家、社区代表、政府官员、各类媒体、法律执业共同体成员、人大代表、政协委员走进公证，让公证看得见，更要让公证员们看得见社会各界对公证服务的现实需求，为社会提供问诊把脉的优质服务；伸延服务模式，推出了不动产登记部门驻点办证、代办涉外公证认证、代办抵押、解押登记、代办房产登记等公证事项的延伸服务项目，开通了微信公众号便民办证通道、手机 App 申办公证端口，全面使用人脸识别身份系统和四川省综合公证业务办证系统，大力推动泸州市公共信息查询平台建设，用热情、周到、便捷、细致的公证服务升级人民群众对公证法律服务的体验，提升公证服务效能，使公证人员在服务社会经济发展中获得尊重，收获自信，懂得责任，体验职业荣誉。

三、以石喻业，狠抓公证服务质量，创建诚达金字招牌

泸州市诚达公证处将长江石秉性作为公证服务质量管理的标本，把长江石坚如磐石、宁折不弯、追求不朽、永葆本真的品德作为狠抓公证服务质量的理念，以石弘道，提炼出了诚达公证处"诚信为本，达证至精"的职业精神和"抱实守真，烙印天地"的质量理念，并将这一价值观内化于心，外化于行。

诚信是公证的本质，公证的最大价值就在于诚信。诚信是公证的基石，是公证员职业品格必备的要素。"诚信为本，达证至精"，即要求公证人员在执业过程中严格忠于法律和事实，牢固树立"执业为民、立证为公"理念，把内心守诚信、崇正义的观念体现在忠于法律和事实、严格遵守程序规则的行为上，做社会诚信的大使，出具的每一份公证书都体现公证的核心价值——公平、公正，具有毋庸置疑的公信力，具有切实维护当事人的合法利益、保障经济社会平稳运行的公证功效。"真实合法"是公证活动最基本的要求。"抱实守真，烙印天地"即要求公证人员对待工作认真、执着、用心、钻研，坚持公正、中立的立场，坚持严谨、客观、真实的理念，守住公证活动"真实合法"底线，在办理公证过程中踏实细心，谨慎勤勉，出具的每一份公证书如长江石经得起惊涛骇浪的冲击和洗礼一般，经得起时间的检验。

有了对公证服务质量深刻的理解，诚达公证处全处员工都自觉维护诚达公证这块招牌，坚决抵制不真实不合法的公证事项，认真甄别以合法形式掩盖非法目的的公证申请，经常交流办证中风险控制的措施和办法，在办证中自觉遵守公证实务中多年形成的公证质量"三查三审"约定：(1) 公证员在公证事项办结时的检查。(2) 公证案卷审批时的检查。(3) 出证前再检查。确保公证案卷质量。公证处建立健全了《公证员及公证员助理岗位责任制》《公证案件受

案登记制度》《公证事项审批责任制》《公证质量管理制度》《疑难复杂公证事项集体讨论制》《风险控制部工作制度》《过错责任追究制度》《对外调查核实制度》《档案移交制度》等一系列公证质量管理制度，成立了公证风险控制部和公证调查核实部，从各个层面管控公证质量风险。

诚达公证处以石为喻坚守公证质量品质，达到公证质量要求的最高境界。自1996年建处以来，办证量超过15余万件，无一假证，无一公证质量有效投诉。磐石一般的品质坚守，铸就了诚达公证的金字招牌。

四、以石筑梦，打造公证行业标杆

为进一步挖掘和弘扬长江石精神，深化公证处文化建设，提升公证品牌，诚达公证处精耕细作创办了《达证》内刊，成为诚达人交流思想、传播知识、凝聚共识、对外宣传的平台。

诚达公证处独具匠心，以长江石精神为导向，形成了全处员工共同认可的价值观："抱实守真，烙印天地；诚信为本，达证至精"文化，并以"两江环一石"为意象，形成诚达公证处 VI 标识系统，以统一制服、公证徽章、统一长江石元素的名片、工作牌、门牌标识、公示栏等为标准，打造专业、严谨的服务形象；推出了首问责任制、党员示范岗、诚信提示牌、微信二维码，用温馨、亲和、热情的态度升级人民群众对公证服务的体验；用严谨、负责、专业的品质保障公证文书的质量；用团结、拼搏、奉献的精神营造团队积极向上、追求卓越的氛围；以专业内刊、公证文化顾问、交流活动、各类媒体为平台，展示自身业务研究、法律宣传、党建工会活动等工作动态，树立了诚达公证处诚信为民的良好社会形象。公证处业务发展和队伍规模已跻身于泸州市公证行业第一方阵，年均办证量万余件，业务收入位居泸州公证行业前列，2010年被评为"四川群众喜爱的十佳公证处"，2018年被中共四川省司法厅党委授以"汤洪林党支部"称号，2019年被四川省公证协会评为示范性标准化公证机构，2020年受到司法部表彰，荣获"全国公共法律服务工作先进集体"。

诚达公证处高度重视公证文化建设，在公证改革的时代洪流中谋发展，求创新，像长江石一样，大浪淘沙独自强，经历千磨万击不忘初心，坚定不移追求卓越。以高质量、高水准的服务树品牌，求跨越，力争打造公证行业标杆。

一流的管理产生一流的文化，一流的文化产生一流的业绩

——昆明市明信公证处管理哲学

昆明市明信公证处 王丽萍[①]

在机构创设、成长的过程中，管理方式随内外部环境的变化而变化，那些不容易改变的便慢慢沉淀下来，凝成了机构文化。昆明市明信公证处自1956年建处至今，先后经历司法行政体制、法院体制、行政体制、事业体制等，公证队伍不断更替，公证事业起起伏伏，此过程中，明信人关于公证发展和机构管理的认知不断发生变化，60余年间，有的根据发展需要被一再修正，有的渐渐落后于时代要求而被慢慢忘却，也有的生根发芽，在明信历史上持续展现出新的生命力。

一、明信管理的初始阶段

明信公证处（原为昆明市公证处，2007年更名）建处较早，在改制为事业单位之前主要依照主管部门的规定行事，少有自身独立的规章制度。1958年，昆明市公证处制定《日常办公制度》《卫生绿化劳动制度》和《昆明市公证处业务工作制度》，这便是公证处规章的萌生。自此至2002年改制之前，公证处新制规章寥寥无几。

当然，规章的缺失只是说明机构管理体系的不健全，并不代表机构文化的缺失。关于管理与文化谁先存在的问题，至今难有定论，但可以肯定的是，两者是相辅相成、相互影响的关系。在建处之始，公证处虽缺乏管理手段，但1956年的一份工作报告却奠定了明信"服务文化"的基底。

报告上写着，"合同办好公证后，并不是公证完毕，仅仅是公证的开始，因为合同契约的主要部分是在公证后双方正确执行各自应享的权利和应尽的义务"，在几十年后，明信人将之凝缩为一句话，就是广为流传的"公证书的出具不是公证的结束，而是公证的开始"，这为明信公证处创建各种延伸服务提供了重要指引。

[①] 王丽萍，1983年12月出生，文学硕士，云南省昆明市明信公证处管理委员会秘书。

二、明信管理体系的逐步建立

任何管理手段的存在都是为了推动发展,明信公证处通过三次创业走在了行业的先进之列,这与明信创业文化及企业化管理体系的建立是分不开的。

1998年,明信公证处受陈旧管理理念所限,过度依赖涉外公证,白白错失了市场拓展良机,无论是规模还是业绩均处全市末端。为尽快摆脱这种不利局面,公证处发起首次创业,正式实施岗位目标管理。短短3年时间,原来坐等靠的思想有了扭转,公证处业绩一跃进入云南省前三名。此次创业活动改变了公证处面貌,让这支队伍开始从传统中走出来面对现实,面对残酷竞争的市场。

2002年,明信公证处正式改制为自收自支事业单位,原有资产收归国家,一切从零开始。虽然有了第一次创业的经验,但当时公证队伍仍然有着明显的非专业化、非职业化特征,面对未来,他们只能"摸着石头过河"。改制后第一个月,也就是2002年1月,年关已近,而公证处却连发工资的钱都没有。为稳定人心,公证处主任段伟及另外4名核心员工凑了3万元用于发工资。本以为11名员工按每人2千元计发已绰绰有余,却忽略了其他成本的扣除。最终,首月工资通过收缴公证欠费的方式得以解决,却也暴露了公证处不懂管理、业务低迷的现实。此背景下,明信公证处正式启动第二次创业,通过管理方式和业务方向的调整开始了新的征程。对内实现由身份关系向契约关系的转变,引入新的分配制度以增强激励;对外抓住机遇介入二手房交易公证和金融借贷领域,形成了全国闻名的"昆明公证模式"。通宵达旦的全体加班、常年如一日的骑单车找业务是那几年留在员工心中最深的印象,艰苦奋斗、敢为人先的文化自此在明信扎根。

2008年,明信公证处取得了前所未有的发展,业务规模与人员规模一再扩大,发展形势大好。然而,早前的昆明二手房公证风波、各地金融公证的废除等一连串的事件让明信公证处开始认真审视原有的业务模式。所谓"生于忧患,死于安乐",深思之后,他们认为政策带来的红利始终有终结的一天,公证的可持续发展路径关键还在于公证自身的价值。在这种危机意识的影响下,明信公证处启动了以"增强公证的有用性"为核心内容的第三次创业活动。这是明信公证处业务理念发生根本变化的一年,传统证明模式逐渐发展为"公证综合法律服务体系",一个更为广阔的法律服务市场在公证人面前慢慢打开。专于家庭事务处理的家事公证法律服务,覆盖合同起草、合同公证、税费核算代缴、登记代办等全流程的"一站式"不动产公证综合法律服务,以及包含金融匹配、贷后管理、商事调解等在内的商业公证综合法律服务，都是在这一阶段创建。以公证为基点，明信公证处将公证法律服务不断向证前、证后延伸，持续探索新的公证价值。这次创业中，人员规模和业务规模一再扩大，业务结构及业务流程日趋复杂，公证处管理工作被提到最重要的地位。几年间，明信公证处完成了《员工管理手册》的编写，正式实施KPI绩效考核制度，建立总部—事业部组织格局，形成项目管理、流程管理模式，机构发展向着规模化、规范化、职业化不断前进。

几次创业的成功离不开公证人员的拼搏努力，更离不开机构运行背后的管理与文化。"通过一流的管理产生一流的文化，凭借一流的文化产生一流的业绩"，便是创业目标之一。2003年制定的"七条禁令"沿用至今，让公证人员向职业化更进一步；科学的流程管理让分工更加专业、细致，也让公证效率大大提高；"公证有用性"的提出催生了公证综合法律服务，让传统证明向公证服务不断延伸。

三、《明信基本管理制度》为明信公证处"善治"引航

有人说，未来企业的竞争是管理与文化的竞争，可见管理与文化对于机构发展的核心作用。随着公证事业的步步推进，明信公证处管理模式也逐渐步入企业化管理的范畴。历代明信人都在遵循并传承着一些传统"法则"，也在探索并创造着一些新的"法则"，这些具有生命力的"法则"在2013年汇集凝练成《明信基本管理制度》，是明信最宝贵的财富，也是明信管理准则和内生文化的集中体现，更是所有明信人的必修课。

《明信基本管理制度》开篇第一条即明确了机构的发展定位，将"满足社会需求"视为机构存在的根本使命，从而保证明信公证事业无论处于何种发展阶段和态势都不至于偏离方向。与此同时，《明信基本管理制度》也确立了机构发展的基本路径，倡导以理论创新推动实践发展；要求业务创新模式必须以更好满足社会需求为价值导向；提出应适时进行流程创新以提高全处工作效率；要求坚定不移走"科技强处"的信息化道路；明确质量方针，要求对每个岗位、每个部门、每项业务和流程，甚至对工作设备、合作方等全部进行持续的检测和定期评价，确保所有人、事、物都能满足社会对综合性公证法律服务的需求。

明信处训为"以人为本，以法为准"。"以法为准"的含义不言而喻，而"以人为本"则是指"明信的管理、运行、发展、改进，对外以满足客户需求、提升客户体验为目的，对内以实现员工自我价值、助力员工未来发展为目的"，

这些均被写入《明信基本管理制度》，为明信公证处"善治"引航。

四、明信管理哲学

文化可以催生管理，管理也可以沉淀为文化，两者并没有严格的"先来后到"顺序，甚至有时也没有严格的界限。任何成功的企业都有一套适合自身发展的管理逻辑，在中国，经历了改革开放初期的管理理念匮乏和市场经济初期的西方管理学引进潮，现在更多的企业不再拘泥于坚持东方特色还是学习西方精华，而是倾向于"不论黑猫白猫，抓到老鼠就是好猫"。

例如华为，1998年花费40亿学习IBM，进行了一场旷日持久的管理变革运动，这无疑是对西式管理的借鉴，但同时华为也推崇"妥协哲学""灰度哲学"，这些包含"中庸思想"的管理文化更符合中国式管理的特质。

多年来，明信公证处也在不断学习他人、精进自身，形成了一套自己的管理哲学，既有管理的特点，又融入了文化的特质，或也可称其为管理文化。

在《昆明市明信公证处志》的扉页上，印有"明信公证处核心文化特征"，共列有十条，分别是：

(1) 有用是硬道理，公证书有用才有价值；

(2) 道德是我们内心深处的第一部法律；

(3) 职业化习惯是个人的财富，是在明信工作的基础；

(4) 我就是我，我的工作由我负责；

(5) 不当弱者，因为市场不相信眼泪；

(6) 每天应有新的感觉，每年应有新的成果；

(7) 你想做总有方法，你不想做总有借口；

(8) 放弃习惯的、喜欢的，去做正确的；

(9) 敢于面对现实的自己，勇敢唤醒心中沉睡的巨人；

(10) 成长是痛苦的，是需要逼迫的，每一个明信人都被逼过。

这些话语非常直接、质朴也很深刻，对很多明信员工而言既是耳熟能详的口号，也是日常工作中的习惯或指引。在此之外，明信还有许多思想正以重要的管理手段在持续发挥着作用。

（一）绝对诚信原则

明信公证处名号中的"明信"二字即为"明礼诚信"之意。明信公证处要求员工不仅要对当事人保持绝对诚信，也要对机构对同事保持绝对诚信，"绝对诚信"是明信人的"不二法则"之一，因此在诚信前加"绝对"二字。曾有员工违反绝对诚信原则，高层管理者在进行处罚决策时意见出现冲突，尤其面对同事的求情，虑及其以往功劳及自身认错态度，更加犹豫不决，但最终经多次会议讨论依然做出辞退处理，就是因为"绝对诚信"原则是一道无法越过的坎。

（二）以客户为中心

明信公证处强调，客户满意度是衡量一切工作的标准。公证作为法律服务行业的一员，其价值大小应由作为当事人的客户来评价，换言之，公证事业的成功与否不由机构说了算，也不由行业内部进行评价，而是由客户体验来检验。2011年，明信公证处首创"绿色继承"公证法律服务，以"你办继承，我找证据"为宗旨，让当事人不再有提供证明材料的辛苦与压力，更不必再面对"证明你妈是你妈"的无奈与荒唐，这种服务模式在短短时间内便获得当事人认可，是"客户中心原则"的一次很好实践。

（三）团队精神

"团队"是明信公证处管理过程中使用频率非常高的一个词。明信人倾向于用"团队"而非"家庭"来形容自身。人们谈到家庭脑海中的画面往往是温馨、亲情，放在机构中不可避免地会有"一团和气"的现象，这显然与机构所需要的艰苦奋斗的作风不甚相符。团队更适合机构发展的内在要求，有角色分工，也有相互协作；有完成目标时的喜悦与激励，更有失败时的总结与担当。明信公证处希望机构内部是由一个个互助网组成的互助系统，当成员遇到困难时可第一时间向团队求助，从而减少沟通壁垒，提升运作效率。

（四）让公证服务回归现场

过去几年，在行业质量事故频发、职业风险不断加大的背景下，明信公证处采取了强势的质量政策，不断强化质量监管力度，对公证员办证习惯的养成和质量水平的提升发挥了积极作用，但另一方面，过多超出行业标准的底线与红线也束缚了公证人员的手脚，降低了公证效率，更让公证服务一再僵化，失了应有的温度。痛定思痛后，明信公证处提出"让公证回到现场"的理念，要求在做好公证审查的前提下更多关注当事人体验，赋予公证员更多的自由裁判权，使其更好发挥自身法律专业优势，让服务呈现出更加高效、柔性和专业的特征。

（五）帮当事人算账

近几年，明信公证处开始强调算账思维，既要帮自己算，也要帮当事人算。帮自己算主要是算成本，通过强化成本管理来促进机构平稳发展；而帮当事人算则是算价值，也就是公证价值能否达到当事人预期。明信公证处认为，价值不是让自己活得更容易，而是让别人过得更方便，公证价值就是让当事人

在合法前提下获得实惠与便利。明信公证处曾发布一篇短文，题为《学会"帮当事人算账"——由一个房产继承与买卖案例说起》，客观陈述了在不动产登记愈加简便的情况下当事人不愿再办理继承公证的事实，也正是这样的换位思考促使明信公证处全面提速"绿色继承"，在预防纠纷的前提下给予当事人更高效的公证体验。

（六）不让老实人吃亏

相比"个人英雄"，明信公证处更推崇"老实人"，这部分员工很少计较个人得失，总是兢兢业业地做好每一项工作。他们可能不如"个人英雄"那么锋芒毕露，喜欢默默耕耘于幕后而非高调行事于台前，但明信人认为他们比"个人"英雄更加让人敬佩。"个人英雄"可能会扰乱机构的秩序，甚至让团队成员心生嫌隙，而"老实人"的存在却能让机构多一份沉稳，在任何时候他们都是明信可依靠、可信赖的力量。明信人是这么倡导的，也是这么做的，从员工培养到员工激励，"老实人"都是被重点考虑的人群之一。

（七）下一道工序是上一道工序的客户

明信公证处认为，流程意识是员工责任意识的核心，上一道工序的经手者应该像对待客户一样对待下一道工序的经手人，确保自身环节工作成果的"可交付"。从另一个角度说，这种流程管理模式就是变简单的工作"交接"为互助性"交叉"。流程的设立是为了提高作业效率和专业度，但如果生硬地把环节与环节之间割裂开来，各环节便可能只顾及自身是否完成而不去考虑下一道工序能否使用，如此便很容易造成内耗，从而与提高效率的目的背道而驰。

（八）拿来主义

明信是开放的"学习型"组织，会定期安排管理类培训，包括讲授式的专家培训和实地考察的"标杆企业参访学习"。明信公证处主任段伟在一次讲话中说道："在华为，我们学到了要'让听得见炮声的人来决策'，印证了'以客户为中心'的理念，也学到了何为'狼性文化'；在阿里巴巴，我们见识了阿里的'六脉神剑'，即客户第一、团队合作、诚信、拥抱变化、敬业、激情，也看到了阿里人对梦想的坚持——正如马云所言'梦想总是要有的，万一实现了呢'。"明信公证处倡导科学的"拿来主义"，只要是适合自身发展的，都可以进行借鉴。明信的很多先进管理理念都来自其他先进的企业，有东方的也有西方的，包括《明信基本法》的编写也是对《华为基本法》的借鉴。

（九）拥抱变化

以史为鉴，清朝自诩为世界中心，却在闭关锁国中被列强欺侮得"体无完肤"。与之相反的，邓小平同志提出"改革开放"的国家战略，充分激发经济活力，让中国人民过上更加幸福美好的生活。正反两个例子足以让我们看到拥抱变化的重要性。面对外部局势的变化，自身想要求得发展就必须与之融为一体，也就是先要自身求变。明信公证处始终坚持"唯一不变的就是变化"的真理，尤其在当下法定继承消失殆尽、外部政策不断缩紧、市场竞争加剧的情况下，明信公证处第一个喊出"'无证可证'或许是公证的真正出路"，这便是对外部变化的认可，同时积极拥抱变化，加速挖掘新的"水源"，尽力寻找公证法律服务的下一个"蓝海"。

深化公证精准服务 助推品牌植根塑魂

包头市天泽公证处 李琨[①]

孟子曰：诚者天之道也，思诚者人之道也。创新为基，质量为核，诚信至上，是品牌塑立规则必须遵守的市场法则。一直以来，包头市天泽公证处始终将品牌建设作为工作重心，通过培育文化土壤、塑造职业形象、营造法治环境，来打造独具特色的天泽公证品牌；通过品牌的导向力、渗透力和感染力来激发队伍的积极性、主动性和创造性，激活处内人员的热情和信心，推进公共法律服务体系建设，满足人民群众对法律服务的多元化需求。

包头市天泽公证处成立于1985年，前身是包头市昆都仑区公证处。2002年伴随公证体制改革的进程，由行政体制转为自收自支事业体制，从坐等上门办证变为向市场要活力，要效益。天泽人逐步意识到"品牌"战略在市场竞争中的重要性，推出"党建引领为纲，品牌建设为魂，服务人民为本，举措创新为基，惠民普法为根"五大发展理念，牢记"巩固、增量、提质、增效"八字方针，坚持"真诚微笑之心、勤勉尽职之心、反躬自省之心、审核敬责之心、协作共赢之心"五心工作法和"往前赶、往实抓、往细做"三个要求，设置3个综合业务部、1个业务保障部、1个创新研究发展部和1个行政事务部六个职能部门，努力向社会大众提供"普惠均等、便捷高效、智能精准"的公证法律服务。转制17载，包头市天泽公证处在市区两级司法行政机关和行业协会的正确领导下，在党支部的带领下，全员奋力拼搏，实现一个又一个飞跃，取得一个又一个殊荣，先后荣获"全国老年法律维权工作先进集体""自治区十佳公证处""自治区优秀公证处""自治区'关爱工程进校园'公益捐赠活动爱心单位""包头市法院系统特邀调解组织""包头市普法依法治理先进集体""包头市文明公证处""包头市巾帼文明示范岗""包头市青年文明号""包头市五一女职工标兵岗""包头市司法行政法律服务工作实绩突出单位""包头市司法行政新闻报道工作实绩突出单位"等多项荣誉称号。处内人员先后荣获"全

[①] 李琨，女，汉族，中共党员，内蒙古大学法学院毕业，大学法学本科学历，1967年11月出生，1988年参加工作，1995年取得公证员资格，高级公证员。现任包头市天泽公证处党支部书记、主任，包头市公证协会副会长、内蒙古自治区公证协会副会长、中国公证协会宣传文化工作委员会委员。

国优秀公证员""自治区十佳公证员""自治区政法系统三八红旗手""包头市十佳公证员""包头市优秀公证员""包头市文明服务标兵"等多项荣誉称号。

一、党建引领为纲，打造有信念的公证队伍

"求木之长者，必固其根本；欲流之远者，必浚其泉源"。思想是决定的先导。思想的统一，认识的提高，是做好公证工作的前提。包头市天泽公证处党支部始终坚持马克思列宁主义、毛泽东思想、邓小平理论、"三个代表"重要思想、科学发展观和习近平新时代中国特色社会主义思想，坚持"三会一课""四个一"学习制度，增强"四个意识"，坚定"四个自信"，做到"两个维护"，把牢思想政治教育"总开关"，推出"一室·两岗·三平台·四优化"党建工作新模式，着力打造一支忠诚于党、忠诚于法律、忠诚于公证事业，有政治信念的公证队伍。

"一室"即"党建工作室"。党建工作室集"党识、党誓、党事"功能为一体，设立党建书籍专柜，明确党员权利、义务，学习党建知识，开展警示教育和集体聆训，商议党建事宜，是公证处思想引领、培根塑魂的堡垒和阵地。

"两岗"即党员先锋岗和公证服务示范岗。为党员和公证人员分别设立党员先锋岗和服务示范岗，岗牌上标注天泽公证处微信号和员工个人微信号，一方面便于当事人及时反馈公证人的执业能力，监督公证人的执业行为，另一方面便于当事人接受公证人"一对一"定制服务，满足当事人的办证需求，实现办理公证"最多跑一次"。对外接待时，要求全处人员践行"五心工作法"，做到"三声"和"五个一"，即"来有迎声，问有答声，走有送声""一张笑脸迎人，一把椅子请坐，一杯茶水暖心，一份诚心解答，一句祝福相送"。

"三平台"即搭建网站、微信党建学习平台和标兵典范示范平台。包头市天泽公证处在网站、微信公众平台开设党建专栏政治理论学习平台和标兵典范示范平台，方便社会大众及本处职工随时随地学习党建知识，提升理论素养，了解公证处的管理模式和管理能力，激励全处人员以标兵典范为榜样，恪守公证初心，在平凡岗位上做出不平凡的业绩。《天泽以你为荣》版块的推出，不仅让社会大众通过了解天泽人、天泽事，知晓公证，认识天泽，而且成为引领天泽人干事创业、争先创优的航标和灯塔。

"四优化"即优化职责目标、优化制度管理、优化组织构架、优化服务能力。

第一，优化职责目标，年初制定年度党支部工作计划、工作安排，明确党支部职责目标，规范行为管理，全面推进党支部思想建设、组织建设、工作作

风和党风廉政建设。

第二，优化制度管理，明确党支部各成员的岗位职责，切实抓好"三会一课"学习制度和"四个一"学习制度的落实，确保党建工作落地生根。将党员大会与全处大会联合，形成党政联席会议制，每周一组织全处人员学习党的方针、政策和专业知识；将支委会和处务会相融合，研究、制定单位的发展规划、重大决策和相关活动的开展，密切党群关系，努力实现步调一致，高度统一。

第三，优化组织构架，选拔优秀有为的党员进入支部，提升支部的向心力和凝聚力；突出党员的主观能动性，提升全体党员关爱天泽、关注发展的创新力，确保各项工作实施有计划、执行有步骤。

第四，优化服务能力，深入开展"两学一做""不忘初心 牢记使命"等主题教育实践活动，采取实地参观接受教育、讲党课、开展主题党日活动、召开专题研讨会、树立先进典型等形式提高党员党性觉悟，植根为人民服务的思想，提升服务能力和服务水平。

二、品牌建设为魂，打造有灵魂的公证队伍

企业文化是品牌建设的灵魂，是推动企业发展的不竭动力。要想在激烈的市场竞争中取胜，让天泽品牌立起来、强起来，必须建立管理规范、制度规范、标准规范的品牌管理体系。包头市天泽公证处坚持以制度化建设为基础，以学习型建设为抓手，以服务型建设为统领，助推天泽品牌植根塑魂，打造一支有理想、有灵魂的公证队伍。

（一）以制度化建设为基础，塑造天泽品牌

"文明其表，制度其里"。包头市天泽公证处在落实规章制度的同时，努力将制度变成一种习惯，将习惯变成一种文化，通过文化管理，实现可持续发展，编撰、修订了《规章制度汇编》和《天泽员工守则》。《规章制度汇编》《天泽员工守则》成为每一位天泽人自我约束、自我管理的从业准则，天泽精髓、天泽宗旨、天泽理念、天泽速度已成为天泽人的精神引领和奋斗方向。

（二）以学习型建设为抓手，筑牢天泽品牌

包头市天泽公证处建立一整套学习型团队建设机制，设立奖惩制度、业务学习通报制度、诚信制度；开展"请进来""走出去"活动，对内培养内训师，向社区和金融机构输送宣讲师，外请培训师，夯实公证队伍综合素质；开展演讲比赛、辩论赛、知识竞赛，培养团队协作精神，提升实战经验和水平；开启读书计划，建立图书角，启迪心灵，陶冶情操；开展业务技能比拼和执业技能

测试，夯实业务根基。

（三）以服务型建设为统领，夯实天泽品牌

包头市天泽公证处党支部将"时不我待 创天泽速度"作为发展规划，制定"一个目标""三个要求""八字方针"发展方略。针对六个部门分别制定标准，行政事务部把握"一个要领"：抓铁有痕，踏石留印；综合业务部门做到"五个不失"：业务总量不丢失、合作单位不流失、专业素质不缺失、宣传信心不丧失、微笑服务礼不失；业务保障部遵守"四个准则"：核实准确、代办及时、政策洞悉、税费无误；创新研究发展部掌握"两个方法"即"24字法"和"28字法"，"24字法"：稳固家室阵地，做好咨询顾问，适时引入公证，解决民众难题，"28字法"：调解案件不厌烦，送达文书不懈怠，程序合法是保障，全程介入是关键。六个部门服务标准的统一，对推进普惠均等、便捷高效、智能精准公证法律服务目标的实现和天泽品牌植根塑魂起到了推动作用。

开展"我爱天泽 我爱公证"综合考评和行为规范流动红旗评比活动，对公证质量、目标责任、仪容仪表、环境卫生、服务接待等规章制度的落实进行考核，通过部门间的相互比拼强化天泽人质量意识、责任意识、服务意识、全局意识和团队意识，为天泽品牌行稳致远打下坚实基础。

三、服务人民为本，打造有温度的公证队伍

"恪守为民之责，力行为民之举。"推进普惠性、公益性法律服务，是满足群众基本法律需求、改进法律服务方式的重要途径，对于保障和改善民生，推进现代化社会治理方式具有十分重要的意义，包头市天泽公证处推出"线上＋线下"服务举措，切实增强人民群众依法治区、依法治市、依法治国成果的获得感、幸福感。

（一）建立线上服务平台

包头市天泽公证处以互联网技术为依托，开通"公证在线申办平台""微信城市服务"和"一对一定制服务"等线上服务项目，发挥业务保障部的职能作用，让传统公证服务和互联网有效融合，实现让数据"多跑路"，群众"少跑腿"的服务效能，全面落实"最多跑一次"。

（二）优化线下体验平台

1. 以人性关怀为基准，推出特色服务

满足群众的法律服务需求，提升群众的获得感、幸福感和安全感，营造人性化服务环境是天泽宗旨"服务于民，执法为民"的具体体现，包头市天泽公证处专门打造便民服务大厅，大厅内配备血压计、救心丸等医疗用品和轮椅、

针线包、老花镜等生活用品，并在醒目位置设立意见箱，公示办证流程、收费标准、特色服务，放置甜点、热饮机等，为特殊群体（如年老体弱、重病残疾的人）开设绿色通道，设立助残服务岗、"引导员"，方便群众办理公证；在包头市房管局、包头市房产交易不动产登记中心包钢分中心、包头市昆区政务服务中心设立便民服务窗口，方便市民就近办理，真正实现"就近能办、多点可办、少跑快办"；依托便民服务窗口，推出"最多跑一次"、代办服务、绿色温情服务、上门办证、全年无休等特色服务，践行"从心出发、温情服务"服务理念。

2. 建立法律服务站，打通服务群众"最后一公里"

包头市天泽公证处在惠德老年公寓和西友谊二十二社区建立法律服务站。2011年提出"以房养老"新思路，在内蒙古惠德老年公寓建立法律服务站，2016年在西友谊二十二社区建立"双联系"法律服务站，每年在服务站开展慰问、义工、定制化普法宣传、普法讲座和面对面畅谈等活动，解决法律服务站附近老人、经营者及社区民众遇到的生活难题、法律问题，提升民众的法律素养，让他们在家门口就能拥有贴心、专业、无偿的法律顾问。

3. 打造家事法律服务室，搭建"多元化"服务平台

家事法律服务工作是依法治国理念下公证伸向社区的一支抓手，为依法治市、依法治区奠定了强有力的基础。2015年8月包头市天泽公证处联合主管部门包头市昆都仑区司法局先后在社区建立以公证为依托，整合心理咨询、人民调解、法律援助、公证、律师等各项司法职能，充分发挥家事法律服务室普法宣传员、法律辅导员、法律调度员的功能作用。家事法律服务室四年来"线上+线下"的便民服务举措，解决了社区主任和居民之间、居民和居民之间、居民家庭成员之间的诸多法律困扰和矛盾纠纷，提升了居民识别风险、预评风险、抵御风险能力，让各类潜在的矛盾纠纷预防于社区、化解在基层，让社区主任和民众对天泽公证处从不认可到认可，对家事法律服务室从不认同到认同，从"面子工程"的认知到"有事找家室""有困难找天泽"的口碑效应，使家事法律服务室真正成为法治社区的奠基石、法治城市的桥头堡。

4. 打造"绿色工作室"，温情服务暖人心

党的十九大指出，要坚持把人民群众的小事当作自己的大事，从人民群众最关心的事情做起，从人民群众最满意的事情做起，带领人民不断创造美好生活。包头市天泽公证处专门打造"绿色工作室"，建立私密空间，满足老年人、残障人士、现役军人和涉及当事人隐私、网络侵权及未成年人权益的申请人的公证需求，实现数字化采集，让申请人在没有顾虑的情况下敞开心扉，排除干

扰，表达真实意愿，提升申请人安全意识和被保护意识的感受，增强公证员的责任意识和服务意识，让每一份公证书都能经得起实践的检验、法律的评判。在办理遗嘱公证时，还适时推出发放遗嘱证的服务。遗嘱证体积小，便于保管，立遗嘱人可将遗嘱公证书交由公证处保管，避免立遗嘱人因立遗嘱引发家庭矛盾纠纷。

四、举措创新为基，打造有思想的公证队伍

创新是引领发展的第一动力。包头市天泽公证处以创新为驱动，引领公证事业发展，推出一系列便民、惠民举措，打造敢于挑战、勇于创新、有思想的公证队伍，满足人民群众日益增长的多元化司法需求。

（一）首创"法律志愿者进社区"，填补社区公证法律服务空白

2010年包头市天泽公证处率先在全区开展法律志愿者进社区活动，向社区输送第一批法律志愿者，面对面解决社区居民的各类法律问题，填补社区法律服务空白。至今已坚持9个年头，法律志愿者的足迹遍布昆区所辖13个街道78个社区2个镇24个嘎查村，宣传了法律，普及了公证，切实解决群众最关心、最现实、最迫切的法律难题，筑起公证与百姓的连心桥。

（二）首创《公证伴你一生》，让公证深入百姓视角

对外宣传时，公证人很难把公证内涵和业务范围用最简单、最易懂的语言高度概括。为了让大众对公证的职能了然于胸，2014年12月，包头市天泽公证处主任李琨将30多项与民众息息相关的公证事项进行归类、整合，用剪纸的方式创意"公证伴你一生"，生动勾勒出人的一生与公证紧密相连的公证事项，描绘公证的范畴，解决了公证入脑入心问题，为全国公证行业提供了宣传、推广的模板，扩大了公证的知晓度和覆盖面。

（三）首创"诉防对接机制"，助力多元化纠纷解决

为了将公证"预防纠纷，减少诉讼"职能与人民法院"定纷止争"职能相结合，实现预防制度与裁判制度的有机契合，2016年4月13日，包头市天泽公证处在内蒙古自治区首创"诉防对接机制"，与包头市昆都仑区人民法院达成合意，设立"诉讼与公证对接工作室"，减轻人民法院案多人少现状，缓解审判压力，提高司法效率，提升诉讼当事人的维权时效。2018年4月13日在"诉防对接机制运行两周年"之际，"诉讼与公证对接工作室"更名为"司法辅助中心"，推动司法辅助工作从诉前调解、协助执行到核实、取证、保全、查控、司法送达全方位的落地执行。

三年来，司法辅助中心共接待3182人次，其中服务咨询1338人次，诉争

案件 1844 件（中心分流化解纠纷 1604 件，起诉 240 件），出具送达报告 755 份，出具调解报告 196 份，出具核实报告 4 件，获得锦旗 6 面、感谢信 1 封，很大程度上释放了法官的工作精力，提升了司法效率，降低了诉讼比率，扩大了分流案件种类，缓解了当事人与人民法院的矛盾冲突，强化了司法权威，赢得了民众的口碑，为民众提供了快速解决纠纷的途径，减少了时间成本、财力成本、人力成本上的损耗。

（四）首创"天泽爱心基金"，扶危济困，彰显社会责任担当

作为法律服务部门，包头市天泽公证处始终不忘自己肩负的社会责任，在提供优质法律服务的同时，积极回馈社会、关注民生，用实际行动传递社会正能量。2013 年 12 月包头市天泽公证处集全员之力设立"天泽爱心基金"，让"天道酬勤 法泽惠民"的精髓在奉献中得以彰显。六年来，天泽人从每月的全部收入中拿出固定比例，来扩充天泽爱心基金，先后为弱势群体、贫困学生和需要援助的社会人士、公证同仁及天泽家人累计捐赠 19 万元，用实际行动弘扬时代正能量、中华民族的传统美德，充分彰显了公证人的社会责任。

（五）著书《家事法律知识问答》，满足人民群众对法律服务的多元化需求

"七五普法"提出，法治宣传教育要从注重法条解读向注重案例警示教育转变，从大水漫灌向需求导向转变，从单向灌输向双向互动转变，2017 年 6 月包头市天泽公证处集全员之力，从提升民众法治意识和风险防范意识及风险预评能力出发，将法律志愿者进社区、做客《第一房产》及一线公证人员收集的民众最热切关注的婚姻、家庭、财产处置、物业管理等相关法律问题进行整理、分类，编纂了关乎民众日常生活的必备书籍《家事法律知识问答》，并将智力成果无偿奉献给包头市普法依法治市领导小组。包头市普法办、包头市司法局将该书定为"七·五"普法读物，由各旗县区司法局免费发放给社会大众，作为学法、用法指导丛书。

五、惠民普法为根，打造有担当的公证队伍

法治是国家兴盛的标志，也是国家兴盛的保障。作为法律职业共同体的一员，包头市天泽公证处以惠民普法为根，开启"一份纸媒·一个电波·一条热线·一份解答·两个声音"的普法模式，让传统媒体与新兴媒体同频共振，努力满足人民不断增长的法治需求。

（一）一份纸媒普法

作为公证人，宣传法律，宣传公证，提升全民的法律素质是刻不容缓的责任，2007 年在纸媒影响力和公信力较高的年代，包头市天泽公证处从百姓需

求出发创办面向社会大众的普法刊物《天泽公证》。刊物中的前车之鉴，专家解惑是公证人的所闻、所见、所感，一个个公证案例、公证故事将法律穿于其中，寓教于法，让民众在阅读中学习法律，认识公证的作用。经常有老百姓拿着刊物说："我家的事跟这个故事差不多，你就这样给我办吧。"《天泽公证》至今已走过十二个年头，共计印刷24万册，受众群体遍及包头市民，2015年5月包头市地方文献库予以收录还专门颁发了文献收藏证书。

（二）一个电波传情

为践行"执法与普法并重"的理念，将法治宣传的触角延伸到企业、社区、田间地头，2010年与包头人民广播电台《第一房产》栏目达成合意，坚持每周五指派专人做客《第一房产》，通过电波解答法律困扰，将法治思维传递给热心听众，普法之声传遍鹿城大街小巷。《第一房产》栏目已占据包头广播类节目热门榜首。包头市天泽公证处还将《第一房产》栏目中听众普遍关注的房产问题归纳精选100道案例，编撰成《房产知识100解》，免费发放给社会大众。

（三）一条热线解忧

解决民众需求，畅通互动渠道，搭建与民众的普法连心桥，2014年包头市天泽公证处与包头市电视台联动建立以副主任丛宝华命名的"宝华直通车"服务热线——6866114，"宝华直通车"服务热线从设立之初就将固定电话转为手机捆绑，24小时热线不断，解答不断，为民服务的热情不间断。

（四）一份解答释疑

为多渠道构建宣传体系，筑牢全民普法主阵地，2014年2月，包头市天泽公证处在微信公众平台开通《天泽普法》栏目，至今已推送1228期。天泽人将日常办证过程中民众关心、咨询的法律问题进行整理，内容涵盖百姓日常生活中所遇到难题和普适性问题，通过图文并茂、一问一解答的方式让社会大众了解法律，知晓公证，掌握维权途径。

（五）两个声音说法

创新普法方式，适应移动互联新特点，灵活运用短平快宣讲模式，讲好法治故事，传播法治声音，是公证人的使命。2017年3月6日，包头市天泽公证处开通《雅芳说公证》，由行政事务部郭雅芳主持，通过讲述天泽人亲身办理的公证案例、社会大众普遍关心的热点案例及法律文化的边角，传播了公证文化，颂扬了公证正能量，扩大了公证宣传面，提升了民众的法律素养；2018年3月6日，《法律之声蒙语版》开通，由兼通蒙汉双语的公证员苏杜毕力格主持，内容取材于《天泽普法》，为蒙古族群众解决商品房买卖、二手房交易、

婚姻家庭、房产继承赠与等法律难题提供法律参考和解决途径,使蒙古族群众时时了解法律,知晓公证。

"理国要道,在于公平正直。"习近平总书记指出,全面依法治国,必须紧紧围绕保障和促进社会公平正义来进行。作为法律职业共同体的一员,天泽公证人将以习近平新时代中国特色社会主义思想武装头脑、指导实践、推动工作,秉承改革思维,强化队伍建设,拓宽服务领域,彰显公证职能,做公证事业的坚定者、奋进者、搏击者,让每一件公证事项都能体现公平正义,体现执法者对法律的敬畏,对职责的敬畏,为全面推进依法治国进程,实现两个一百年奋斗目标做出新的更大的贡献!

后 记

　　不忘初心，牢记使命。风雨公证四十年，如果说公证公信力是公证发展的命脉，那么公证文化就是公证经得起风雨的支撑。作为经历了公证市场化改革的一代公证人，我们一直伴随公证成长，同时公证也在伴随我们成长。公证业务随社会发展不断完善、不断满足社会需求，公证文化却未被放在同样重要的位置。因而本书一直强调公证文化建设的重要性，也着重从理论研究入手，以期对今后公证实务发展有助推作用。

　　公证文化，方兴未艾。公证文化在浩瀚的文化发展中要独树一帜，需要各公证机构的共同努力才能实现。一花独放不是春，百花齐放春满园。本书在创作过程中，得到了上级主管部门以及行业协会的大力支持，我们也邀请了云南省昆明市明信公证处、陕西省西安市汉唐公证处、四川省成都市国力公证处、四川省泸州市诚达公证处、内蒙古自治区包头市天泽公证处一同分享公证文化的建设经验及心得。感谢这些公证同仁，为本书第十二章提供实例分享，让我们感到极大的鼓舞与支持，也对公证文化建设有了新的期待和美好的愿景。

　　准备本书一年有余，从研究材料到最后成书，编者深知公证文化发展任重而道远，但也坚信新时代公证人可以披荆斩棘，做出的努力可以积少成多、集腋成裘。最后，期待公证文化推动公证行业发展大放异彩，实现新时代跨越。